GIGAスクール構想2.0推進ハンドブック

GIGA端末の更新で新しいステージへ

編集代表 **丸山 洋司**
元文部科学審議官（公立学校共済組合理事長）

悠光堂

発刊に当たって

GIGA 端末更新への基金の活用と学校外ネットワーク回線の充実

編集代表　丸　山　洋　司
元文部科学審議官（公立学校共済組合理事長）

　2024 年は、能登半島大地震と羽田空港での旅客機事故という未曾有の大惨事で始まりました。お亡くなりになられた多くの皆様方に心からお悔やみを申し上げるとともに、被災された方々、今なお避難所生活を強いられておられる多くの皆様方にお見舞いを申し上げます。

　GIGA スクールがスタートして、間もなく 5 年の月日が流れようとしています。1 人 1 台の端末と高速大容量の通信ネットワークの整備は、地域や学校において取組に温度差はあるものの、「個別最適な学びと協働的な学びの実現」に不可欠な公教育の必須ツールとして活用が進んでおり、制度発足に関わった者として安堵するとともに、コロナ禍の中、初等中等教育局長として GIGA スクールの開始に当たって、全国の自治体を回り首長の皆さんと膝を突き合わせてお話をし、たくさんのご意見をいただいたことを思い出します。

　私が首長の方々に「これからの時代を生きる子供たちには DX の素養は不可欠です。OECD の 2015 年国際調査では問題はプリントアウトされず端末画面に答えを入力しています。今のままでは遅れをとってしまうことになります」といった説明に対して、当時、首長の皆様からは「端末整備の必要性が理解できない？　子供たちの学力は本当に伸びるのか？　デバイス整備は国がやってもランニング経費は自治体の持ち出しなのか？　年度中に整備しろとは、議会説明は文部科学省がやってくれるのか？」等々のたくさんのお叱りをいただいたことが忘れられません。

　昨年、2023 年の骨太の方針には「GIGA スクール構想の実現は国策として進める、1 人 1 台端末は必須ツールとして更新を着実に進める」と盛り込まれ、さらに、具体策として、2023 年度補正予算において、各都道府県に基金を設置し、端末の更新を安定的かつ着実に進めることとなりました。

　この中で、政府は端末更新に向けて単価アップ（45 千円→ 55 千円）を図るとともに予備機を含めた更新費用を 2023 年度補正予算に総額 2,643 億円を計上し、今後、各都道府県等では共同調達により、5 年程度をかけて、平準化を図りながら更新を図っていくこととなります。さらに、2024 年度政府予算においても関係経費

が充実されています。

これらの対応により、国の自治体や学校への伴走支援の徹底強化や好事例の創出・横展開を通じて端末の活用推進が図られることとなり、「個別最適な学びと協働的な学びの実現」のためデジタル学習基盤を前提とした児童生徒の学びの充実が一層進むこととなります。

本書の1部では、GIGA端末活用が新しい第2のステージに移るに当たり、本構想の成功のためには、地域の民意を代表する自治体首長の方々の理解とリーダーシップが欠かせないことから、首長の方々が、自治体内での予算編成等に活用できるように、GIGAスクール構想の必要性を改めてわかりやすく整理し、国の予算制度等の全体像を網羅しました。

2部は教育委員会や学校管理職の方々に活用いただけるように教育担当部局や学校現場で先駆的な取組の事例をまとめています。ぜひそれぞれの自治体や学校でカスタマイズして活用いただきたいと思います。

さらに、本書では高等学校段階における成長分野を支えるDXハイスクール（全国1,000校）の整備についても盛り込みました。この高校段階の対応により、2023年度にスタートした大学等の高等教育段階におけるDX、半導体等の成長分野の人材育成のための3,000億円の基金活用と相まって、国として必要な人材育成の抜本的強化策が整うこととなりました。ぜひ、高校設置者の首長の皆様にも活用いただきたいと思います。

★ここで、私から首長の皆様方にぜひお願いしたいことがあります。

前述のようにGIGA端末活用が第2のステージを迎え、基金を活用した端末の更新が進む中で、私がもう一つの課題と思うのは学校外のネットワークが不十分だという問題があります。

文部科学省が2024年4月に公表した調査結果では、全国の公立小中高等学校（約32,000校）で同時に全ての授業において、多数の児童生徒が高頻度で端末を活用する場合にも支障なく授業ができる水準の学校は全体の約6,000校であり、文部科学省が示す推奨水準を満たす学校は2割程度で学校規模が大きくなるほどその学校の割合は少なくなる傾向であることがわかりました（巻末資料参照）。

この問題は、授業で一斉にオンライン教材を活用するとクラスの一部で接続が不十分な状態となり、複数クラスで動画教材を視聴したり、インターネット上で資料をクラス内で編集したりすることができなくなり、結果的に授業が行えなくなるこ

とにつながることとなります。

　現状の課題としても、端末の起動に時間がかかりすぎている、ネットワークが遅すぎるという問題が顕在化してきています。今後、端末の利活用が一層進む中で、デジタル教科書の本格導入や 2025 年度の全国学力・学習状況調査では一部教科（理科）の CBT 化（コンピュータ上で実施する試験）が控えています。

　今後、GIGA スクールにおいてネットワークへの負荷がさらに大きくなることが見込まれる中、設置者として①ネットワークがつながりにくい原因の特定、②通信契約の見直し等による回線の増幅は急務であると思います。

　さらに、ネットワーク回線の増幅に加えて、一部教育委員会でみられる過剰なフィルタリング、クラウド活用を阻害するフィルタリング、持ち帰り禁止等についてのネットワークアセスメントを強力に推進することも喫緊の課題です。ぜひ、各自治体において急ピッチで進めている行政の DX 化推進の中で、スピード感を持ってこの学校を取り巻くネットワーク環境の改善を進めてほしいと思います。

　最後に、この GIGA スクール制度の発足に当たり、当時の萩生田光一文部科学大臣が政府予算の策定に当たり政府部内はじめ関係企業への働き掛け等を先頭に立たれて行われたことを忘れるわけにはいきません。

　多くの関係者の皆様方にも感謝の気持ちで一杯です。この場をお借りして厚く御礼申し上げます。本当にありがとうございました。

　現在、文部科学省では 1 人 1 台の端末整備を前提とした新たな学習指導要領の策定準備が進んでいます。GIGA スクール構想により、子供たち一人ひとりに応じた教育環境の実現が図られ、1 人 1 台の端末を日常的に活用すること通じて、子供たちの学びの質は確実に向上すると思います。本書の活用が各自治体、各学校にとって子供たちの学びの充実に向けての手がかりとなることを願っています。

全国知事会文教・スポーツ常任委員長
愛知県知事　大　村　秀　章

2019年12月に打ち出された GIGA スクール構想により、高速大容量通信ネットワーク環境と義務教育段階における1人1台タブレット端末の整備が急速に進み、学校現場の ICT 環境は大きく進展しました。各都道府県では、公立学校へのタブレット端末を段階的に整備しており、2024年度までに全国の公立高等学校で整備が完了する見込みです。

愛知県においては、2022年度に県立学校の全ての児童生徒に1人1台のタブレット端末を整備することができました。現在、各学校では、さまざまな教育活動において ICT の活用を進めており、優れた ICT 活用事例も生まれています。たとえば、発音の採点機能を活用した英語学習、オンライン会議システムを利用した海外の学校との交流、校外学習での画像の撮影や編集、教員が制作・配信する動画を活用した反転学習 (※1) 等です。GIGA スクール構想によってもたらされた ICT 環境が、子供たちの個別最適な学びと協働的な学びを支えています。

GIGA スクール構想のさらなる進展は、これからの我が国の持続可能な発展に欠かせない重要なテーマの一つであると確信しています。この構想は、我が国の教育を次の段階へと進化させる革新的な取組を支えるものであり、我が国の未来を担う子供たちに新たな教育の可能性をもたらそうとしています。

特に、子供たちに GIGA 端末をはじめとした最新の ICT を活用した学習環境を提供し、情報化社会の目まぐるしい進展にも対応したスキルや知識を身に付けられるようにすることは、地域のみならず我が国全体の未来にとっても大変重要です。これにより、創造性豊かに新たな価値を産み出したり、グローバルな競争社会の中にあっても持続可能な地域の経済発展を実現したり、地域にいながらグローバルにも活躍できるようになるための基盤的な資質能力が培われていくことでしょう。

また、地方自治体間の連携と協力関係をさらに促進することで、GIGA スクール構想を支えていくことも求められており、各都道府県において市町村と広域的に連携し、地域の特性やニーズに合った情報通信

ネットワーク環境の構築をはじめ、学校へのサポート体制やICT支援人材を育成することなどがますます必要となってきており、国・都道府県・市町村が一体となってこうした環境整備に取り組んでいくことも重要となっています。

さらに、地方創生の観点では、GIGA端末で学んだ子供たちが、近い将来AIやロボットなどを駆使し、地域のさまざまな課題を解決し、地域の魅力を高め、持続可能な経済発展や産業振興にも大きく貢献してくれる担い手となることを期待しています。

最後に、GIGAスクール構想は、全国的な格差の是正や多様性の尊重を推進する取組でもあります。全ての子供たちがどこで生まれ育っても公平な教育機会を得ることができ、自らの可能性を最大限に伸ばせるようにすることが求められます。

子供たちの未来、地域の未来、そして日本の未来をより輝かしいものとしていくため、国と地方が連携し、全国一丸となってGIGAスクール構想を次のステージに進めていきましょう。全国知事会として、GIGAスクール構想のさらなる進展を強く望みます。

※1：タブレット端末やデジタル教材で授業前に自宅学習し、授業では演習や議論を行う授業形態。教師にとっては教室で生徒の理解度をつかみやすくなり、生徒にとってはインプットを踏まえてのアウトプットの場ができることで学習内容がより定着する、と考えられている。

巻頭言・全国市長会

全国市長会会長
福島県相馬市長　立　谷　秀　清

　GIGA スクール構想は、デジタル化の進展に対応し、子供たちの学びの環境を変革する取組です。私たちは、これを好機と捉え、子供たちの持つ多様な才能や興味を引き出し、自己表現や創造性を伸ばす教育を実現することを期待しています。

　また、GIGA スクール構想の推進により、地理的・経済的な制約によるデジタル格差を是正し、全ての子供たちにも公平な学習環境を提供することができると考えます。私たちは、これを機に、包括社会を構築し、全ての子供たちが平等に学びの機会を享受できる社会の実現に向けて、一丸となって取り組んでまいりたいと考えています。そのためには、ICT 環境整備に地域格差が生じないようにすることが不可欠だと考えます。GIGA 端末の整備に限らず、全ての学校において必要なときに安定的なインターネットを利用できる環境の構築も重要だと考えます。

　さらに、GIGA スクール構想の実現により、未来を担う子供たちがデジタルスキルや情報リテラシーを学び、デジタル社会の中で生き抜く力を身に付けることは、地域の持続可能な発展にも不可欠なことだと考えます。地域の文化・観光振興、防災・減災、産業振興などを考えたとき、AI をはじめとした ICT を駆使し、さまざまな課題を解決していける人材を育成することは、地域だけでなく、我が国全体にとっても大切な資産となると考えます。

　私たち都市自治体は、子供たちの未来社会のために、関係機関、地域社会、企業などとの連携を強化し、GIGA スクール構想をさらに推進させていかなければならないと考えています。そのためにも、子供たちがデジタル時代のリーダーシップを発揮し、未来に向けて輝く存在となるよう GIGA スクール構想を推進してまいります。

前全国町村会会長
前熊本県嘉島町長　荒　木　泰　臣
2023.10.27 ご逝去

　全国町村会としては、GIGA スクール構想を次のステージに進めることにより、これまで以上に子供たちに未来を切り拓くチャンスが訪れることを期待しています。

　特に、中山間地域や離島など地理的な制約がある場合には、都市部とは異なる環境で子供たちが育つことから、デジタル化はさらに大きな意味を持ちます。

　GIGA スクール構想を推進することで、こうした地理的制約をも乗り越え、高品質な教育を受けられる環境を整備することができますので、これを機に、地域の特性を生かし、子供たちが自らのルーツや文化を理解し、誇りを持ちながら、グローバルな視野を持つことができる教育を提供することも期待できるのです。

　また、GIGA スクール構想の進展は、地域の活性化や人口減少対策にも大きな影響を与えます。これを機に、全国の町村が有する壮大な自然や水に関わる豊かな資源など、地域の潜在的な魅力も含めそれらを最大限に生かし、子供たちが地元に根ざし、自らの持ち味を生かしながら、地域社会を発展させる力を身に付けることを大いに期待しています。

　さらに、中山間地域や離島などの条件不利地域がある町村においては、デジタル格差の是正が重要な課題です。GIGA スクール構想を通じて、GIGA 端末に限らず、超高速な光ファイバーなどのデジタルインフラを含めて一体的に整備し、町村を含む全ての子供たちがデジタルスキルや情報リテラシーを身に付けることができる環境を整備することが必要不可欠です。また、町村における教育の現場での ICT 活用に向けた支援人材の確保も解決すべき大きな課題です。

　以上のように、GIGA スクール構想の次のステージにおいては、より高度な ICT 教育の推進や学習支援の拡充、地域との連携などが求められます。これらの取組を通じて、日本の教育の質の向上や、次世代を担う子供たちの成長を支援する観点からも GIGA スクール構想が次のステージに進んでいくことを支援し、引き続き学校での取組を推進していく覚悟であります。

巻頭言・中央教育審議会

中央教育審議会会長
　独立行政法人教職員支援機構理事長　荒　瀬　克　己

　2021年1月の中央教育審議会答申は、予測が難しく変化の激しい社会を生きる子供たちを「自立した学習者」に育てることの重要性を説いています。

　「自立した学習者」とは、自分で考え、判断し、行動できる能力を持つ、あるいは、そうしようとする意思・意欲を持つ学び手です。当然、他者と協働できることも重要です。

　ところが、答申では、「『みんなと同じことができる』『言われたことを言われたとおりにできる』上質で均質な労働者の育成が高度経済成長期までの社会の要請として学校教育に求められてきた中で、『正解（知識）の暗記』の比重が大きくなり、『自ら課題を見つけ、それを解決する力』を育成するため、他者と協働し、自ら考え抜く学びが十分なされていないのではないかという指摘もある」としています。

　学びの場を、自立した学習者に育つための経験を積むことができるようにする必要があります。それには、学び手である一人ひとりの子供に学びが委ねられて、試行錯誤でき

ることが必要でしょう。

　東京学芸大学の高橋純教授が、教職員支援機構のメールマガジンで、子供が生涯にわたって能動的に学び続ける力を身に付けることについて、子供がどのように学ぶかを教師が指示するのではなく、子供自身が「学習内容」も「学び方」も決めていくことが理想ではないかと指摘しておられます。

　一斉授業に全く意味がないということではありませんが、教室の子供たちは実に多様です。内閣府総合科学技術・イノベーション会議は、発達障害のある子供、不登校及び不登校傾向の子供、経済的に困難があり、家にある本の少ない子供、海外にルーツを持ち、家で日本語をあまり話さない子供、特定分野に特異な才能を持つ子供などが在籍している状況で、どのような教育の在り方が必要かと問いかけています。

　GIGAスクール構想による1人1台端末が、その問いへの一つの解答になり得ます。

　高橋教授は、現在は、「情報端末＋クラウド」で、教師が子供一人ひ

とりの様子を、随時、手軽に把握できるようになっていること、子供同士もお互いの様子を常に知ることができること、協働的な学びも、子供自身が情報端末で得た他者の状況から、協働する相手とタイミングを決められること等も挙げ、「子供は、情報端末を自在に使いこなし、大量の情報を適切に処理していく必要に迫られるが、こうした活動を支える基盤となる力が情報活用能力となる」と続けます。

子供の情報活用能力を養うために、教職員には、ICT や情報・教育データの利活用が一層求められることになります。その際、2022 年12 月中央教育審議会答申の示す「学びに専念する時間を確保した一人一人の教師が、自らの専門職性を高めていく営みであると自覚しながら、誇りを持って主体的に研修に打ち込むことができるという姿」の実現が求められることは言うまでもありません。

目次

1部　GIGA スクールとは

2部　GIGA スクールの端末活用事例

本書の構成と利用の仕方

◆本書の構成と読者対象別要チェック箇所

○本書は、各自治体の首長、教育長及び各学校の校長等管理職などが、現在進められている「GIGAスクール構想」の意義や、社会の変化にあわせた学校教育の考え方を共有し、どの地域の子供たちにも学びの充実を届けるためのハンドブックとして作成した。

○全体は、
　　GIGAスクール構想の進むべき方向性について
　　GIGAスクール構想「GIGAスクール構想1.0（第１期）」の始まり、
　　　そして新しいステージ「GIGAスクール構想2.0（第２期）」へ
　　１部　GIGAスクールとは
　　２部　GIGAスクールの端末活用事例
　から成る。

○各自治体の首長には、「GIGAスクール構想の進むべき方向性について」と「GIGAスクール構想「GIGAスクール構想1.0（第１期）」の始まり、そして新しいステージ「GIGAスクール構想2.0（第２期）」へ」、ならびに１部の上部色帯が濃いページを特にチェックいただきたい。これらの箇所は、GIGAスクール構想の全体の概念や今後の国の予算に関わる記述が中心となってくるため、それぞれの自治体での政策立案・推進にご活用いただきたい。

○各学校の校長等管理職には、特に２部をチェックいただきたい。全国の先進的事例を掲載しているため、各校で実践に移す際のヒントが多数盛り込まれている。

○教育長と教育委員会のGIGAスクール担当者は本書全体を通してお読みいただくことで、考え方と実践、双方を深く理解いただける内容となっている。

◆利用の仕方

○１部は各項目の最後に執筆担当者を丸カッコ書きで記している。詳細の所属等は巻末「編集・執筆者等一覧」に２部の執筆者を含めて記載しているので、そちらを参照してほしい。

○２部は各項目を３〜４ページに収め、見出し上部に実践内容（種類）に関わるキーワードと校種を示した。各項目最終ページには、グレー枠内に事例自治体または学校等の通信環境などの情報を記している。なお、通信環境などの情報は各事例の特性に鑑み、記載項目（内容）が異なることをご了承いただきたい。「KEY STORY」は編集委員の毛利靖が実践のポイント、展開例を記述した。

（お断り）

本書に登場する機器、OS、ソフト、アプリ、サービスなどは文部科学省が指定したものではありません。本事例を参考としていただき、各自治体、各学校等の状況に合わせて関係者で検討の上、子供たちや教師にとって最適なものを選択してください。

GIGAスクール構想の進むべき方向性について

GIGAスクール構想の背景

　Society5.0に象徴されるような変化の激しい社会、価値観の多様化した社会、高度に情報化や国際化した社会を生き抜くことができる人材の育成は、世界的な課題である。世界的には人口爆発による食糧難などの諸問題が懸念されている一方で、日本では急速な少子高齢化による人口減少社会を迎え、労働人口の激減によって、我が国を支える人材にはパフォーマンスの高さが求められるようになっている。加えて、1人当たり名目国内総生産（GDP）がOECD加盟国中で21位、G7で最下位（2022年）になっているなど、今や日本は先進国の中では凡庸な経済力の国に過ぎないという実態がある。

　一方、「人生100年時代」となり、人生のそれぞれのステージで、自己の経験を有効に機能させるためのキャリアチェンジが積極的に推奨されるようになっている。キャリアチェンジには学び直しや学び足しが不可欠である。週末や夜の時間を使ってキャリアチェンジのために学ぶ際、その学びの多くはオンラインでの学びとならざるを得ない。「オンラインで学ぶスキル」は生涯学習時代の今日では必要最低限のスキルであり、学校教育の段階で経験させ確実に身に付けさせるべき教育内容となっている。これらが「学びに向かう力」が求められるようになった背景である。

　現行の学習指導要領がイメージする学びは、学びに向かう力を発揮しながら、自分の学びを自分で選択し、決定し、自己調整をしながら学びを進め、自分の学び方を振り返って修正していくという学びである。このような資質・能力（コンピテンシー）を身に付けながら、各教科等の学習内容（コンテンツ）を学び取るというイメージである。

　それぞれの児童生徒の学びは、そのペースも、方法も、少しずつ異なるものであり、児童生徒が自分の納得するやり方で進めていくことになる。これが「個別最適な学び」である。多様な児童生徒を相手に、教師一人でこれを保障することは困難である。そのため、各自のペースで任意のタイミングで学習リソースにアクセスできるようにした方がよい。こうやって検討された学びのインフラが1人1台の情報端末と高速ネットワークの敷設を前提としたGIGAスクール構想である。

　一人で学ぶだけでは時間的にも限界があるため、友達と対話し、感化されることもまた必要である。これが「協働的な学び」である。このような学びによって、他者から受けた影響をもとに自分の理解を自覚的に更新する。学習指導要領ではこれ

を「深い学び」と呼んでいるのである。

　１人１台の情報端末をいつでも活用できる状態で進めていく学習では、インターネットでの検索が多用される。知らない言葉を検索し、その意味や関連事項、写真や動画を見付け、それらの中から今の自分の課題にあった情報を選択する。検索結果の全てが役立つわけではないし、中には当該学年では理解が難しい内容や信ぴょう性が低い情報もある。したがって、情報を鵜呑みにしないことも必要となる。集められた情報を整理したり、その結果を表現し伝達したりする際には、文書作成やスライド作成のソフトウェアを活用することになるが、これは大人の仕事の仕方と同じである。GIGAスクール構想では、大人が日常的に活用しているようなソフトウェアを、クラウドベースで利用できるようにするような整備が基本となっているが、これにはいくつかの意味がある。まず、児童生徒のICT活用の経験が大人になっても有用に機能すること。次に、ブラウザ、文書作成、スライド作成、表計算のソフトウェアは、OSがどれであっても標準的に提供されていることから、世界中で利用されているものと同じツールを安価に児童生徒に体験させることができること。さらに、大人である教師が活用しているツールと同じものを児童生徒が活用することは、教師にとって特別なツールの研修等が不要であること。同じように社会に開かれた教育課程の観点からは、広く民間等で利用されているツールである方がオンライン等での外部人材との情報のやりとりが容易であることなどである。

　自治体によっては、子供用の専用ツールを整備する例があるが、それはGIGAスクール構想の標準仕様に加えて、各教育委員会の意思で整備したということである。各教育委員会がなぜその子供用の専用ツールを整備したかというビジョンがあるはずであり、尊重されるべきである。しかしこの場合、児童生徒の成長にしたがって標準的なツールの活用に置き換えていくような配慮が必要となる。なぜならその子供用の専用ツールは、大人の問題解決には活用されていないからである。

GIGAで期待する学びのイメージ

　ここまで述べてきたような資質・能力を身に付けることが求められる学校では、従来の授業の形態を考え直す必要があることは自明である。学ぶ道具として情報端末を用い、「情報活用能力」を身に付けさせ、それを発揮しながら各教科の学習を主体的に深めていくような学習活動を意図的に設定しなければならない。押し寄せる多様な問題を解決できる能力の育成を目指して、毎時間の授業を問題の設定と解決の繰り返しであると捉える目線を育て、常に情報端末を用いて多様なリソースに当たり、友達と対話・協働しながら学ぶ経験をさせ、自己の知識・技能の更新を意識させることが求められている。これらは、教科の目標そのものではないが、いず

れ変化の早い社会に出て行く全ての子供たちに対して必要な経験なのである。

　GIGAスクール構想は、これまで述べてきたような学習指導要領の目指す授業像を実現するための環境整備なのである。今一度確認しておきたいのは、情報端末がやってきたから新しい能力を育てるという話ではなく、今後の社会、今後の日本で生き抜く人材として児童生徒を育てていくために、従来の指導方法や指導体制では必要な資質・能力を育てることは難しいという見通しからGIGAスクール構想が構想されているということである。したがって単なる「流行」と片付けることはできず、これを前提とした新しい学び、新しい授業のスタイル、新しい教師の役割をこそ私たちは今検討していかなければならないのである。

　では、新しい授業のスタイルとは、どのようなものだろうか。

　まず、全員が情報端末を持っており、それをいつでも活用できるほどの情報活用能力が身に付いていることが初期条件となる。また、授業で教師が指示したときにだけ利用させるという方法は、ICTをいつどのようなタイミングで活用すれば便利になるかという自己決定を奪っているという点で、中長期的には情報活用能力の育成を阻むことになる。授業以外（たとえば係活動や部活動）での利用は、できるだけさせるようにした方が情報活用能力が身に付きやすいことが知られている。自宅への持ち帰りも同様で、一人で学びに向かうときに学習の道具としてICTを上手に活用できなければ、これからの時代の学び方が備わっているとはいえないのだから、持ち帰って活用させるのは当たり前のことである。全国学力・学習状況調査で情報端末の持ち帰りが調査項目になっているのはこのような背景によるものである。

　授業の場面において、個別最適な学びを実現しようとした場合、クラウドに必要なものを共有しておいたり、インターネットで検索させたりすることは、教師の負担軽減の観点からも重要である。GIGAスクール構想で配布された情報端末を児童生徒に活用させることで、授業を少しずつ探究型に変えていくことが、これからの教師が目指すべき授業改善である。全て自分が責任を持って教えるのだという姿勢が、事情の異なるそれぞれの児童生徒に無理を強いていることを教師が自覚すべきである。

　児童生徒だけで問題解決をすることは、そう容易ではない。教師の役割は、「君の考えはなかなかいいけれど、もっとこうしてみたら」とアドバイスしたり、「○○君が考えていることと似ているから2人で話してごらん」とつないだりすることである。つまり、児童生徒の学びを応援することである。何でも教師が教えてしまうのではなく、「学びの伴走者」に徹してみるとよい。

　AI の機能が発達して一般化され、児童生徒向けのデジタルドリルにも AI の機能が搭載されるようになった。たとえば算数・数学の計算領域などでは、これまでの長い研究の蓄積によって問題ごとの難易度がある程度明確になっており、それらを学習している AI が児童生徒の回答状況をもとに理解度をかなりの精度で推定できるようになっている。このような技術的背景を踏まえて、児童生徒の学習を AI ドリルに任せてはどうかという機運が盛り上がった時期がある。中央教育審議会で「個別最適な学び」を概念化していくときに、このことが議論になった。「学ぶ」というからには主体は児童生徒である。AI ドリルが児童生徒の理解度をほぼ正確に推定し、個別に適切な問題を提示したとして、それをひたすら解いていくという学習活動は果たして主体的なのか、AI ドリルに次なる学習を提案してもらっている状態は自己選択・自己決定といえるのかという議論である。

　この議論は、情報端末が手元にあり、優れた学習アプリが存在したとしても、それを活用して自らの学びをよりよくしていくという学び手としての矜持のようなものを育てることこそが、これからの激動の時代を生き抜く人材育成として最上位ということを示唆している。あらゆるデジタル教材を学びの道具として用いながら、自分の学びを向上させていく姿勢を身に付けさせていくことが学校の役割となる。

　現行の学習指導要領は、Society5.0 の時代をイメージして組み立てられた。その後、コロナ禍をくぐり抜けたこともあって、社会は大きく情報化に傾いた。在宅勤務を含めて働きやすさが重視され、Well-being が優先される価値観が定着した。一枚岩タイプの組織から、多様な人材のチーム力が評価されるようになった。

　しかし学校現場は、相変わらず紙主体の業務から抜け出せないでいる。児童生徒や家庭の価値観の多様化に人力で対応し、教師も疲弊してしまっている。多くの民間企業がそうしたように、DX を強く推進し、制度を柔軟化し、それぞれの働き手の持ち味を発揮しやすくすべきタイミングにきている。

　中央教育審議会には 2023 年 5 月に「デジタル学習基盤特別委員会」が発足した。GIGA スクール構想、高速ネットワーク、デジタル教科書やデジタル教材などの学習インフラが大きく変化した中、これに合わせた教育内容、教育制度、教育体制をどのようにするかが総合的に検討されるべき時期となった。

　デジタルによって個別の知識や技能は生涯にわたって学び足せる時代になった。学校教育の存在意義が問われている。この機会に児童生徒にとって学びやすく、教師にとって働きやすい学校現場にしたいものである。

（堀田　龍也）

GIGA スクール構想「GIGA スクール構想1.0（第1期）」の始まり、そして新しいステージ「GIGA スクール構想2.0（第2期）」へ

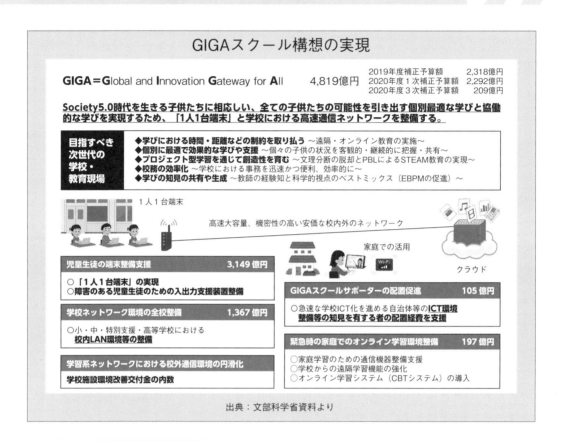

出典：文部科学省資料より

GIGAスクール構想の始まり

　2015（平成27）年2月に超党派の国会議員による「教育における情報通信（ICT）の利活用促進をめざす議員連盟」（会長：遠藤利明衆議院議員・元東京オリンピック・パラリンピック担当大臣・元文部科学副大臣、会長代行：中川正春衆議院議員・元文部科学大臣、幹事長：盛山正仁衆議院議員・現文部科学大臣）が設立され、2019（令和元）年6月に議員立法による「学校教育の情報化の推進に関する法律」が成立した。その後、2019（令和元）年12月13日、2019年度補正予算案の閣議決定において、児童生徒向けの1人1台のGIGA端末と、高速大容量の通信ネットワークを一体的に整備するための経費が盛り込まれたことを受け、当時の萩生田光一文部科学大臣が「令和時代のスタンダードとしての1人1台端末環境」として力強いメッセージを発信し、GIGA スクール構想が動き始めた。

　社会のあらゆる場所でICTの活用が日常のものとなり、これからSociety5.0時

代を生き抜き22世紀まで活躍する子供たちの可能性を広げるべき場所である学校が、時代に取り残され、世界からも遅れたままではいられない。1人1台のGIGA端末がある環境は、もはや令和の時代における学校の「スタンダード」である。

これまでの我が国の150年に及ぶ教育実践の蓄積の上に、最先端のICT教育を取り入れ、これまでの実践とICTとのベストミックスを図っていくことにより、これからの学校教育は劇的に変わっていく。この新たな教育の技術革新は、多様な子供たちを誰一人取り残すことのない公正に個別最適化された学びや創造性を育む学びにも寄与し、特別な支援が必要な子供たちの可能性も大きく広げていく。

また、GIGA端末の整備とあわせて、デジタル教科書やデジタルコンテンツ、校務支援システムなどICTの導入・運用を加速していくことで、主体的・対話的で深い学びの視点からの授業改善を高度に実現するとともに、授業準備や成績処理等の負担を軽減し質の向上にも資するものであり、働き方改革にもつながっていく。

忘れてはならないことは、ICT環境の整備は手段であり目的ではないということだ。子供たちが変化を前向きに受け止め、豊かな創造性を備え、持続可能な社会の創り手として、予測困難な未来社会を自立的に生き、社会の形成に参画するための資質・能力を一層確実に育成していくことが必要なのである。

これまで、3クラスに1クラス分、児童生徒3人で1台を共用するという前提で地方財政措置が講じられていたものの、自治体のさまざまな事情からICT環境整備は遅れ、2020(令和2)年3月時点での全国平均は4.9人に1台にとどまっており、都道府県別では最高1.8人に1台から最低6.6人に1台、市町村別では106自治体が1.0人に1台以下、628自治体が3.0人に1台以下を達成する中、最低16.2人に1台の市があるなど、公立義務教育段階で地域間デジタルデバイドともいえる大きな自治体間格差が生じていた。

GIGAスクール構想は、国策としてこうした現状を自治体とともに乗り越え、教育格差が生じないようにする画期的な挑戦でもあり、着実に整備に取り組む自治体と一体となって、1人1台端末とクラウド活用、それらに必要な高速通信ネットワーク環境の実現を目指すものとしてスタートした。

この構想が着々と進み始めてしばらくすると、誰もが予測できなかった新型コロナウイルス感染症の世界的な感染拡大を背景に、「学びを止めない」強力なツールの一つとしてのニーズの高さなどから、全体の整備計画の大幅な前倒しが実現した。よく誤解されがちであるが、この感染症への対応を契機にこの構想がスタートしたわけではなく、この感染症が確認される以前に構想は決定していた。奇しくもこうした予測不可能の事態が生じたことで、予測困難な未来を切り拓くためのツールとしてGIGAスクール構想の重要性が広く認められ、わずか1～2年で整備が完了することになったのである。

新しいステージ「GIGAスクール構想2.0（第2期）へ」

国策としてのGIGAスクール構想のさらなる推進

1．これまでの成果〜

◆世界に先駆け、わずか1〜2年で整備完了（世界に冠たるデジタル学習基盤）
・G7教育大臣会合でもGIGAスクール構想は最大の関心事
・各国も1人1台端末整備を重要課題と認識
◆7〜8割の校長が1人1台端末の効果を認識（活用頻度が高いほど、効果認識UP）
・個別最適・協働的な学び、働き方改革
・誰一人取り残されない学びの保障（不登校、特別支援、病気療養、外国籍の児童生徒　等）
◆単なる教育施策ではなく、政府の重要施策のインフラ
・デジタル人材供給の基盤（GIGA端末でプログラミングをする子供は大幅増、AI戦略にとっても極めて重要）
・こども家庭庁の目玉「こどもデータ連携」、デジタル田園都市国家構想の推進にも不可欠

2．直面する課題〜

◆地域・学校間で活用格差
・この2年間、大多数の学校はコロナ対応で手一杯だったのが実態
・非常時のオンライン授業実施体制は構築されたが、令和の教育改革は道半ば
◆こうした中、端末の更新期が迫る
・2025年度の更新を予定している自治体が多数だが、2024年度中の更新を要する先進自治体も存在
・支援継続を望む声が圧倒的（全国知事会、全国市長会、全国町村会、全国ICT教育首長協議会、教育再生首長会議）
・与党決議・提言

3．今後の方向性〜（教育DXのさらなる深化）

◆2023〜2024年度を、集中推進期間として位置付け、徹底的な伴走支援により一気に底上げを図る
◆国策として推進するGIGAスクール構想の1人1台端末について、公教育の必須ツールとして、更新を着実に進める

出典：文部科学省資料より

　2023（令和5）年6月16日に閣議決定された「経済財政運営と改革の基本方針2023 加速する新しい資本主義〜未来への投資の拡大と構造的賃上げの実現〜」（骨太）では、「GIGA スクール構想について、次のフェーズに向けて周辺環境整備を含め、ICT の利活用を日常化させ、人と人の触れ合いの重要性や発達段階、個人情報保護や健康管理等に留意しながら、誰一人取り残されない教育の一層の推進や情報活用能力の育成など学びの変革、校務改善につなげるため、運営支援センターの全国的な設置促進・機能強化等徹底的な伴走支援の強化により、家庭環境や利活用状況・指導力の格差解消、好事例の創出・展開を本格的に進める。各地方公共団体による維持・更新に係る持続的な利活用計画の状況を検証しつつ、国策として推進する GIGA スクール構想の1人1台端末について、公教育の必須ツールとして、更新を着実に進める」ことが明記された。

　全ての子供たちの可能性を引き出す個別最適な学びと協働的な学びの実現について、学校現場での活用が進み、効果が実感されつつある。

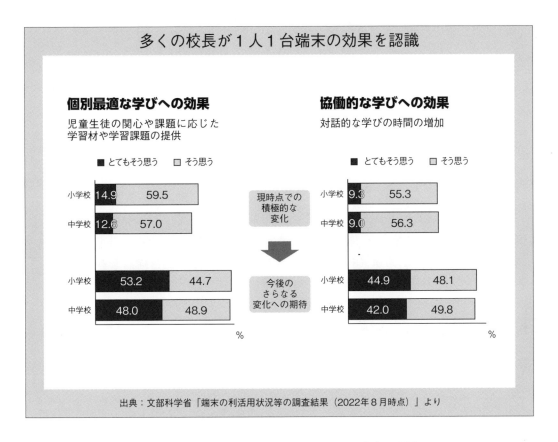

出典：文部科学省「端末の利活用状況等の調査結果（2022年8月時点）」より

　一方、1人1台端末の利活用が進むにつれて、故障端末の増加や、バッテリーの耐用年数（4～5年程度）が迫るなど、早い自治体では2024（令和6）年度中の更新を要する。

　このため、GIGAスクール構想を次のステージへ進めるべく、今後、3～4年程度をかけて端末を計画的に更新するとともに、端末の故障時等においても子供たちの学びを止めない観点から、予備機の整備も進めることとし、当面2024（令和6）年度の更新等に要する経費を要求することとしていた。

　その後、政府は、2023（令和5）年11月2日に閣議決定された「デフレ完全脱却のための総合経済対策～日本経済の新たなステージに向けて～」において、「教育DXフロンティア戦略を始めとする公教育の再生」という柱立ての中で、1人1台端末の計画的更新（都道府県に基金設置）、生成AI等の利活用を含め、個別最適な学びをサポートする仕組みの構築に向けた検討加速、1人1台端末を活用した「心の健康観察」導入支援等が盛り込まれた。具体的な内容は次の通りである。

質の高い公教育を再生するため、以下の施策を実施する。

　国策である GIGA スクール構想の第 2 期を見据え、地方公共団体への徹底的な伴走支援を継続しつつ、日常的な端末活用を行っている地方公共団体の故障率も踏まえた予備機を含む 1 人 1 台端末の計画的な更新を行う。その際、地方公共団体における効率的な執行等を図る観点から、各都道府県に基金を設置し、5 年間同等の条件で支援を継続するとともに、2023 年末までに都道府県を中心とした統一・共同調達の仕組を検討する。併せて、大宗の更新が終了する 2026 年度中に、地方公共団体における効率的な執行・活用状況について検証するとともに、次期更新に向けて、今後の支援の在り方を検討し、方向性を示す。

　高等学校段階における高度なプログラミングやデジタルものづくり教育、文理横断的な探究学習を教育課程内外で実施する拠点の全国的な整備に加え、生成 AI 等の適切な利活用の可能性も含め、個別最適な学びをサポートする仕組の構築に向けた検討を加速することで、教育 DX のフロンティアを切り拓く。

　不登校児童生徒の心や体調の変化へ早期の対処を図るため、1 人 1 台端末を活用した「心の健康観察」の導入を支援するとともに、スクールカウンセラー等の配置を充実する。不登校児童生徒の学びの継続を支援するため、自分のクラスに入りづらい児童生徒のための校内教育支援センターの設置を支援する。いじめ防止対策を強化するため、関係機関が緊密に連携し、学校外からのアプローチの開発・実証に取り組む。

〈施策例〉
・GIGA スクール構想の端末更新に向けた基金の創設
・高等学校 DX 加速化推進事業（DX ハイスクール）
・GIGA スクール運営支援センター整備事業
・ネットワークアセスメント実施促進事業
・教員の職場環境を改善するための「次世代の校務デジタル化推進実証事業」
・GIGA スクール構想の加速化事業
・不登校児童生徒等の早期発見・早期支援事業、不登校児童生徒等の学び継続事業

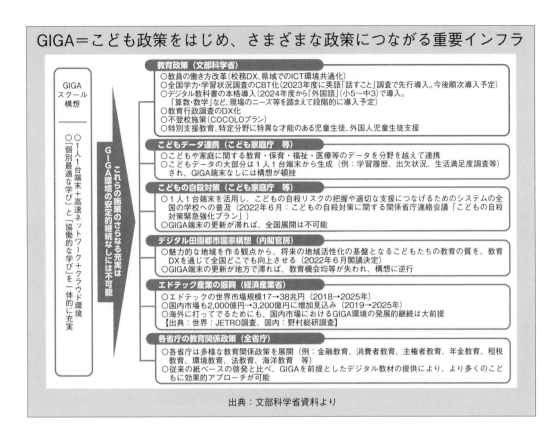

　これまでの国策としての取組を「GIGA スクール構想1.0（第1期）」とするならば、「GIGA スクール構想2.0（第2期）」と言える新しいステージに向けた取組がスタートすることとなったのである。

　この「GIGA スクール構想2.0」の実現は単なる教育政策にとどまるものではなく、政府の重要政策のインフラとして、地域ひいては日本の将来を左右するものであり、国策として推進し成功に導くためには、これまで以上に各自治体の首長の皆様のリーダーシップが不可欠となる。この機を絶対に逃すことなく、学校・教育委員会のみならず、各自治体の首長、議会、調達・財政・情報担当部局など関係者が一丸となって、子供たち一人ひとりに個別最適化され、創造性を育む教育ICT環境の実現に取り組んでいくことが求められており、改めて、国公私立学校に関わる全ての関係者が主体的・対話的にそれぞれが目指す未来像の実現に向けて動き出すべきときがやってきたのである。

文部科学省は、2023（令和5）～2024（令和6）年度を集中推進期間と位置付け、各自治体への伴走支援を抜本強化するアクションプランを次の通り策定した。

①特命チームによる伴走支援体制の強化
　・悉皆調査に基づき、活用に課題がみられる自治体とその課題を特定（2022（令和4）年8月に調査実施、2023（令和5）年夏前に再度実施）し、自治体に直接連絡を取り、課題に応じた支援を提案（プッシュ型）
　（例）リアル・オンライン研修、職員派遣、OS各社による操作研修アレンジ、全額国費のアドバイザー派遣　等
②幹部職員による首長への直接要請
　・特にネットワークアクセスや指導者用端末整備が不十分な自治体には、ハイレベルで早急な整備を要請
　・特に課題を抱える学校が多い自治体には職員出向やアドバイザー集中派遣も提案
③切れ目のない研修機会の提供・充実
　・リアル・オンライン・オンデマンドで幅広い研修コンテンツを提供（文科省、教職員支援機構）
　・管理職による研修受講奨励の仕組を活用し、ICTが苦手な教員全員の研修受講を推進
④（上記①～③を前提として）「日常的な活用100%」に向けた計画策定を要請
　・期間は2023（令和5）～2024（令和6）年度の2年間
　・必要に応じて①のスキームを通じて策定プロセス自体も支援

　さらに、2023（令和5）年11月10日に閣議決定された2023（令和5）年度補正予算案において、総合経済対策の実現に向けた具体的な内容等が示された。

●GIGAスクール構想の端末更新に向けた基金の創設　……　2,643億円
　全ての子供たちの可能性を引き出す個別最適な学びと協働的な学びを実現するため、2020（令和2）～2021（令和3）年度に「1人1台端末」と校内の高速通信ネットワークを集中的に整備し、GIGAスクール構想を推進。学校現場では活用が進み、効果が実感されつつある。
　一方、1人1台端末の利活用が進むにつれて、故障端末の増加やバッテリーの耐用年数が迫るなどしており、GIGAスクール構想第2期を念頭に、今後、5年程度をかけて端末を計画的に更新するとともに、端末の故障時等においても子供たちの学びを止めない観点から、予備機の整備も進める。
　なお、各都道府県への基金創設の必要性やそのメリットとしては、財政措置の見

GIGAスクール構想2.0（第2期）の推進～1人1台端末の着実な更新～

2023年度補正予算額　2,661億円

【事業内容・スキーム】

公立学校の端末整備	国私立、日本人学校等の端末整備

◆都道府県に**基金（5年間）を造成**し、当面、**2025年度までの更新分（約7割）に必要な経費**を計上。
◆都道府県を中心とした共同調達等など、**計画的・効率的な端末整備を推進。**

◆前回整備時と同様に**補助事業により支援する**こととし、**早期更新分に必要な経費**を計上。
◆公立学校と同様に、**補助単価の充実や予備機の整備**も進める。

〈1人1台端末・補助単価等〉
・補助基準額：5.5万円／台
・予備機：15%以内
・補助率：3分の2
※児童生徒全員分の端末（予備機含む）が補助対象。

〈入出力支援装置〉
視覚や聴覚、身体等に障害のある児童生徒の障害に対応した入出力支援装置（予備機含む）の整備を支援。
・補助率：10分の10

（基金のイメージ）

文部科学省
↓ 基金造成経費を交付
都道府県（基金）
↓ 補助金を交付
市町村

※都道府県事務費も措置

〈1人1台端末・補助単価等〉
・補助基準額：5.5万円／台
・予備機：15%以内
・補助率：国立10分の10
　　　　　私立3分の2
　　　　　日本人学校等3分の2
※入出力支援装置についても補助対象。
※今後も各学校の計画に沿った支援を実施予定。

出典：文部科学省資料より

通しが立つため、成立や時期が不透明な毎年度補正予算での対応と比べ、柔軟な執行が可能となり、

①バッテリーの損耗を踏まえ、現行端末をできる限り使用した上での更新につながる（無駄の排除）

②更新費用が複数年に平準化される（自治体財政にとってもメリットであり、メーカー側も対応しやすい）

③短期間での調達を迫られ、十分な検討ができぬままコスト高の整備を強いられる事態を回避できる

④端末の損耗状況により、更新が必要な時期・台数が変動した場合も柔軟に対応

⑤都道府県ごとに基金を設置することで、域内における端末等の共同調達を促進

⑥共同調達の過程を通じた自治体間協力関係の構築や共同研修が促進できる

⑦県域全体のGIGAスクール構想の推進や地域間格差の是正等に対応できる

など、さまざまな自治体の不安払拭につながる最善の方策であるとともに、DXハイスクール、広域での連携が不可欠なGIGAスクール運営支援センターの整備充実や通信ネットワーク環境の改善、地方財政措置を活用した校務支援システムの導入、教師への1人1台端末整備、GIGA端末を活用した「心の健康観察」による児童生徒の抱える悩みの早期発見・支援など、ICTの特性を最大限に生かした広域での自治体間での連携・協働による教育DXを迅速かつ効果的に深化させ、「教育DXフロンティア戦略を始めとする公教育の再生」に大いに貢献することとなる。

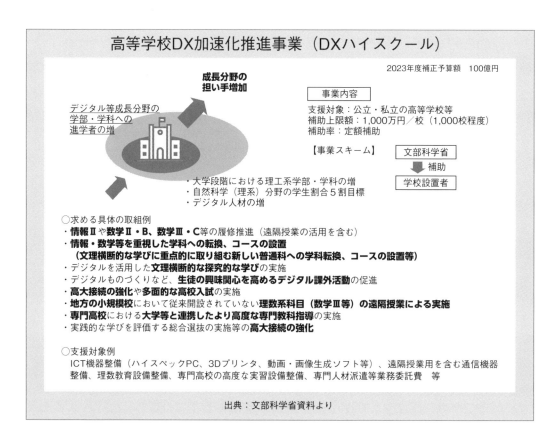

出典：文部科学省資料より

●高等学校DX加速化推進事業（DXハイスクール）

　大学教育段階で、デジタル・理数分野への学部転換の取組が進む中、その政策効果を最大限発揮するためにも、高校段階におけるデジタル等成長分野を支える人材育成の抜本的強化が必要である。

　本事業が求める取組として「デジタルを活用した文理横断的で、探究的な学びの実施」を掲げている。普通科の高校だけでなく専門学科や総合学科においても、情報、数学等の教育を重視するカリキュラムを実施するとともに、ICTを活用した文理横断的で、探究的な学びを強化する学校などに対して補助を実施するものである。

　中央教育審議会高等学校教育の在り方WGの「中間まとめ」でも、文理横断で探究的な学びや、遠隔授業をしっかり活用していくことが打ち出されているが、その推進には、さまざまなリソースが必要になってくることから、文部科学省としては、そうしたリソースの確保が重要と考えている。今後、本事業を活用することで、これまでリソース不足によりできなかったことを積極的に推進していけるよう、学校現場の意見を丁寧に把握しながら施策を推進していくこととしている。

出典：文部科学省資料より

　学校の ICT 運用を広域的に支援する「GIGA スクール運営支援センター」の整備を支援するため、都道府県等が民間事業者へ業務委託するための費用の一部を国が補助することとし、2023（令和5）年度補正予算において、各自治体への伴走支援を強化するための予算事業を盛り込んだ。

　この事業は、GIGA スクール第1ステージ半ばで顕在化した自治体間格差を解消するため、2023（令和5）～2024（令和6）年を集中推進期間と位置付け伴走支援を徹底強化することとしている。

　都道府県を中心とした広域連携の枠組みである「協議会」を設置し、域内全ての自治体が ICT 活用を推進していく体制を強化（運営支援センターの機能強化）することで、全ての学校が端末活用の"試行錯誤"から"日常化"のフェーズに移行し、子供の学びの DX を実現していくための支援基盤を構築することが必要である。

　そのため、これまでの支援メニューの充実を図り、引き続き、広域的かつ組織的な取組を推進する。なお、ネットワークアセスメント実施促進事業と一体的に行うことも可能である。

　先進的な事例として「奈良県域 GIGA スクール構想」の取組を参考とされたい。

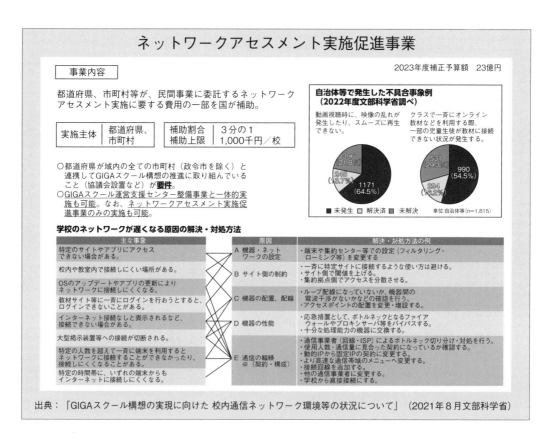

ネットワークアセスメント実施促進事業

出典：「GIGAスクール構想の実現に向けた 校内通信ネットワーク環境等の状況について」（2021年8月文部科学省）

　GIGA スクール第1ステージ半ばで顕在化した自治体間格差を解消し、1人1台端末の利活用をさらに進めていく必要がある。取組の最大の阻害要因の一つはネットワークの遅延や不具合である。

　今後、デジタル教科書の導入、全国学力・学習状況調査の CBT 化、充実の一途をたどる動画教材やクラウドベースでのデジタル教材の十全な活用、クラウドベースの次世代型校務システムの導入を進め、教育 DX を加速させる上でも、通信ネットワーク環境の問題は致命的。このため、全国的にネットワーク診断（アセスメント）を推進し、必要な改善を早急に図ることが重要である。

　ネットワークアセスメントとは、現状のネットワークを分析・診断することで、ネットワーク環境の現状を把握するとともに、課題があった場合は問題点や改善策を提示することにより、最適な通信ネットワーク環境の実現を目的とするものであり、自治体間格差が生じないためにも各自治体の取組を支援していく必要がある。

（安彦 広斉）

1部
GIGAスクールとは

①前提となる社会の変化

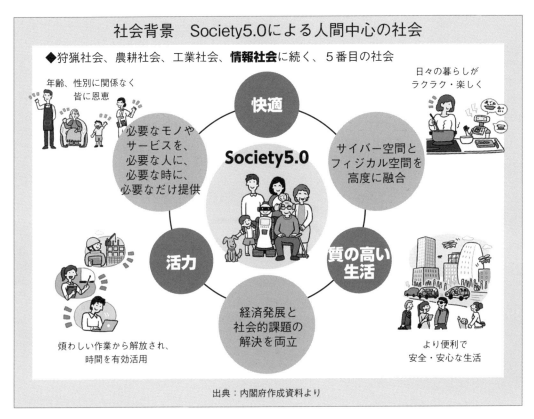

社会背景　Society5.0による人間中心の社会

◆狩猟社会、農耕社会、工業社会、**情報社会**に続く、５番目の社会

年齢、性別に関係なく皆に恩恵

日々の暮らしがラクラク・楽しく

必要なモノやサービスを、必要な人に、必要な時に、必要なだけ提供

快適

Society5.0

サイバー空間とフィジカル空間を高度に融合

活力

質の高い生活

煩わしい作業から解放され、時間を有効活用

経済発展と社会的課題の解決を両立

より便利で安全・安心な生活

出典：内閣府作成資料より

　これまでの情報社会（Society4.0）では知識や情報が共有されず、分野横断的な連携が不十分であるという問題があった。人が行う能力に限界があるため、あふれる情報から必要な情報を見付けて分析する作業が負担であったり、年齢や障害などによる労働や行動範囲に制約があった。また、少子高齢化や地方の過疎化などの課題に対してさまざまな制約があり、十分に対応することが困難であった。

　Society5.0で実現する社会は、IoT（Internet of Things）で全ての人とモノがつながり、さまざまな知識や情報が共有され、今までにない新たな価値を生み出すことで、これらの課題や困難を克服していく。また、人工知能（AI）により、必要な情報が必要なときに提供されるようになり、ロボットや自動走行車などの技術で、少子高齢化、地方の過疎化、貧富の格差などの課題が克服される。

　IoT、ロボット、人工知能（AI）、ビッグデータといった社会の在り方に影響を及ぼす新たな技術の進展が進んできており、我が国は、課題先進国として、これら先端技術をあらゆる産業や社会生活に取り入れ、経済発展と社会的課題の解決を両

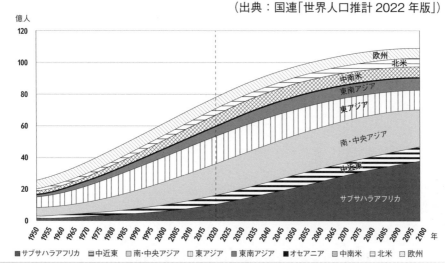

地域別**世界の人口**予測（1950〜2100年）

◆世界の人口は2019年の77億人から2022年11月に**80億人**を超え、2030年に約85億人、2050年には97億人に増え、2080年代中に約**104億人**でピークに達し、2100年までそのレベルにとどまると予測。

◆2050年までに増加が見込まれる人口の半数超は8カ国（コンゴ民主共和国、エジプト、エチオピア、インド、ナイジェリア、パキスタン、フィリピン、タンザニア）に集中。

（出典：国連「世界人口推計2022年版」）

出典：United Nations, Department of Economic and Social Affairs, Population Division(2019). World Population Prospects 2019, Online Edition.

立していく新たな社会であるSociety5.0の実現を目指している。

　さて、Society5.0で実現する社会では、GIGA端末は必要不可欠なものになるが、そのGIGAスクール構想について述べる前に、まずはこれからの教育を考える上で重要な社会の変化の一端を紹介することから始めていく。

【世界と日本の人口予測】

　国連が発表した「世界人口推計2022年版」によると、世界人口は2022年11月15日に80億人に達し、2023年にはインドが中国を抜いて世界で最も人口が多い国になると予測されている。

　世界人口は、1950年以降最も低い増加率で推移し、2020年には1％を下回った。国連の最新の予測によると、世界人口は2030年に約85億人、2050年には97億人に増える見込みである。2080年代中に約104億人でピークに達し、2100年までそのレベルにとどまると予測されている。また、ここ数十年の間に多くの国で出生率が著しく低下したことも指摘している。

　2050年までに増加すると見込まれる世界人口の半数超は8カ国に集中するものと見られ、それらはコンゴ民主共和国、エジプト、エチオピア、インド、ナイジェリア、パキスタン、フィリピン、タンザニアである。サハラ以南アフリカの国々が、2050年までに増加すると見込まれる人口の過半数を占めると予想されている。

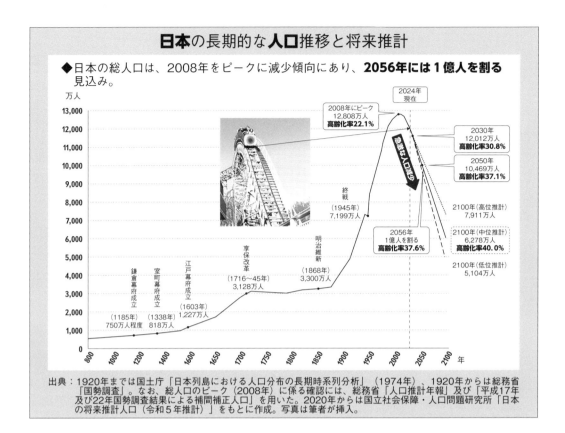

日本の長期的な**人口**推移と将来推計

◆日本の総人口は、2008年をピークに減少傾向にあり、**2056年には1億人を割る**見込み。

出典：1920年までは国土庁「日本列島における人口分布の長期時系列分析」（1974年）、1920年からは総務省「国勢調査」。なお、総人口のピーク（2008年）に係る確認には、総務省「人口推計年報」及び「平成17年及び22年国勢調査結果による補間補正人口」を用いた。2020年からは国立社会保障・人口問題研究所「日本の将来推計人口（令和5年推計）」をもとに作成。写真は筆者が挿入。

　一方、日本の総人口は2008年の1億2,808万人をピークとして長期の人口減少過程に入っている。2050年の1億469万人を経て、2056年には1億人を割って9,965万人となり、2100年には6,278万人になるものと推計され、高齢化率（65歳以上人口割合）を見ると、2020年現在の28.6％、すなわち3.5人に1人が65歳以上から、2037年に33.3％で3人に1人の水準に達し、2050年には37.1％、2100年には40.0％、すなわち2.5人に1人が65歳以上となると推計されている。このように、22世紀まで生きる今の子供たちは、グローバルな視点でもローカルな視点でも、人口問題から派生する社会課題だけを考えても、世界のどこにいたとしてもさまざまな解決すべき課題に直面することは容易に想像できる。現時点は、まさにジェットコースターが落ち始めた位置にあるように見え、遊園地では楽しそうな悲鳴が聞こえてくるのだろうが、これが本物の悲鳴にならないためにも、子供たちがどのような未来を選択できるようになるのか、教育の果たすべき役割は大きいと考える。

【未来への選択】

　50年後の未来が悲鳴で包まれないようどのような選択を行うべきなのか、経済財政諮問会議の「選択する未来」委員会において議論がなされ、2014年11月の報告では、「現状のまま何もしない場合、極めて厳しく困難な未来が待ち受けている。

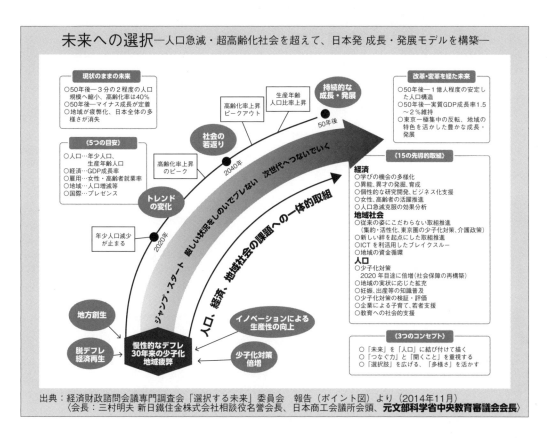

未来への選択—人口急減・超高齢化社会を超えて、日本発 成長・発展モデルを構築—

出典：経済財政諮問会議専門調査会「選択する未来」委員会　報告（ポイント図）より（2014年11月）
〈会長：三村明夫 新日鐵住金株式会社相談役名誉会長、日本商工会議所会頭、**元文部科学省中央教育審議会会長**〉

　しかし、未来は選択できる。未来への選択は、いつか将来に行われるものではなく、明確な選択はいまから行う必要があり、その選択によって未来を変えることができる、ということである。これまでの日本は、人口急減・超高齢化に向けた流れが着実に進行し、慢性的なデフレが続き、力強い持続的な経済成長をなかなか実現できず、地域社会が疲弊するという悪循環に陥っていた。経済状況が好転し始め、デフレ脱却が視野に入ってきたいまこそ、人口、経済、地域社会の課題に対して一体的に取り組み、それによって相乗効果を生み出すことによって歯車の好転を図るべきである」とし、「いまの日本の課題は広範、多層的、複合的であり、（略）国、地方公共団体だけでなく、地域、企業、非営利組織や一般の方々、国民の各層各人において、未来への選択を考え、選択を実行に移していく一つの契機となることを期待する」と述べられている。

　ちょうど同月に中央教育審議会に対し、「我が国の将来を担う子供たちには、こうした変化を乗り越え、伝統や文化に立脚し、高い志や意欲を持つ自立した人間として、他者と協働しながら価値の創造に挑み、未来を切り開いていく力を身に付けること」が求められていることから、「新しい時代にふさわしい学習指導要領等の在り方について」諮問が行われ議論がスタートしたのである。

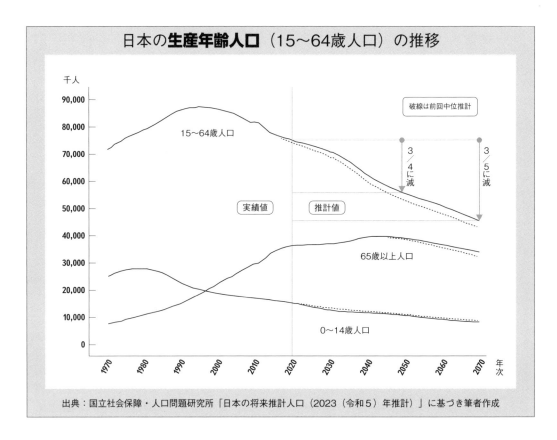

図中：

日本の**生産年齢人口**（15〜64歳人口）の推移

千人

破線は前回中位推計

15〜64歳人口

実績値　推計値

3／4に減

3／5に減

65歳以上人口

0〜14歳人口

年次

出典：国立社会保障・人口問題研究所「日本の将来推計人口（2023（令和5）年推計）」に基づき筆者作成

　たとえば、生産年齢人口とも称される15〜64歳人口は、戦後一貫して増加を続け、1995年の国勢調査では8,726万人でピークに達したが、その後減少局面に入り、2020年国勢調査によると7,509万人となっている。将来の生産年齢人口は、出生中位推計の結果によれば、2043年に6,000万人を割り、2050年には5,540万人と3／4に減少し、2070年には4,535万人と3／5まで減少する。

　これにより、労働力の不足、国内需要の減少による経済規模の縮小などさまざまな社会的・経済的課題の深刻化が懸念される。

　地方における人口減少と高齢化の進展は顕著であり、人口規模の小さい自治体ほど人口減少率が高くなっており、2045年には、65歳以上人口の割合は、首都圏で30％台であるのに対し、地方では40％を超えると予測されている。

　なお、2050年の市町村別人口推計値では、全市町村の約3割が2015年の人口の半数未満の人口となっている。特に、人口が半減する市町村は中山間地域等に多く見られる。

【静かなる有事】

　このような地方における人口減少と高齢化の進展の結果として、地域経済・産業の担い手不足、コミュニティ維持の困難などの課題の深刻化が懸念されている。

静かなる有事 人口減少、生活水準の低下は、地方において**より深刻**

◆自治体の人口減
・１～３万人、１万人未満の自治体は、**人口減少率が相対的に大きい**

◆地域経済の縮小
・地方において、休廃業等による**事業所数減少が顕著**
・地方の公共交通機関等の**公的サービスが減少**

市区町村の人口規模別の人口減少率
（2040年人口の2015年比（％））

都道府県別事業所数増減率
（2016年⇒2021年の比較）

出典：総務省「自治体戦略2040構想研究会（第1回）」事務局提出資料

出典：総務省・経済産業省「2021（令和3）年経済センサス活動調査」

　また、都道府県別事業所数の増減率を見ると、東京都と熊本県以外は減少しており、特に地方において、休廃業等による事業所数減少が顕著である。

　さらに、人口や機能の都市部への集中も進行しており、これらの影響が大きい地方においては、生活に必要な公的サービスの存続、ひいては地域の存続自体が困難となることが懸念されている。

　高度成長期に整備した社会インフラの老朽化が急速に進んでおり、国土交通省による2018年から2033年までの社会インフラの老朽化の推移の予測では、道路橋は約25％から約63％へ、河川管理施設は約32％から約62％へと、今後、建設後50年以上経過する施設の割合が加速度的に高くなる見込みである。

　社会インフラの老朽化により、維持・更新コストの負担の増大や重大事故の発生が懸念されており、2021年11月には和歌山市で水管橋が老朽化で崩落するなど、現実のものとなっている。

　このように、人口減少、生活水準の低下は、地方においてより深刻であり、まさに「静かなる有事」なのだ。

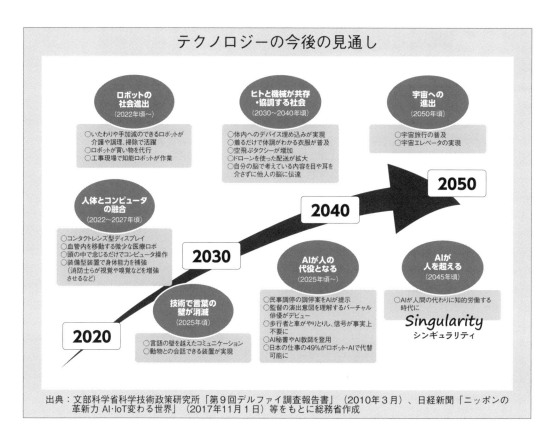

出典：文部科学省科学技術政策研究所「第9回デルファイ調査報告書」（2010年3月）、日経新聞「ニッポンの革新力 AI・IoT変わる世界」（2017年11月1日）等をもとに総務省作成

　一方、「静かなる有事」が進行する中でも、着実かつ急速に進歩を遂げているものが情報通信技術（ICT）を中心とするテクノロジー（TECH、技術）である。

　人類の歴史はテクノロジーとともに進化を遂げてきた。農耕技術の発明により狩猟社会から農耕社会へと進化し、蒸気機関等の発明によって農耕社会から工業社会へと進化してきたように、現在は、IoT・ビッグデータ・AIなどの登場によって第四次産業革命を迎えており、日本政府としては人類史上5番目の新しい社会「Society5.0」へと向かうという目標を掲げている。

【ICTへの投資がもたらす未来の可能性】

　ここで特に注目すべきは、テクノロジーの進展のスピードである。たとえば、世帯普及率が10％に至るまでの所要年数について比較すると、「電話」は76年を要したのに対して、「インターネット」は5年、「スマートフォン」は3年と、近年登場した新たな技術・デバイスの普及スピードは格段に上がっている。将来に向かって、そのスピードはさらに高まると見られており、2045年にはAIが人を超える「シンギュラリティ」が到来するとも言われている。これらのテクノロジーは「破壊的技術（disruptive technology）」とも呼ばれ、生成AIの進化など、2030年代までには、これまで以上に既存の産業構造や人々の社会生活に大規模かつ非連続的な変革をもたらすこととなるだろう。当然、教育も無関係ではいられない。

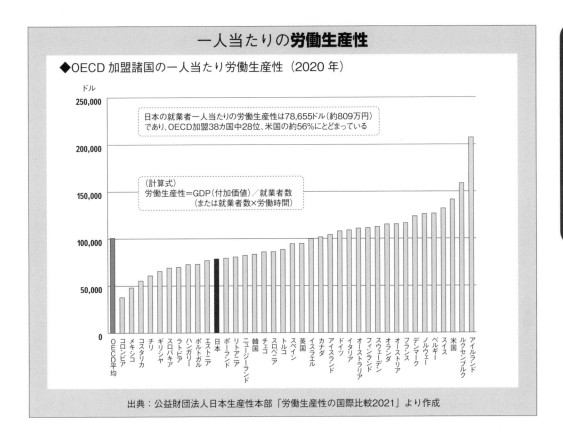

一人当たりの**労働生産性**

◆OECD加盟諸国の一人当たり労働生産性（2020年）

日本の就業者一人当たりの労働生産性は78,655ドル（約809万円）であり、OECD加盟38カ国中28位、米国の約56％にとどまっている

（計算式）
労働生産性＝GDP（付加価値）／就業者数
　　　　　　（または就業者数×労働時間）

出典：公益財団法人日本生産性本部「労働生産性の国際比較2021」より作成

　国民一人当たりGDPとして表される「経済的豊かさ」を実現するには、より少ない労力でより多くの経済的成果を生み出すことが重要である。そして、それを定量化した代表的な指標の一つが労働生産性となる。日本のように人口減少や高齢化が進み、就業者数の増加や就業率の改善がさほど期待できなくなったとしても、働く人の能力向上や経営能力の改善、さまざまなイノベーションなどによって労働生産性が向上すれば、経済は成長し、国民一人当たりGDPも上昇する。

　地域経済の縮小が見込まれる中で、ICTを活用することにより、地域企業の商圏の拡大、地理的制約にとらわれない働き方やサービスの享受などが可能となり、地域の活性化が図られることが期待される。たとえば、ICTの普及で、時間と場所の制約を超えて全国、全世界へと市場が拡大し、マッチングコストの低下により規模の制約を超えて多品種少量生産でも市場が成立するようになり、地方の小規模な企業であっても、あらゆる地域の消費者に対し、そのさまざまなニーズに即した商品・サービスの提供が可能となる。

　また、インターネットショッピングや遠隔医療、遠隔教育なども可能となる新しい暮らし方は、若者が地元に住み続けながら大都市圏の企業に勤務したり、大都市圏の人々が現在の仕事を維持しつつ地方に居住したり、二拠点で生活することを可能とし、地方の定住人口・関係人口の拡大に貢献することが期待される。

世界時価総額ランキングの比較

1989年　世界時価総額ランキング

順位	企業名	時価総額（億ドル）	国名
1	NTT	1,638.6	日本
2	日本興業銀行	715.9	日本
3	住友銀行	695.9	日本
4	富士銀行	670.8	日本
5	第一勧業銀行	660.9	日本
6	IBM	646.5	米国
7	三菱銀行	592.7	日本
8	エクソン	549.2	米国
9	東京電力	544.6	日本
10	ロイヤル・ダッチ・シェル	543.6	英国
11	トヨタ自動車	541.7	日本
12	GE	493.6	米国
13	三和銀行	492.9	日本
14	野村證券	444.4	日本
15	新日本製鐵	414.8	日本
16	AT&T	381.2	米国
17	日立製作所	358.2	日本
18	松下電器	357.0	日本
19	フィリップ・モリス	321.4	米国
20	東芝	309.1	日本
21	関西電力	308.9	日本
22	日本長期信用銀行	308.5	日本
23	東海銀行	305.4	日本
24	三井銀行	296.9	日本
25	メルク	275.2	米国
26	日産自動車	269.8	日本
27	三菱重工業	266.5	日本
28	デュポン	260.8	米国
29	GM	252.5	米国
30	三菱信託銀行	246.7	日本
31	BT	242.9	英国
32	ベル・サウス	241.7	米国
33	BP	241.5	英国
34	フォード・モーター	239.3	米国
35	アモコ	229.3	米国
36	東京銀行	224.6	日本

出典：米ビジネスウィーク誌（1989年7月17日号）「THE BUSINESS WEEK GLOBAL 1000」

2018年　世界時価総額ランキング

順位	企業名	時価総額（億ドル）	国名
1	アップル	9,409.5	米国
2	アマゾン・ドット・コム	8,800.6	米国
3	アルファベット	8,336.6	米国
4	マイクロソフト	8,158.4	米国
5	フェイスブック	6,092.5	米国
6	バークシャー・ハサウェイ	4,925.0	米国
7	アリババ・グループ・ホールディング	4,795.8	中国
8	テンセント・ホールディングス	4,557.3	中国
9	JPモルガン・チェース	3,740.0	米国
10	エクソン・モービル	3,446.5	米国
11	ジョンソン・エンド・ジョンソン	3,375.5	米国
12	ビザ	3,143.8	米国
13	バンク・オブ・アメリカ	3,016.8	米国
14	ロイヤル・ダッチ・シェル	2,899.7	英国
15	中国工商銀行	2,870.7	中国
16	サムスン電子	2,842.8	韓国
17	ウェルズ・ファーゴ	2,735.4	米国
18	ウォルマート	2,598.5	米国
19	中国建設銀行	2,502.8	中国
20	ネスレ	2,455.2	スイス
21	ユナイテッドヘルス・グループ	2,431.0	米国
22	インテル	2,419.0	米国
23	アンハイザー・ブッシュ・インベブ	2,372.0	ベルギー
24	シェブロン	2,336.5	米国
25	ホーム・デポ	2,335.4	米国
26	ファイザー	2,183.6	米国
27	マスターカード	2,166.3	米国
28	ベライゾン・コミュニケーションズ	2,091.6	米国
29	ボーイング	2,043.8	米国
30	ロシュ・ホールディング	2,014.9	スイス
31	台湾・セミコンダクター・マニュファクチャリング	2,013.2	台湾
32	ペトロチャイナ	1,983.5	中国
33	P&G	1,978.5	米国
34	シスコ・システムズ	1,975.7	米国
35	トヨタ自動車	1,939.8	日本
36	オラクル	1,939.3	米国

出典：各種データをもとに週刊ダイヤモンド編集部作成（2018年7月20日時点）

　これは、平成の最初と最後の方の世界時価総額ランキングを比較したものだが、1989（平成元）年には、トップ50社のうち32社が日本企業であったものが、2018（平成30）年にはトヨタ自動車1社だけとなり、上位の企業は、米国発のITプラットフォーマーであるGAFAM＝［アルファベット（Google）、アマゾン・ドット・コム（Amazon）、フェイスブック（Facebook）、アップル（Apple）、マイクロソフト（Microsoft）］など、ICT企業やICTを駆使して稼ぐ企業が多くなっている。また、ここ20年ほどで、インターネット市場における主要プレーヤの業態は、ハードウェア／ソフトウェア販売・メディア・ISP（インターネットサービスプロバイダー）から、オンラインプラットフォームサービスへと大きく変化するとともに、時価総額も飛躍的に増大している。近年の世界のICT関連市場の主要プレーヤーの時価総額を見ると、GAFAMが上位を独占しており、2021年7月にはGAFAの時価総額合計が日本株全体の時価総額を上回った。

　なお、2023年1月末時点のランキングでは、GAFAM（1位Apple、3位Microsoft、4位Google、5位Amazon、17位Meta＝旧Facebook）や半導体関連企業などが上位にいる。トヨタ自動車は47位だったが、2022年12月末時点ではトップ50社圏外となるなど、日本企業が1社もランクインしていない月も見られるようになった。

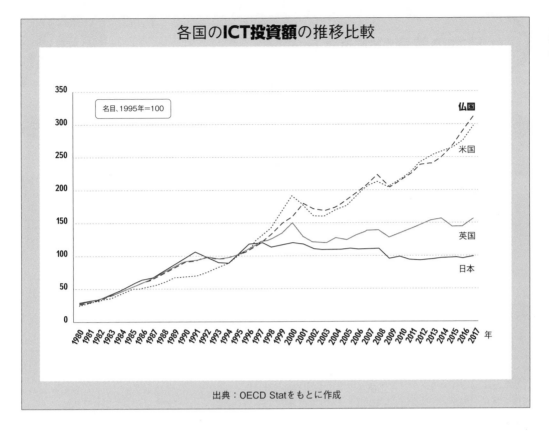

各国のICT投資額の推移比較

名目、1995年=100

仏国
米国
英国
日本

出典：OECD Statをもとに作成

　これは、各国のICT投資額の推移を比較したものだが、GAFAMを擁する米国以外では、フランスのICT投資額の推移が注目される。

　近年のフランスの状況については、独立行政法人日本貿易振興機構（ジェトロ）の海外ニュースにより、次のように発信されている。「フランスのユニコーン（評価額10億ドル以上の非上場企業）が急増し、マクロン大統領は2019年に、フランスのユニコーン企業を2025年までに25社にするとの目標を掲げたが、前倒しでその目標が達成された。マクロン大統領は「これら25社のスタートアップ企業は、各社10億ドル以上の価値があり、フランス人の生活を変革し、フランス全体で数十万人の雇用を創出し、フランスの主権を築いている」と賛辞を贈った」。

　インターネット上で生み出されるビッグデータ、サーチエンジンの検索キーワードやソーシャルメディア上の口コミなどバーチャルデータの利活用は、すでに海外勢が圧倒的な影響力を持ち、日本は周回遅れと言える状況ではあるが、実社会で生み出されるビッグデータ、各種センサー・IoT機器・情報家電・自動車などで直接取得されるリアルデータの主導権争いにはまだ勝機がある。今こそ、我が国の強み（モノつくりの強さ、社会課題の先進性・大きさ、リアルデータの取得・活用可能性）が生かせる教育を含むあらゆる分野で巻き返しを図るべく官民ともにICT投資を戦略的に増大させていくべきである。　　　　　　　　　（安彦 広斉）

②日本の教育の強みと弱み

日本の教育の強み

OECD生徒の学習到達度調査（PISA2018）の結果

◆OECD加盟国（37カ国）における比較　　□は日本の平均得点と統計的な有意差がない国

	読解力	平均得点	数学的リテラシー	平均得点	科学的リテラシー	平均得点
1	エストニア	523	日本	527	エストニア	530
2	カナダ	520	韓国	526	日本	529
3	フィンランド	520	エストニア	523	フィンランド	522
4	アイルランド	518	オランダ	519	韓国	519
5	韓国	514	ポーランド	516	カナダ	518
6	ポーランド	512	スイス	515	ポーランド	511
7	スウェーデン	506	カナダ	512	ニュージーランド	508
8	ニュージーランド	506	デンマーク	509	スロベニア	507
9	アメリカ	505	スロベニア	509	イギリス	505
10	イギリス	504	ベルギー	508	オランダ	503
11	日本	504	フィンランド	507	ドイツ	503
12	オーストラリア	503	スウェーデン	502	オーストラリア	503
13	デンマーク	501	イギリス	502	アメリカ	502
14	ノルウェー	499	ノルウェー	501	スウェーデン	499
15	ドイツ	498	ドイツ	500	ベルギー	499
16	スロベニア	495	アイルランド	500	チェコ	497
17	ベルギー	493	チェコ	499	アイルランド	496

出典：文部科学省・国立教育政策研究所（2019年12月公表）

　さて、ここで視点を変えて、日本の教育の強みと弱みに触れていきたいと思う。

　まず、OECD（経済協力開発機構）の学習到達度調査（PISA）は、義務教育修了段階の15歳児を対象に、2000年から３年ごとに、読解力、数学的リテラシー、科学的リテラシーの３分野で実施しているものである。PISA2018の結果は、

○数学的リテラシー及び科学的リテラシーは、引き続き世界トップレベルで、調査開始以降の長期トレンドとしても、安定的に世界トップレベルを維持。

○読解力は、前回より平均得点・順位が統計的に低下し課題はあるものの、OECD平均より高得点グループに位置。長期トレンドとしては、統計的に有意な変化が見られない「平坦」タイプ。「読書は大好きな趣味の一つだ」と答える割合がOECD平均より高いなど、読書を肯定的に捉える傾向がある生徒ほど読解力の得点が高い傾向。

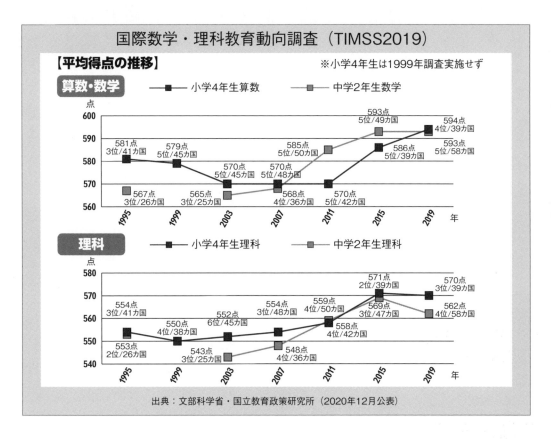

国際数学・理科教育動向調査（TIMSS2019）

【平均得点の推移】　　　　　　　　　　　　※小学4年生は1999年調査実施せず

算数・数学　　── 小学4年生算数　── 中学2年生数学

出典：文部科学省・国立教育政策研究所（2020年12月公表）

　続いて、TIMSS（ティムズ）は、国際教育到達度評価学会（IEA）が、児童生徒の算数・数学、理科の教育到達度を国際的な尺度によって測定し、児童生徒の教育上の諸要因との関係を明らかにするため、1995年から4年ごとに実施している。

　TIMSS2019では、教科の平均得点について小中学校いずれも、算数・数学、理科ともに国際的に見ても高い水準を維持している。2015年の前回調査に比べ、小学校理科においては平均得点が低下しているものの、中学校数学においては平均得点が上昇し、550点以上625点未満及び625点以上の生徒の割合が増加している。

　また、質問紙調査によると、小中学校いずれも、算数・数学、理科ともに、算数・数学、理科の「勉強は楽しい」と答えた児童生徒の割合は増加している。中でも特筆すべきは、小学校理科に限っては、「勉強は楽しい」と答えた児童の割合が国際平均を上回っていることである。なお、2022年度公立小中学校等における教育課程の編成・実施状況調査によると、教科担任制の実施状況において、理科は小学校5年で62.1%、6年で65.4%と最も高くなっている教科である。

　今後、児童生徒の学力・学習意欲のさらなる向上を図っていくためには、主体的・対話的で深い学びの視点からの授業改善、GIGAスクール構想の実現や少人数によるきめ細かな指導体制の計画的な整備の検討など、新しい時代の学びの環境整備等の取組を推進していく必要がある。

OECDの国際調査結果

◆OECD生徒の学習到達度調査
　（PISA）2015年
　【協同問題解決能力調査】
　全参加国・地域（52カ国・地域）における比較

平均得点	国名
561	シンガポール
552	日本
541	香港
538	韓国
535	カナダ
535	エストニア
534	フィンランド
534	マカオ
533	ニュージーランド
531	オーストラリア
527	台湾
525	ドイツ

◆OECD／PIAAC
　国際成人力調査2013
　調査対象：16〜65歳

		国際順位	平均得点 （OECD平均）
	読解力	1位／24国・地域	296点（273点）
	数的思考力	1位／24国・地域	288点（269点）
ITを活用した問題解決能力	中・上位レベルの成人の割合	10位／20国・地域	35%（34%）
	コンピュータ調査を受けた成人	1位／20国・地域	294点（283点）

出典：文部科学省・国立教育政策研究所公表資料より

　協同問題解決能力調査は、PISA2015において、革新分野の調査として実施したもので、OECDは「複数人が、解決に迫るために必要な理解と労力を共有し、解決に至るために必要な知識・スキル・労力を出し合うことによって問題解決しようと試みるプロセスに効果的に取り組むことができる個人の能力」と定義。

　調査対象は15歳で、調査問題を解く生徒が、コンピュータ上の仮想の人物（会話エージェント）と、ある課題について対話をする形式により調査。日本は習熟度レベル別（レベル１未満〜レベル４までの５段階）では、協同問題解決能力調査に参加した全参加国・地域中、レベル２（PISA調査においては、実生活と社会生活で効果的、生産的に能力を発揮し始める習熟度レベルがレベル２であると判断）以上の生徒の割合は最も多く、レベル１以下の生徒の割合は最も少ない。

　国際成人力調査（PIAAC：ピアック）は、OECDが中心となって「成人力」と社会的・経済的成果との関係などを分析。知識をどの程度持っているかではなく、課題を見付けて考える力や、知識・情報を活用して課題を解決する力など、実社会で生きていく上での総合的な力のことを「成人力」と位置付けている。我が国は、読解力、数的思考力の２分野において参加国中第１位。ITを活用した問題解決能力は、コンピュータ調査を受けた者の平均得点では参加国中第１位であった。

アジア太平洋地域諸国はお互いをどう見ているか

◆Asians' Views of Each Other

LESS FAVORABLE 好ましくない ——— MORE FAVORABLE 好ましい
0　10　20　30　40　50　60　70　80　90 (%)

VIEWS OF ▶ VIEWS IN:	Japan	China	India	South Korea
Malaysia	84	78	45	61
Vietnam	82	19	66	82
Philippines	81	54	48	68
Australia	80	57	58	61
Indonesia	71	63	51	42
Pakistan	48	82	16	15
India	46	41	—	28
South Korea	25	61	64	—
China	12	—	24	47
Japan	—	9	63	21
MEDIAN	71	57	51	47

出典：Spring 2015 Global Attitudes survey.Q12b, g, i, r. PEW RESEARCH CENTER

　この調査では、アジア太平洋地域の国民はお互いをどう見ているか調査したものであり、日本は他国に比べ全体平均でも71％と高い割合で好ましく見られている。これは、さまざまな困難な課題を国際的なつながりの中で解決していこうとする上で、大きな強みだと言える。全体としては、歴史的対立を反映するいくつかの例外を除いて、一般的にお互いを好意的に見ている。

　中国と韓国を除けば、日本は比較的ポジティブなイメージを持っている。10人中8人以上のマレーシア人（84％）、ベトナム人（82％）、フィリピン人（81％）、オーストラリア人（80％）が日本に好意的な意見を表明している。インドネシア人の約10人中7人（71％）も同様である。こうした見方は2014年とほとんど変わっていないが、マレーシアでは日本に対する好感度が2014年から9ポイント上昇した。比較として、アメリカ人の74％が日本に対して肯定的な感情を表明している。

　しかし、中国と韓国の日本に対する見方には、長年にわたる歴史的な対立と最近の領土緊張の影響があるのは明らかである。一方、4カ国では日本に対する見方に大きな世代差があり、韓国（34ポイントの差）、ベトナム（24ポイント）、インドネシア（16ポイント）、中国（11ポイント）では、18～29歳の回答者は50歳以上の回答者よりも日本に対して好感を抱いており、これは日本とこれらアジア諸国との子供たちの教育交流での楽しそうな様子とも重なるものである。　（安彦 広斉）

日本の教育の弱み

OECD生徒の学習到達度調査（PISA2018）の結果

◆読解力の調査結果の分析

日本の生徒の正答率が低い問題の一例

【①情報を探し出す】や【③評価し、熟考する】に関する問題（2018年調査新規問題）
ある商品について、販売元の企業とオンライン雑誌という異なる立場から発信された複数の課題文から必要な情報を探し出したり、それぞれの意図を考えながら、主張や情報の質と信ぴょう性を評価した上で、自分がどう対処するかを説明したりする問題。

大問

課題文１：企業のWebサイト（商品の安全性を宣伝）

問１：字句や内容を理解する
問２：記事内容の質と信ぴょう性を評価する（自由記述）

課題文２：オンライン雑誌記事（商品の安全性について別の見解）

問３：課題文の内容形式を考える
問４：必要な情報がどのWebサイトに記載されているか推測し探し出す
【測定する能力①情報を探し出す】

課題文１と２を比較対象

問５：両文章の異同を確認する
問６：情報の質と信ぴょう性を評価し自分ならどう対処するか、根拠を示して説明する（自由記述）
【測定する能力③評価し、熟考する】

※問４や問６のような問題において、日本の正答率がOECD平均と比べて低い

出典：文部科学省・国立教育政策研究所「（PISA2018）のポイント」

　読解力の問題で、日本の生徒の正答率が比較的低かった問題には、テキストから情報を探し出す問題や、テキストの質と信ぴょう性を評価する問題などがあった。
　読解力の自由記述形式の問題において、自分の考えを他者に伝わるように根拠を示して説明することに、引き続き、課題がある。

　読解力の平均得点の低下に影響を与える要因について分析したところ、生徒側（関心・意欲、自由記述の解答状況、課題文の内容に関する既存知識・経験、コンピュータ画面上での長文読解の慣れ等）、問題側（構成、テーマ、テキストの種類、翻訳の影響等）に関する事項などのさまざまな要因が複合的に影響している可能性があると考えられる。

　「情報活用能力」は、世の中のさまざまな事象を情報とその結び付きとして捉え、情報及び情報技術を適切かつ効果的に活用して、問題を発見・解決したり自分の考えを形成したりしていくために必要な資質・能力である。
　この読解力の大問においても、情報手段の基本的な操作の習得やプログラミング

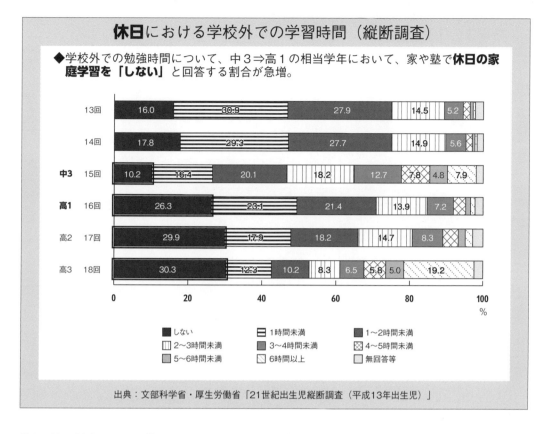

休日における学校外での学習時間（縦断調査）

◆学校外での勉強時間について、中3⇒高1の相当学年において、家や塾で**休日の家庭学習を「しない」**と回答する割合が急増。

		しない	1時間未満	1〜2時間未満	2〜3時間未満	3〜4時間未満	4〜5時間未満	5〜6時間未満	6時間以上	無回答等
	13回	16.0	30.9	27.9	14.5	5.2				
	14回	17.8	29.3	27.7	14.9	5.6				
中3	15回	10.2	16.4	20.1	18.2	12.7	7.8	4.8	7.9	
高1	16回	26.3	23.1	21.4	13.9	7.2				
高2	17回	29.9	17.9	18.2	14.7	8.3				
高3	18回	30.3	12.3	10.2	8.3	6.5	5.8	5.0	19.2	

凡例：■ しない ▤ 1時間未満 ■ 1〜2時間未満 ▥ 2〜3時間未満 ■ 3〜4時間未満 ▨ 4〜5時間未満 ▨ 5〜6時間未満 ▨ 6時間以上 ▨ 無回答等

出典：文部科学省・厚生労働省「21世紀出生児縦断調査（平成13年出生児）」

的思考、情報モラル等に関する資質・能力等も含む「情報活用能力」が必要となることを危機感を持って認識すべきである。

　また、情報技術は人々の生活にますます身近なものとなっていくと考えられるが、そうした情報技術を手段として学習や日常生活に活用できるようにしていくことが今後の結果にも影響することとなる。

【休日における学校外での学習時間】

　2001（平成13）年に出生した子の実態及び経年変化の状況を継続的に観察する「21世紀出生児縦断調査」によると、休日における授業の予習・復習や受験勉強等のための家や塾などでの勉強時間について、次の状況が見られた。

○3時間以上勉強する者の割合が増加し、これまでの調査で最も高くなった（36.4％）一方で、全く勉強を「しない」者も中3（第15回）⇒高1（第16回）の相当学年において、割合が急増し、それ以降も増加し続け、これまでの調査で最も高くなり（30.3％）、二極化の傾向が見られる。

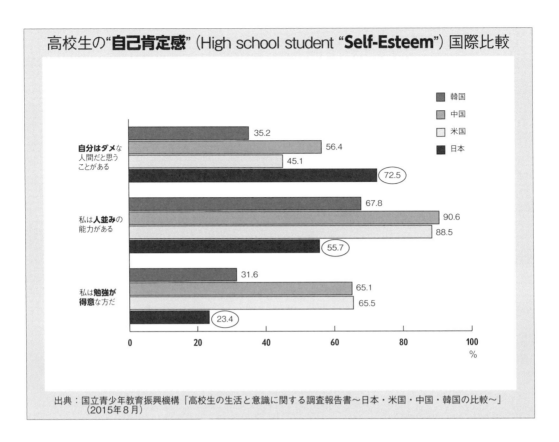

高校生の"**自己肯定感**"（High school student "**Self-Esteem**"）国際比較

■ 韓国
■ 中国
□ 米国
■ 日本

自分はダメな人間だと思うことがある
- 35.2
- 56.4
- 45.1
- 72.5

私は**人並みの**能力がある
- 67.8
- 90.6
- 88.5
- 55.7

私は**勉強が得意**な方だ
- 31.6
- 65.1
- 65.5
- 23.4

出典：国立青少年教育振興機構「高校生の生活と意識に関する調査報告書〜日本・米国・中国・韓国の比較〜」（2015年8月）

　この調査は、日本、米国、中国、韓国の4カ国の高校生を対象に、その生活や意識を把握するために実施したもので、自分自身について、ポジティブな項目（9項目）とネガティブな項目（5項目）をあわせて、「とてもそう思う」「まあそう思う」「あまりそう思わない」「全くそう思わない」の4段階の尺度を用いて尋ねている。

　この調査項目の中で、特に、日本の高校生は、「自分はダメな人間だと思うことがある」の問いに対して、「とてもそう思う」「まあそう思う」と回答した者の割合が高く、米中韓を大きく上回っている。一方、「私は人並みの能力がある」「私は勉強が得意な方だ」といった自己肯定感、自尊感情については、「とてもそう思う」「まあそう思う」と回答した者の割合が4カ国中で最も低く、米中との差が大きい。

　この調査以外にも日本の高校生の自己肯定感に関する調査が行われており、文部科学省のタスクフォースにおけるそれら既存調査の比較分析における有識者ヒアリングにおいて、日本の自己肯定感が低いことについては、他者との比較の上で回答している可能性もあり、自分の状況を客観視できていることの表れであるとも考えられることから、必ずしも否定的に捉える必要はないという意見もあったが、PISAやTIMSSといった国際調査で世界的にも高い水準にある日本の子供たちの自己肯定感が低いことについては重く受け止める必要があり、学校における教育改革を進めていく必要があることを深く認識すべきである。　　　　　　（安彦 広斉）

教師の"**自己効力感**"（Teacher "**Self-Efficacy**"）国際比較

(%)

教師の 自己効力感		デジタル技術の利用によって児童生徒の学習を支援する（例：コンピュータ、タブレット、電子黒板）	児童生徒が学習の価値を見出せるよう手助けする	多様な評価方法を活用する	勉強にあまり関心を示さない児童生徒に動機付けをする	児童生徒の批判的思考を促す	児童生徒に勉強ができると自信を持たせる
中学校	日本	35.0	33.9	32.4	30.6	24.5	24.1
	参加48カ国平均	66.7	82.8	82.0	72.0	82.2	86.3
小学校	日本	38.5	41.4	33.3	41.2	22.8	34.7

前回調査よりは改善

出典：OECD国際教員指導環境調査（TALIS）2018年調査結果報告書より

　ここで視点を変えて、自己肯定感の低い子供たちの学習を指導する側の「教師の自己効力感」（子供たちに関わることで望ましい教育的結果を遂行できるという教師の信念）の国際比較（OECD の TALIS 調査）から見ていこう。

　日本の小中学校の教師は、高い自己効力感を持つ教師の割合が低い傾向にある。

　特に、「児童生徒に勉強ができると自信を持たせる」「勉強にあまり関心を示さない児童生徒に動機付けをする」「児童生徒が学習の価値を見出せるよう手助けする」など、児童生徒の自己肯定感や学習意欲に関わる項目について低い。

　なお、「勉強にあまり関心を示さない児童生徒に動機付けをする」は参加国平均が 72.0 ポイントであり、世界的にも難しい課題であることがわかる。

　また、「デジタル技術の利用によって児童生徒の学習を支援する（例：コンピュータ、タブレット、電子黒板）」についても、高い自己効力感を持つ教師の割合が低い。こちらも参加国平均が低いことから、世界的に難しい課題であるが、ICT 環境の整備状況も大きな変動要因になるものと考えられる。

（安彦 広斉）

PISA2009 に見る ICT リテラシーの必要性

PISA2009デジタル読解力調査

◆「デジタル読解力」及び「プリント読解力」の国際比較　＊の国はOECD非加盟国・地域

順位	「デジタル読解力」		「デジタル読解力」調査参加国の「プリント読解力」	
	国名	平均得点	国名	平均得点
1	韓国	568	韓国	539
2	ニュージーランド	537	＊香港	533
3	オーストラリア	537	ニュージーランド	521
4	日本	519	日本	520
5	＊香港	515	オーストラリア	515

◆自宅でのコンピュータ利用から見たデジタル読解力

国名	「デジタル読解力」							
	自宅でコンピュータを利用していない生徒		自宅でコンピュータを利用している生徒		得点差（使用-不使用）		社会経済的背景の影響を相殺した後の得点差（使用-不使用）	
	平均得点	標準誤差	平均得点	標準誤差	差	標準誤差	差	標準誤差
オーストラリア	459	(5.9)	543	(2.7)	84	(6.0)	48	(5.7)
日本	487	(2.9)	534	(2.3)	48	(2.9)	38	(2.7)
韓国	525	(4.6)	574	(3.1)	49	(4.7)	36	(4.2)
ニュージーランド	458	(5.7)	548	(2.2)	90	(5.6)	50	(6.3)

出典：国立教育政策研究所公表資料より

　OECD は、PISA 調査において将来的に筆記型調査からコンピュータ使用型調査に移行する予定であったことから、読解力を中心分野に３分野を調査。問題を解くために、「プリント読解力」に加えてホームページへのアクセス、ボタンのクリック、コピー＆ペースト、e メールの送受信、Web の掲示板への書き込み等、いわゆる ICT リテラシーに関する知識・技能が必要となる大変興味深い調査を実施した。

　日本はプリントもデジタルもほぼ同じスコアだが、韓国、ニュージーランド、オーストラリアからはデジタルでスコアの差を広げられてしまった。

　この要因の一つとしては、３カ国とも授業におけるコンピュータの使用状況が高く、日本は参加国中最下位であることがあげられる。

　また、質問紙調査において、大変興味深いデータがあり、この調査のスコアとも大きな相関を示している通り、自宅でコンピュータを「利用している生徒」と「利用していない生徒」では、スコアに大きな差が生じている。学校においても子供たちがコンピュータを授業で使いたいときにいつでも文房具のように使いこなす環境整備の重要性を示す貴重なデータであるといえる。今後、１人１台端末世代の生徒が対象のPISAの読解力スコアの推移に注目したい。　　　　　　（安彦 広斉）

③社会の変化に対応した教育改革の方向性

世界的な教育改革の動向

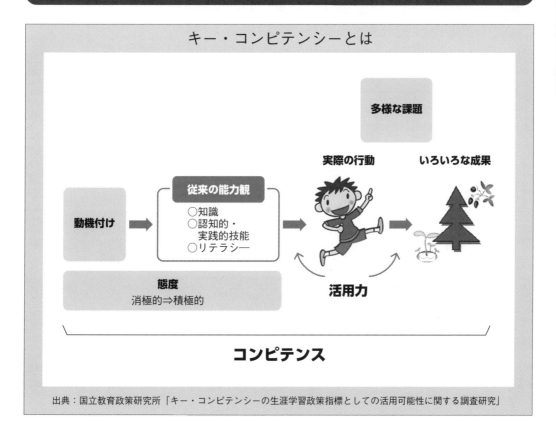

キー・コンピテンシーとは

多様な課題

実際の行動　　　いろいろな成果

動機付け → 従来の能力観
○知識
○認知的・
　実践的技能
○リテラシー

態度
消極的⇒積極的

活用力

コンピテンス

出典：国立教育政策研究所「キー・コンピテンシーの生涯学習政策指標としての活用可能性に関する調査研究」

　キー・コンピテンシーとは、OECD が 1999 〜 2002 年にかけて行った「能力の定義と選択」（DeSeCo）プロジェクトの成果で、多数の加盟国が参加して国際的合意を得た新たな能力概念である。20 世紀末頃より、職業社会では、コンピテンシーという能力概念が普及し始めた。この考え方は、図に示したように、従来の学力を含む能力観に加えて、その前提となる動機付けから、能力を得た結果がどれだけの成果や行動につながっているかを客観的に測定できることが重要との視点から生まれてきた。言葉や道具を行動や成果に活用できる力（コンピテンス）の複合体として、人が生きる鍵となる力、キー・コンピテンシーが各国で重視され始めたのである。

　世界においても、今日的に育成すべき人間像をめぐって、断片化された知識や技能ではなく、人間の全体的な能力をコンピテンシー（competency）として定義し、

世界の教育**改革**の動向【諸外国の教育改革における資質・能力目標】

OECD（DeSeCo）		EU	イギリス	オーストラリア	ニュージーランド	（アメリカほか）	
キー・コンピテンシー		キー・コンピテンシー	キースキルと思考スキル	汎用的能力	キー・コンピテンシー	21世紀スキル	
相互作用的道具活用力	言語、記号の活用	第1言語 外国語	コミュニケーション	リテラシー	言語・記号・テキストを使用する能力		基礎的リテラシー
	知識や情報の活用	数学と科学技術のコンピテンス	数学の応用	ニューメラシー			
	技術の活用	デジタル・コンピテンス	情報テクノロジー	ICT技術		情報リテラシー ICTリテラシー	
反省性（考える力）（協働する力）（問題解決力）		学び方の学習	思考スキル（問題解決）（協働する）	批判的・創造的思考力	思考力	創造とイノベーション / 批判的思考と問題解決 / 学び方の学習 / コミュニケーション / コラボレーション	認知スキル
自律的活動力	大きな展望 / 人生設計と個人的プロジェクト	進取の精神と起業精神		倫理的理解	自己管理力	キャリアと生活	社会スキル
	権利・利害・限界や要求の表明	社会的・市民的コンピテンシー 文化的気付きと表現	問題解決 協働する	個人的・社会的能力	他者との関わり	個人的・社会的責任	
異質な集団での交流力	人間関係力 / 協働する力 / 問題解決力			異文化間理解	参加と貢献	シティズンシップ	

出典：2012年度国立教育政策研究所プロジェクト研究報告

それをもとに目標を設定し、政策をデザインする動きが広がっている。

　具体的には、OECD の DeSeCo プロジェクトによる「キー・コンピテンシー」の概念が、PISA や PIAAC などの国際調査にも取り入れられ、世界に大きな影響を与えている。EU では、キー・コンピテンシーを独自に定義して、域内の教育政策を推進する枠組みとした。同じ頃、北米を中心として、「21 世紀型スキル」を定義し、評価の在り方を検討するプロジェクト（The Partnership for 21st Century Skills）が進められた。また、「21 世紀型スキルのための教育と評価プロジェクト」（ATC21S）は、PISA2012 の問題にも取り込まれた。このような動きを受けて、キースキル（イギリス）、汎用的能力（オーストラリア）など、呼称は異なるが、21 世紀に求められる資質・能力を定義し、それを基礎にしたナショナルカリキュラムを開発する取組が潮流となっている。

（安彦 広斉）

学習指導要領改訂の背景

産業構造の変化に伴う職業の変化

○2011年に小学生になった子供の**65%**は将来、今は**存在していない職業に就く**と予測
（キャシー・デビッドソン教授：※ニューヨーク市立大学大学院センター）

○今後10〜20年程度で、**半数近くの仕事が自動化**される可能性が高いと予測
（マイケル・A・オズボーン准教授：※英・オックスフォード大学）

○**2045年**には**人工知能**が人類を越える「**シンギュラリティ**」に到達するという指摘も

中央教育審議会答申（2016年12月）より

> 人工知能が進化して、
> 人間が活躍できる職業は
> なくなるのではないか

> 今学校で教えていることは、
> 時代が変化したら
> 通用しなくなるのではないか

このような時代だからこそ、子供たちは、変化を前向きに受け止め※、私たちの社会や人生、生活を、人間ならではの感性を働かせてより豊かなものにしたり、現在では思いもつかない新しい未来の姿を構想し実現したりしていくことができる。

※「**未来を予測**する最善の方法は、**それを発明**することだ」
（アラン・ケイ准教授：※カリフォルニア大学ロサンゼルス校）

出典：中央教育審議会答申（2016年12月）より

　学習指導要領改訂の背景には、世界の教育改革の動向において、ICT を使いこなす力を含む情報活用能力が基礎的リテラシーに位置付けられたことのほか、産業構造の変化に伴う職業の変化によって、「人工知能（AI）が進化して、人間が活躍できる職業はなくなるのではないか」「今学校で教えていることは、時代が変化したら通用しなくなるのではないか」といった懸念があった。

　しかし、中央教育審議会では、このような時代だからこそ、感性を働かせ、目的を考え出し、目的に応じた創造的な問題解決を行うことができる「人間の強み」が重要であり、AI やロボットにはできないこういった強みを伸ばしていくことが、これからの時代に求められる人材像であるとし、この人材像は、これからの教育課程が目指すものであるが、従来から学校教育が目指してきたものとも一致する。我々が「生きる力」と呼んできた、①「基礎・基本を確実に身に付け、自ら課題を見つけ、自ら学び、自ら考え、主体的に判断し、行動し、よりよく問題を解決する資質や能力」、②「自らを律しつつ、他人とともに協調し、他人を思いやる心や感動する心などの豊かな人間性」、③「たくましく生きるための健康や体力」と重なっていると述べている。

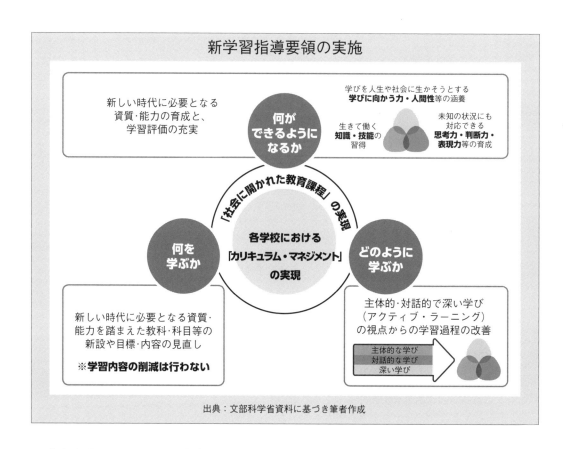

新学習指導要領の実施

出典：文部科学省資料に基づき筆者作成

　すなわち、これまでの蓄積を生かし、学校教育のよさをさらに進化させるための取組が成功の鍵ということになる。

　今回の改訂では「生きる力」の理念を具体化し、教育の在り方を一層進化させることを目指しており、中でも「社会に開かれた教育課程」の実現を特に重要視している。これは、よりよい学校教育を通じてよりよい社会を創るという理念を学校と社会が共有し、社会と連携・協働しながら、未来の創り手となるために必要な資質・能力を育むことを目指すものである。その際、コミュニティ・スクール（QRコード参照）の果たす役割が重要であり、成功の鍵となる。

　新学習指導要領では「何ができるようになるか」という観点から、育成を目指す資質・能力を、①生きて働く「知識及び技能の習得」、②未知の状況にも対応できる「思考力・判断力・表現力等の育成」、③学びを人生や社会に生かそうとする「学びに向かう力・人間性等の涵養」の3つの柱で整理している。

　また、全ての教科等の目標や内容について、この3つの柱で再整理し、これらをバランスよく育むこととしている。一人ひとりの子供たちに新学習指導要領に示す資質・能力を実際に育むためには、目の前の子供たちに向き合った授業改善の取組が成功の鍵である。

なぜ小学校にプログラミング教育を導入するのか

◆家電や自動車をはじめ身近な多くのものに
コンピュータが内蔵
→人々の生活を便利で豊かに

◆コンピュータをより適切、効果的に活用して
いくためには、その仕組みを知ることが重要

◆コンピュータはプログラミングで動いている
→コンピュータの仕組みを知る
→より主体的に活用できる

コンピュータが「魔法の箱」でなくなる
（ブラックボックスでなくなる）

HELLO

出典：「小学校プログラミング教育の手引（第三版）」（2020年2月　文部科学省改訂）に基づき筆者作成

　「情報活用能力」は、世の中のさまざまな事象を情報とその結び付きとして捉え、情報及び情報技術を適切かつ効果的に活用して、問題を発見・解決したり自分の考えを形成したりしていくために必要な資質・能力であるが、そのための取組の一部である小学校のプログラミング教育では、さまざまな教科等での学習活動を通じて、情報に関する科学的な見方・考え方を働かせることで、子供たちに「新しい視点」で世の中を見る「新たな目」を開かせることが重要であり、その「目」を持たせるための学習活動を小学校段階から必修化することになったといえる。なお、英国では小学校1年生（日本の5歳児に相当）から教科「コンピューティング」においてプログラミング教育が行われるなど、多くの国ですでに取組が進められている。

　実際に、プログラミングの授業で3色だけの信号機を制御する簡単なプログラミング教育を体験した小学生が、後日、担任の先生に「大発見した！」と駆け寄って来たそうだ。児童曰く「おうちの車に乗ってるときに気付いたんだけど、街中にある3色＋矢印の信号機もプログラミングされているんだったら、赤信号の後に矢印信号だと直進車が来てすごく危ないから、プログラミングの順番を変えて、青信号に変わる直前に矢印信号にしたら、止まった状態から進むので危ない事故がなくなるんじゃないかな」とのこと。これは米国の信号機で実際に運用されており、死亡事故を防ぐための問題解決方策の一つといえるものである。すごくないですか。

現行学習指導要領における「情報活用能力」の育成（ポイント）

◆2017年3月に小学校及び中学校、2018年3月に高等学校の新学習指導要領を公示
◆現行学習指導要領は**小学校は2020（令和2）年度、中学校は2021（令和3）年度から全面実施。高等学校は2022（令和4）年度から学年進行で実施**

小・中・高等学校共通のポイント（総則）

○情報活用能力を、言語能力、問題発見・解決能力と同様に「**学習の基盤となる資質・能力**」と位置付け（学習指導要領に「情報活用能力」を規定したのは初めて）
○**学校のICT環境整備**と**ICTを活用した学習活動の充実**に配慮（学習指導要領にICT環境整備が必要と規定したのは初めて）

小・中・高等学校別のポイント（総則及び各教科等）

○**小学校**においては、**文字入力など基本的な操作を習得、新たにプログラミング的思考を育成**
○**中学校**においては、技術・家庭科（技術分野）において**プログラミング、情報セキュリティに関する内容を充実**
○**高等学校**においては、**情報科において共通必履修科目「情報Ⅰ」を新設**、全ての生徒がプログラミングのほか、ネットワーク（情報セキュリティを含む）やデータベースの基礎等について学習

出典：文部科学省資料に基づき筆者作成

小学校の早い段階から、このような「目」を持って、日々世の中のさまざまな出来事を見られるようになることのインパクトの大きさやその必要性は、このエピソード一つでも十分にわかっていただけるのではないだろうか。学校関係者の中には、小学校のプログラミング教育必修化は、企業のIT人材の不足解消策などとして産業界からの強い要請によるものだからと「やらされている感」を持ってネガティブに受け止めている方も少なくないと感じる。それは大いなる誤解であり、プログラミング教育などを通じて育む情報活用能力は、子供たちがこれからの予測困難な未来をたくましく、22世紀まで生き抜いていくために欠かせない「資質・能力＝コンピテンシー」である。もっとポジティブに受け止めて理解し、もっと子供たちと一緒に楽しみながらプログラミング教育に取り組んでもらうことで、教師が「自己効力感」を味わいながら、子供たちが「自己肯定感」を高められるように進めていくことが成功の鍵だと考えている。それにより、日々のさまざまな教科等の学習の中で、この「目＝見方・考え方」が働き、繰り返し鍛えられていくことが重要であり、そのためにも学習情報環境としてのGIGA端末が1人に1台あるということが、とてもかけがえのないことなのである。もちろん全ての教師にも1人に1台必要であることは言うまでもなく大前提である。

（安彦 広斉）

58

①教育改革を支える学習情報環境としての GIGA スクール構想

GIGA スクール構想の阻害要因〜ネクスト GIGA も視野に〜

●はじめに

「今や、仕事でも家庭でも、社会のあらゆる場所で ICT の活用が日常のものとなっています。社会を生き抜く力を育み、子供たちの可能性を広げる場所である学校が、時代に取り残され、世界からも遅れたままではいられません」（当時（2019 年 9 月〜2021 年 10 月）の萩生田光一文部科学大臣）。こうした強い問題意識のもとで始まった GIGA スクール構想。コロナ渦では学校のデジタル化の遅れが批判されたが、この間の関係者の努力で、今や端末の整備状況は世界トップとなった。

実際に全国各地では意欲的な取組が次々と生まれつつある。「リアルタイムで子供の状況を確認し、即時フィードバックを行えるようになった」「共同編集機能でこれまで意見を言えなかった子供たちも積極的に課題に取り組むようになった」「不登校児とコミュニケーションを取りやすくなった」「授業の準備負担が減った、校務の効率化も進んだ」「教育課程外でもプログラミングに取り組む子が増えた」……活用が進んでいる自治体からはうれしい報告も多くいただいている。これまで困難だった授業の複線化、自由進度学習なども徐々に広がりを見せつつある。教師・子供の双方が ICT 機器を活用している場合、子供が主体的に活動する授業形態の比率が高いとのデータもある。その一方、日常的な活用に着手できていない学校もある。本稿執筆時点での最新データ（2023 年 4 月時点での全国学力・学習状況調査）によれば、全国平均で小学校の 63.6%、中学校の 61.4% の学校が、ほぼ毎日授業で活用していたが、地域ごとに見て行くと、4 割を切るような県から 8 割を超える県まで、かなり差が出ている。関係者が一丸となって整備に努力したのは、格差が生じてはならないという強い思いからであったのに、整備された端末を使う学校と使わない学校があることで、格差が拡大しては本末転倒である。本稿では GIGA スクールの阻害要因に焦点を当てて、私見の一端を踏み込んで述べる。

●クラウドに対する無理解と抵抗感

こうした格差の背景として、学校現場が使おうにも使えない状況もある。第一に、自治体が過剰なセキュリティをかけ、せっかくのクラウドを活用できていない例が多い。1 人 1 アカウントが発行されていない例、教職員にメールアドレスが付与されていない例、過剰なフィルタリングをかけることにより、学習に有用なさまざ

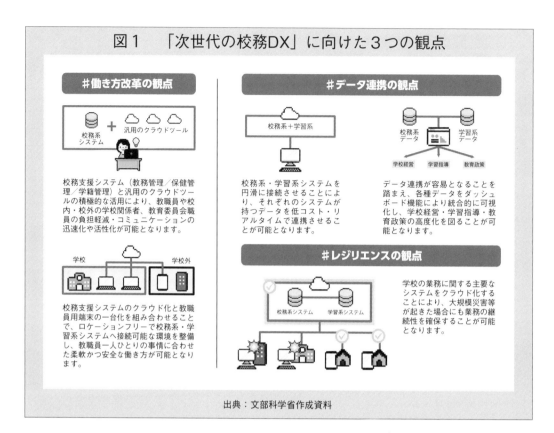

図1　「次世代の校務DX」に向けた３つの観点

出典：文部科学省作成資料

な民間サイトが使えない例などは枚挙に暇がない。筆者はSNS等を通じて全国の先生方と日常的にやりとりをしているが、自治体のポリシーがGIGA時代に適合していないとの怨嗟の声を多く聞く。GIGAスクール＝「１人１台端末」と捉えられがちだが、本当は「１人１台端末＋高速ネットワーク＋クラウド環境」であることを今一度強調する必要がある。

　第二に、国は「教育情報セキュリティポリシーに関するガイドライン」の改訂（2021年５月）により、クラウドサービスの利活用を前提としたネットワーク構成を目指す方向性を打ち出し、2023年３月には、ゼロトラストの考え方に基づき校務系ネットワークと学習系ネットワークをクラウドベースで統合し、ロケーションフリーの働き方改革やこどもデータ連携による学校経営や学習指導の高度化を図る方針を明確にし、次世代型の校務DXの実証事業も始めている。その一方で、いまだに次期校務システムの調達に当たって、閉鎖系を前提にした検討を行っている自治体もある。こうした中、相変わらずのようにUSB紛失事件がニュースをにぎわせている。このような時代遅れの検討が行われる背景として、首長部局の出向者が教育システムも担当している例などがあり、総務省の「地方公共団体における情報セキュリティポリシーに関するガイドライン」に基づく三層分離の閉鎖系ネットワークの常識でGIGAスクール構想下の教育の世界を縛り続けている。総務省のガイドライン自体

には、教育分野は文部科学省のガイドラインを参照してほしいと書いてあるのにもかかわらず、である。校務システムはいったん導入すれば5年は稼働するため、当該自治体では5年間働き方改革やデータ連携が停滞することになる。そのことの重要性をよく踏まえて意思決定を行う必要がある（図1）。

●持ち帰り禁止に見る思考停止

第三に、教育委員会が「GIGA端末持ち帰り禁止」を学校に押し付けたり、家庭に通信環境がない一部の児童生徒がいることを理由に持ち帰りは不公平であるとして禁止している例がある。その中には長期休業中も持ち帰らせていない例もある。非常時のみ持ち帰りを認めるとしている自治体も相当数があるが、帰宅時に非常事態が起きたらどうするのだろうか。学びの保障の観点からも問題が大きいポリシーだと言わざるを得ない。

そもそもせっかくの「令和の文房具」が家庭で使えないとしたら多額の投資の意味が半減するし、宿題・採点のデジタル化は有効な働き方改革の打ち手であるのにあまりにももったいない。こうした学校の中にはいまだに膨大な量の紙ベースの宿題を出し、多忙を極める二学期のはじめに「頑張って」数週間かけて採点したりコメントを付けたりしているところもある。

国はデジタル教科書を中心とするデジタル教材に学習指導要領コードを介してつなげる仕組みを構築し、家庭・地域学習でも主体的・対話的で深い学びをシームレスで行える環境を整備していく予定だが、この意味でも端末持ち帰りは大前提である。進んでいる学校ではNHK for Schoolなどの優れた教材を反転授業に使って授業時間をより深い学びに活用したり、授業で関心を持った事柄をより深めるための家庭での発展的な学習の材料に使ったりしている。

なお、家庭の通信環境についてはモバイルルータを貸し出している事例や放課後児童クラブや社会教育施設にWi-Fi環境を整備している例、放課後に学校のネットワークを活用して課題に取り組むことを可能としている例もある。家庭に通信環境がない子供が何人かいるという時点で思考停止している教育委員会・学校と、何ができるか、どうしたらできるかの方向で考える自治体・学校の差はあまりにも大きい。コロナ禍でオンライン授業の実施に躊躇していた頃、厳しく批判された悪平等の体質から脱却する必要がある。

●指導者用端末や代替機の未整備

子供が端末を貸し与えられているのに指導者用端末を十分な台数整備していない自治体も残っている。GIGAスクール＝「子供1人1台端末」と捉えられがちだが、当然の前提として教師にも1人1台が必要である。地方交付税では教師1人1台に

必要な経費がGIGA以前から措置されており、全国平均では１人１台が達成されているが、子細に見ていくと達成されていない自治体が約40％もある（図２）。また、学習者用端末について、予備機を整備しなかった自治体があり、中には児童生徒用の端末が修理で帰ってこない間、指導者用端末で代用していたよ

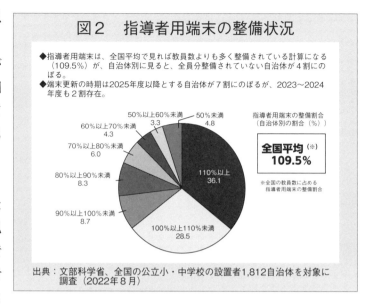

図２　指導者用端末の整備状況

◆指導者用端末は、全国平均で見れば教員数よりも多く整備されている計算になる（109.5％）が、自治体別に見ると、全員分整備されていない自治体が４割にのぼる。
◆端末更新の時期は2025年度以降とする自治体が７割にのぼるが、2023〜2024年度も２割存在。

指導者用端末の整備割合（自治体別の割合（％））

50％以上60％未満 3.3
50％未満 4.8
60％以上70％未満 4.3
70％以上80％未満 6.0
80％以上90％未満 8.3
90％以上100％未満 8.7
110％以上 36.1
100％以上110％未満 28.5

全国平均（※）109.5％
※全国の教員数に占める指導者用端末の整備割合

出典：文部科学省、全国の公立小・中学校の設置者1,812自治体を対象に調査（2022年８月）

うな事例も見られている。これでは教師もやる気を失ってしまう。端末が故障した場合の対応としては保守契約、保険、都度購入・修理の大きく３つの方法があるが、いずれの場合も予備機があるかどうかで子供の学びが続くかどうかが決まる。切れ目のない活用を可能にする観点から、予備機の整備を徹底する必要がある。

●ネットワークの問題

第四に、ネットワークが遅い問題がある。回線自体の契約の問題もあれば、校内での機器の置き場所、機器同士の相性や微調整の具合などもある。国では、専門的にアセスメントして早急な改善を行うよう教育委員会に要請し、「GIGAスクール運営支援センター整備事業」で財政支援も行っている。今後は通信速度についてもより具体的な基準を示すとともに、回線契約の在り方ついても一定の考え方を提示する必要があると感じている。

●GIGAスクールの意義に関する腹落ち

GIGAスクール構想は当初計画を大幅に前倒しして進められたため、端末やクラウドの意義についての理解が不十分な自治体・学校がまだ相当数残っている。この点を盤石なものにしていくことは喫緊の課題であり、その際には原点に返る必要がある……学習指導要領は何を目指しているのか、なぜ令和の教育改革が必要なのか、なぜGIGAスクール構想なのか。政策の背景としてどんな社会の構造変化が見通されているのか。不登校、貧困層、障害のある児童生徒、外国籍児童生徒の増加など多様化・複雑化する課題に対応するためには、教育のアップデートが必要であること、それらは働き方改革と両立させる必要があること、そのための不可欠な

ツールが GIGA スクールであること。教育 DX で子供と一層向き合えるようになること、これまで救えなかった子供にも支援が行き届くようになること……国・地方を問わず、教育行政は忙しい現場の「腹に落ちる」説明を徹底せねばならない。

x

●まず使うという意識の大事さ

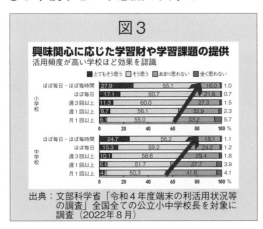

図3

興味関心に応じた学習財や学習課題の提供
活用頻度が高い学校ほど効果を認識

出典：文部科学省「令和4年度端末の利活用状況等の調査」全国全ての公立小中学校長を対象に調査（2022年8月）

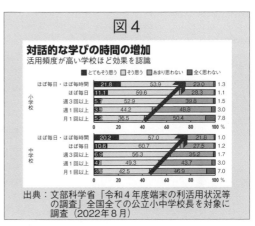

図4

対話的な学びの時間の増加
活用頻度が高い学校ほど効果を認識

出典：文部科学省「令和4年度端末の利活用状況等の調査」全国全ての公立小中学校長を対象に調査（2022年8月）

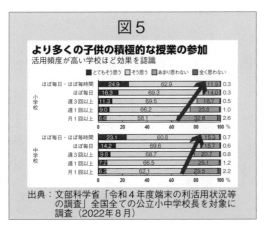

図5

より多くの子供の積極的な授業の参加
活用頻度が高い学校ほど効果を認識

出典：文部科学省「令和4年度端末の利活用状況等の調査」全国全ての公立小中学校長を対象に調査（2022年8月）

いろいろと課題を並べてきたが、使い倒している学校では目に見える成果が出ている。全小中学校長を対象にした調査によれば、「個別最適な学び」や「効率化による指導の改善」「探究的な学びの充実」「働き方改革への寄与」等について、利活用頻度が高くなればなるほど、効果認識が高くなる傾向が見られた（図3〜5）。考えてみれば当たり前で、使わなければいい使い方が見付かるわけがない。使ってこそ、効果が段々に実感され、改善が起こり、広がっていく。それなのに、使ってもいないうちから最適な使い方は何かという「入り口論」に終始したり、教師中心の発想で、どの場面で使えばよいか等の「適時性の議論」から入り、時間を浪費している例も散見される。ICT の活用が目的になってはいけないという、国の政策文書にも書いてある「正しすぎるフレーズ」が活用を躊躇させたり、活用しない理由を提供している例もある。

　もちろん、教授の道具としてのよりよい使い方は追求されるべきだが、「学習者主体の時代の新たな文房具として1人1台が整備されたのだという原点」は常に認識しておかねばならない。そうした認識なしには、個別最適な学び、自己調整能力や情報活用能力の育成といった重要目標の実現には迫ることができないだろう。端

y

z

w

末の更新が目前に控えているが、活用に消極的な地域では、議論も迫力を欠くだろう。

　思い返せば、GIGA端末があったからこそコロナ渦で学びが保障された地域が多かった。端末を通じて不登校の子供が学校とコミュニケーションを取れるようになった。特別支援の子供たちがデジタルのアクセシビリティの恩恵を受けている、翻訳機能をはじめ、外国籍の子供たちにとっての端末の利便性は大きい……こうした声も現場からは多数いただいている。個別最適に大きく近付く自由進度や授業の複線化を実現しつつある学校も出てきており、今後は、こどもデータ連携の基盤としての役割も期待されている。そんな中、万が一端末の更新が滞れば、子供たちの学習権の後退につながりかねないのではないか。

　国は、自治体ごと学校ごとの課題を把握して、伴走型・プッシュ型で個別に支援していく予定である。OSやソフトの動作の遅さについては、関係企業に強く改善を要請している。先生方がGIGA端末、クラウドの意義など十分に腹落ちしていないと聞けば、文部科学省職員が時間を作って話をしに行く。具体的な指導方法や端末の活用方法で悩んでいるのであれば、国費でアドバイザーを派遣したり、現場出身でICTの活用に長けているGIGA StuDX推進チームがご相談に応じたり、OS3社による研修のアレンジをしたりしている。また、本年度（2023年度）からは有識者を自治体教育CIO（情報化の統括責任者）として配置する取組も開始した。関係予算も大幅に増額した。

●おわりに〜少し先の未来を見通す〜

　2022年末には「今後の教育課程、学習指導及び学習評価等の在り方に関する有識者検討会議」が設置され、次期教育課程に向けた論点整理が始まった。関係者が一体となって教育DXを進め、GIGAスクール構想の持続的な発展に道筋を付け、1人1台を当然の前提とした教育課程を構想できるか否か……これから2年間は我が国の教育史に残る極めて重要な時期となる。

　今後も国はさまざまな誘導施策を打っていく予定だが、GIGAスクール構想を契機として、「すぐそこに見えている」教育DXの方向に進んでいくことができるかどうかは、最終的には本ガイドブックの読者である自治体担当者の意思にかかっている。

（武藤　久慶）

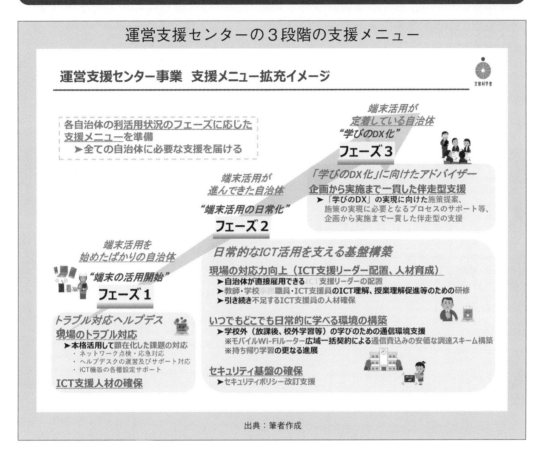

運営支援センターの3段階の支援メニュー

運営支援センター事業　支援メニュー拡充イメージ

各自治体の利活用状況のフェーズに応じた支援メニューを準備
▶全ての自治体に必要な支援を届ける

端末活用が
定着している自治体
"学びのDX化"
フェーズ3

「学びのDX化」に向けたアドバイザー
企画から実施まで一貫した伴走型支援
▶「学びのDX」の実現に向けた施策提案、施策の実現に必要となるプロセスのサポート等、企画から実施まで一貫した伴走型の支援

端末活用が
進んできた自治体
"端末活用の日常化"
フェーズ2

端末活用を
始めたばかりの自治体
"端末の活用開始"
フェーズ1

日常的なICT活用を支える基盤構築

現場の対応力向上（ICT支援リーダー配置、人材育成）
▶自治体が直接雇用できるICT支援リーダーの配置
▶教師・学校・職員・ICT支援員のICT理解、授業理解促進等のための研修
▶引き続き不足するICT支援員の人材確保

いつでもどこでも日常的に学べる環境の構築
▶学校外（放課後、校外学習等）の学びのための通信環境支援
※モバイルWi-Fiルーター広域一括契約による通信費込みの安価な調達スキーム構築
※持ち帰り学習の更なる進展

トラブル対応ヘルプデス
現場のトラブル対応
▶本格活用して顕在化した課題の対応
・ネットワーク点検・応急対応
・ヘルプデスクの運営及びサポート対応
・ICT機器の各種設定サポート
ICT支援人材の確保

セキュリティ基盤の確保
▶セキュリティポリシー改訂支援

出典：筆者作成

　ICT端末の整備は重要な課題だが、もっと重要な課題はその利活用である。しかし、いざ利活用しようとしても、初歩的なところでつまずいてしまい、やる気をなくしてしまう教師も多いのではないか。やる気をなくさないまでも、GIGA端末を使うのに時間がかかってしまい、45分、50分といった限られた時間での授業には使いづらい、と思っている教師の皆様も少なくないと思う。そんなときのために、GIGAスクールのトータルサポートを行う「GIGAスクール運営支援センター」の整備に係る国補助をご活用いただきたい。教師の負担になっているICTに関する手間を減らすことにもつながり、教師の働き方改革にも資するセンターである。

　GIGAスクール運営支援センター事業は、国の2021年度補正予算等で成立したが、その際のセンターは、GIGA端末利活用のヘルプデスク的要素が強かった。それなら、すでにその機能は持っている、ということで、全国にあまり広がっていかなかった。「GIGAスクール運営支援センター」というと、あのヘルプデスクでしょ、と思っていらっしゃる教育関係者は多いのではないか。

　国の2022～2023年度補正予算等では、上記の点を改善し、各自治体のあらゆる

フェーズに対応すべく、支援メニューを拡充することにより「端末活用の日常化」を目指すとともに、「広域連携」の概念をより強く打ち出した。2022 年度の、いわば「シン・GIGA スクール運営支援センター」は、単なる「ヘルプデスク」ではない。あらゆるフェーズにいる自治体のお役に立てるだけでなく、GIGA 端末を使った学びの変革を支え、ひいては、将来的に重要となってくる広域連携（可能であれば県域連携）の布石となる、GIGA スクール構想に欠かすことのできない「トータルサポートセンター」である。

なお、2023 年度補正予算において新たに立ち上げられた「ネットワークアセスメント実施促進事業」とセットで活用していただくと、より効果的である。

● 「端末活用の日常化」に向けた支援メニュー拡充

「シン・GIGA スクール運営支援センター」は、各自治体の GIGA 端末の利用段階を３つのフェーズに分け、それぞれに対して支援メニューを用意している。

フェーズ１）

いわば、GIGA 端末の活用を始めて間もない自治体向け。ヘルプデスク機能、研修が中心。

フェーズ２）

GIGA 端末を一定程度使っており、基本的なトラブルも克服しつつある自治体向け。ICT 人材育成、学校外通信スキーム構築、セキュリティポリシー改訂支援。

フェーズ３）

GIGA 端末を十分使いこなし、もう、誰の手助けも要らないですよ、という自治体も、もっと DX を進めてみたい、ということがあるかもしれない。そのような自治体向けに、「学びの DX」の実現に向けた政策提案、企画から実施まで一貫した伴走型の支援。

もちろん、各フェーズに分かれてはいるが、たとえば、フェーズ３にいる自治体がヘルプデスク機能を使ってはいけない、ということはなく、自由にメニューを選ぶことができる。

特に、トラブル対策用のヘルプデスクは、存在するだけで、何かあったときにいつでも相談できる、という心理的安全につながる、というメリットもある。セーフティネット的な存在として、各自治体とも整備いただくことが望ましい。

● 広域連携

GIGA スクール運営支援センターでは、各自治体、学校 DX 戦略アドバイザーなどの有識者、運営支援センター事務局等が参画した都道府県・市町村の協議会を作

ることになっている。2021年度補正予算のときの運営支援センターは単独設置も認められていたため、いわば、小規模の運営支援センターがたくさんできることとなった。しかし、これでは、特に小規模の自治体には負担が大きくなってしまい、スケールメリットが機能しない。

そこで、国の2022年度補正予算に限り、都道府県内全域で協議会を設置した場合に補助率を優遇することにした。この結果、都道府県内全域で協議会を設置した自治体は以前に比べて大幅に増加した。このようなシステムから、スケールメリットを働かせる広域連携につながることとなる。

広域連携が簡単でないことは筆者も理解している。GIGAスクール構想当初に広域連携をしようとしたが、なかなかうまくいかなかった経緯も承知している。それでもなお、広域連携は、GIGAスクール構想がどうしても通らなければならない道であると強く思う。

各都道府県、各市町村にそれぞれ教育委員会が存在し、首長もそれぞれ異なる、という状況で広域連携は無理だ、とおっしゃる方もいるかもしれない。しかし、ごみ処理、消防などでは、すでに広域行政が行われている。教育についても、基本的には都道府県と政令指定都市が教員採用を行っている。すでに広域行政が行われているのだ。採用された都道府県・政令指定都市内で異動する教員にとって、異動先の端末と異動前の端末は同じ方がいい。都道府県・政令指定都市内で転校する児童生徒にとっても同じだ。また、ICTの世界において、スケールメリットはとても大きい。さらに申し上げると、今後、我が国の人口が減っていき、その影響は特に過疎自治体で顕著になる。当然、自治体の職員も増えるどころか減る一方である。しかし、仕事は増える一方である。この状況で、各基礎自治体単位での行政執行にいつまでこだわるべきか、自治体職員は真剣に考えるべきである。

そのためには、都道府県がリーダーシップを発揮し、都道府県内の市区町村も都道府県に協力する姿勢を示すことが求められる。「都道府県は高校、市区町村は小中学校」という"垣根"を自ら作ってしまっていないか。GIGAスクール構想は、小・中・高校全てを対象とする構想であり、校種をまたぐ際にICT利用の断絶があってはならない。その意味でも、「うちは都道府県だから」とか「うちは市区町村だから」などと言っている場合ではない。GIGAスクール構想が浸透することにより、小・中・高校の垣根を乗り越え、今こそ、「学校教育のタテ・ヨコの広域連携化」が強く求められている。

（山田 哲也）

GIGA スクール構想とこども政策

●はじめに

　内閣府にこども家庭庁が発足し、子供の育ちを社会全体で支えるとともに、その権利擁護の取組強化を政府全体として進めているところである。本稿では子供の権利保障に関して GIGA スクールが果たすべき役割について、私見を述べる。

●教育の機会均等の観点（デジタルデバイドの是正）

　第一に、教育の機会均等の観点である。学習指導要領では情報活用能力を「学習の基盤」と位置付け、教育課程全体で育成を目指しているが、1 人 1 台端末とネットワーク環境が全ての地域で整備されたことにより、21 世紀の必須スキルとしてのデジタルリテラシーを全ての子供に届けることが可能となり、デジタルデバイドの是正につながることが期待される。また、へき地・離島などの条件不利地域においても、デジタルの力により、時間・空間を超えてさまざまな学習リソースを参照することや、オンライン授業などを通じて遠隔地から専門家などの助力を得ることが可能となる。デジタル田園都市国家構想（2022 年 6 月閣議決定）においても、魅力的な地域を作る観点から、将来の地域活性化の基盤となる子供たちの教育の質を、教育 DX を通じて全国どこでも向上させるという方向性が盛り込まれている。

　一方で、本稿執筆時点での最新データ（2023 年 4 月時点での全国学力・学習状況調査）によれば、全国平均で小学校の 63.6％、中学校の 61.4％の学校が、ほぼ毎日授業で GIGA 端末を活用していたが、地域ごとに見て行くと、4 割を切るような県から 8 割を超える県まで、かなりの差が出ている。関係者が一丸となって整備に努力したのは格差が生じてはならないという強い思いからであったのに、整備された端末を使う学校と使わない学校があることによって、格差が拡大しては本末転倒である。こうした格差が生じている原因はさまざまであるが、その一つとして 1 人 1 台の指導者用端末の整備など、地方交付税措置が明確になされているにもかかわらず十分な取組が行われていない例が相当数存在する。一刻も早い対応が必要である。

●特別な事情を抱える子供の学びの保障の観点

　第二に、GIGA 端末はさまざまな事情を抱える子供たちの学びの保障に大きな役割を果たしつつある。不登校や保健室登校、病気療養中の児童生徒とオンライン授業でつながることができるようになった学校は多い。デジタルが得意とするアクセシビリティ機能の充実も見逃せない。日本語指導が必要な外国籍や外国にルーツがある児童生徒も端末のおかげで翻訳機能を使って授業についていきやすい状況が生

図1　デジタル教科書⇒学習上の困難の大幅軽減

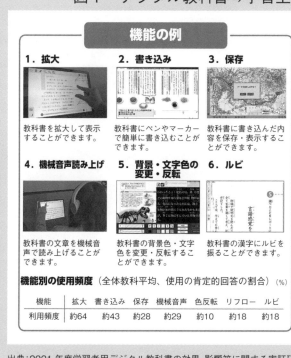

機能の例

1．拡大
教科書を拡大して表示することができます。

2．書き込み
教科書にペンやマーカーで簡単に書き込むことができます。

3．保存
教科書に書き込んだ内容を保存・表示することができます。

4．機械音声読み上げ
教科書の文章を機械音声で読み上げることができます。

5．背景・文字色の変更・反転
教科書の背景色・文字色を変更・反転することができます。

6．ルビ
教科書の漢字にルビを振ることができます。

機能別の使用頻度（全体教科平均、使用の肯定的回答の割合）(%)

機能	拡大	書き込み	保存	機械音声	色反転	リフロー	ルビ
利用頻度	約64	約43	約28	約29	約10	約18	約18

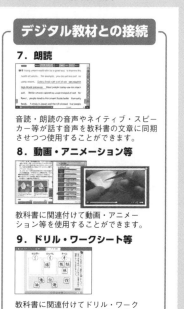

デジタル教材との接続

7．朗読
音読・朗読の音声やネイティブ・スピーカー等が話す音声を教科書の文章に同期させつつ使用することができます。

8．動画・アニメーション等
教科書に関連付けて動画・アニメーション等を使用することができます。

9．ドリル・ワークシート等
教科書に関連付けてドリル・ワークシート等を使用することができます。

出典：2021年度学習者用デジタル教科書の効果・影響等に関する実証研究事業より（教師向け大規模アンケート調査）

まれている。特別支援を必要とする児童生徒にとってデジタル教科書・教材が有する拡大表示機能、音声読み上げ機能、背景・文字色の変更・反転機能、ルビ機能などは大いに役立つものとなっている（図1）。また話した内容が画面に表示されるアプリ、緘黙症や吃音症をサポートするアプリ、写真から文章を読み上げるアプリ

などさまざまなコミュニケーションサポートツールがあり、端末を活用することで幅広い機能の利用も可能である。新潟市教育委員会では、70以上のサポートアプリを整備・カタログ化し、通常学級も含めて支援が必要な子供が個々にインストールすることを可能としている（図2）。京都市では同様の取組を行い

図2

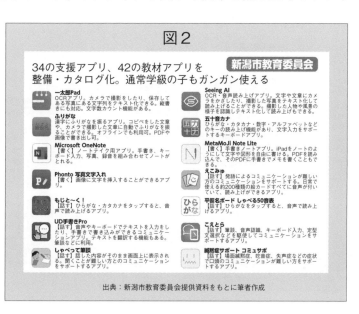

34の支援アプリ、42の教材アプリを整備・カタログ化。通常学級の子もガンガン使える　**新潟市教育委員会**

一太郎Pad
OCRアプリ。カメラで撮影をしたり、保存してある写真にある文字列をテキスト化できる。縦書きにも対応。文字数カウント機能がある。

ふりがな
漢字にふりがなを振るアプリ。コピペをした文章や、カメラで撮影した文章に自動でふりがなを振ることができる。オフラインでも利用可。PDFや画像で書き出し可。

Microsoft OneNote
【書く】ノートテイク用アプリ。手書き、キーボード入力、写真、録音を組み合わせてノートがとれる。

Phonto 写真文字入れ
【書く】画像に文字を挿入することができるアプリ。

もじとーく！
【話す】ひらがな・カタカナをタップすると、音声で読み上げるアプリ。

UD手書きPro
【話す】音声やキーボードでテキストを入力をしたり、手書きで書き込みができるコミュニケーションアプリ。テキストを翻訳する機能もある。筆談などに利用。

しゃべって筆談
【話す】話した内容がそのまま画面上に表示される。聞くことが難しい方とのコミュニケーションをサポートするアプリ。

Seeing AI
OCR・音声読み上げアプリ。文字や文章にカメラをかざしたり、撮影した写真をテキスト化して読み上げることができる。撮影した人物や風景の様子を認識しテキスト化して読み上げもできる。

五十音カナ
ひらがな・カタカナ・数字・アルファベットなどのキーの読み上げが可能があり、文字入力をサポートするキーボードアプリ。

MetaMoJi Note Lite
【書く】手書きノートアプリ。iPadをノートのようにして文字や図形を自由に書ける。PDFを読み込んで、そのPDFに手書きでメモを書くこともできる。

えこみゅ
【話す】発語によるコミュニケーションが難しい方のコミュニケーションをサポートする。日常で使える約200種類の絵カードすべてに音声が付いていて、読み上げができるアプリ。

平仮名ボード しゃべる50音表
【話す】ひらがなをタップすると、音声で読み上げるアプリ。

こえとら
【話す】筆談、音声認識、キーボード入力、定型文選択などを駆使してコミュニケーションをサポートするアプリ。

緘黙症サポート コミュサポ
【話す】場面緘黙症、吃音症、失声症などの症状で口頭のコミュニケーションが難しい方をサポートするアプリ。

出典：新潟市教育委員会提供資料をもとに筆者作成

つつ、特別支援学校のセンター機能を生かした小中学校への支援を積極的に行っている。このような取組は全国的に広がりつつあるが、小規模自治体では対応が困難と考えられるので都道府県教育委員会のサポートも重要になってくる。

また、総じていえば、全国の校長を対象とした悉皆調査の結果でも、1

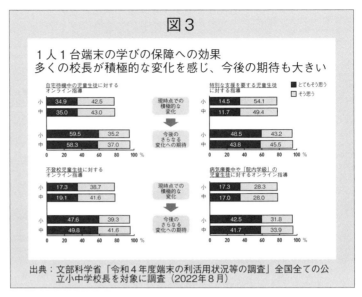

図3

1人1台端末の学びの保障への効果
多くの校長が積極的な変化を感じ、今後の期待も大きい

出典：文部科学省「令和4年度端末の利活用状況等の調査」全国全ての公立小中学校長を対象に調査（2022年8月）

人1台端末の学びの保障への効果について、多くの校長が積極的な変化を感じ、今後の期待も極めて大きい（図3）。

● こどもデータ連携の観点

図4　「次世代の校務DX」とは

次世代の校務DX

国・地方における data drivenな教育政策推進

校務処理のさらなる効率化（重複入力の徹底排除等）

支援を要する子供の早期発見・支援

端末整備コストの減（2台→1台）

学習指導・学校経営の高度化

人事異動時の負担軽減

大規模災害等、緊急事態へのレジリエンス向上

ロケーションフリー化（USB等の持ち出しリスクも減）

保護者や地域人材とのコミュニケーション活性化

システム調達コスト減・共同調達もさらに促進

校務系・学習系ネットワークの統合

校務系システムを閉域網で運用するのではなく、ゼロトラストの考え方に基づきアクセス制御によるセキュリティ対策を十分講じた上で、校務系・学習系ネットワークを統合。

校務支援システムのクラウド化

パブリッククラウド上での運用を前提に、校務支援システム（教務・保健・学籍等）をクラウド化し、汎用クラウドツール（グループウエア、保護者連絡、備品管理等）と連携。

データ連携基盤（ダッシュボード）の創出

クラウド上やサーバ上に存在する様々なデータを自動的に収集、分析、加工して簡潔にまとめ、集計値や表、グラフなどで視覚的に分かりやすく一覧化した画面を創出。

出典：文部科学省作成資料

第三に、子供を取り巻く環境は、貧困・虐待など厳しさを増す一方、困難を抱える子供や家庭ほどSOSを発することが難しい。このため、教育・保健・福祉などの情報・データを分野横断的に連携させ、個人情報の適正な取り扱いを確保しながら、潜在的に支援が必要な子供や家庭を把握し、プッシュ型・アウトリーチ型の支援につなげる「こどもデータ連携」の取組が重要性を増している。

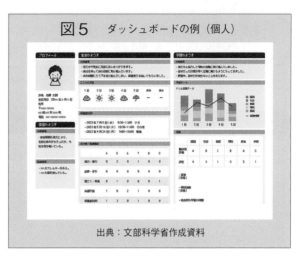

図5　ダッシュボードの例（個人）

出典：文部科学省作成資料

この構想の円滑な実施と全国展開にはクラウドベースの情報連携が理想だが、首長部局のネットワークは閉鎖系に置かれているため、現状では中間サーバの設置を要するなど多額のコストがかかる。文部科学省では、仮に福祉・医療などのデータは閉鎖系にあったとしても校務系と学習系のネットワークだけでも統合しクラウド

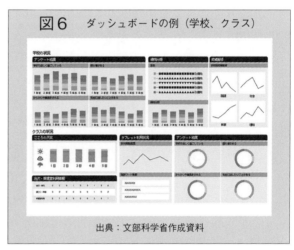

図6　ダッシュボードの例（学校、クラス）

出典：文部科学省作成資料

ベースで管理すればトータルコストの低減につながるとの考えに基づき、デジタル庁等と意思疎通しながら、次世代型の教育DXの実証事業を進めており（図4〜6）、今後、5年程度で全国的に校務システムをクラウドベースに入れ替えたいと考えている（なお、こどもデータのかなりの部分は子供が一日の大半を過ごす場所である1人1台端末等から生成（例：学習履歴、出欠状況、生活満足度調査等）されるため、GIGA端末環境の円滑な継続なしにはこの構想の実現も困難であることは言うまでもない）。

また、当面は、1人1台端末でグループウェアやアプリを活用することにより、健康観察を効率的に行う取組や、子供の自殺リスクの把握や適切な支援につなげるためのシステムの全国の学校への普及を行っていく予定である（2023年6月：こどもの自殺対策に関する関係省庁連絡会議「こどもの自殺対策緊急強化プラン」）。

（武藤 久慶）

②学びのイノベーション（個別最適な学びと協働的な学び）

デジタル教科書・教材・ソフトウェアのもたらす個別最適な学び

　GIGA スクール構想に基づく ICT 環境の整備と活用を進める中で、教科書・教材のデジタル化を推進するとともに、既存の教科書・教材との関係を整理し、個別最適な学びと協働的な学びを一体的に充実することが求められている。

　このため、2022 年 1 月に、中央教育審議会初等中等教育分科会の下に「個別最適な学びと協働的な学びの一体的な充実に向けた学校教育の在り方に関する特別部会」が設置され、児童生徒への学習指導・生徒指導の在り方や環境整備についての多様かつ専門的な見地から横断的な議論が行われた。

　特に、デジタル化を踏まえた教科書・教材等の在り方については、特別部会の下に「教科書・教材・ソフトウェアの在り方ワーキンググループ」を設置して、同年3 月から翌年 1 月まで集中的に議論を行い、2023 年 2 月、特別部会に審議経過を報告した。

　審議経過報告においては、GIGA スクール構想における 1 人 1 台情報端末と高速ネットワークを活用して、個別最適な学びと協働的な学びを一体的に充実することで、主体的・対話的で深い学びの授業改善につなげ、児童生徒の資質・能力の育成を図ることを目的として、1．デジタル教科書・教材・学習支援ソフトウェアの関係、2．デジタル教科書の在り方、3．デジタル教材・学習支援ソフトウェアの在り方、4．デジタル教科書・教材・学習支援ソフトウェアの活用の在り方の 4 つについて方向性が示されている。

　以下、特別部会での審議経過報告で示されているそれぞれの方向性について詳しく述べていく。

1．デジタル教科書・教材・学習支援ソフトウェアの関係について

　社会全体の急速なデジタル化が進む中で、児童生徒を取り巻く環境の変化等を見据えながら、教科書・教材等もデジタル化に対応していくことが求められている。

　また、GIGA スクール構想のもとで、デジタル教材や学習支援ソフトウェア等の学校現場への導入が加速する中、主たる教材であり、検定済みの紙の教科書と内容が同じで質が担保された「デジタル教科書」が、音声や動画等の多様な形態の「デジタル教材」や、共有・共同編集等を可能にする「学習支援ソフトウェア」と連携することで、個別最適な学びと協働的な学びの一体的な充実につなげていくことが

必要である。

さらに、家庭等での GIGA 端末の活用による学びの連続性の視点も大切であり、デジタル教科書・教材等の効果的な組み合わせにより、家庭学習・地域学習においても、多様な資料にアクセスすることや、授業外でも情報共有や協働作業等が可能になることで、主体的・対話的で深い学びを学校だけでなく、家庭・地域でも実現していくことが期待される。

２．デジタル教科書の在り方について

デジタル教科書は、基本的に紙の教科書の内容がそのままデジタル化されたものであるが、デジタルのメリットを生かすさまざまな機能が付加されている。

機能については、文字・写真の拡大や色の反転、ルビの追加などのアクセシビリティ機能に加えて、教科書に掲載されている英語の文章を読み上げる機能や算数・数学の図形等を視覚的に動かすことのできる機能など個別最適な学びの充実に資する機能等が実装されている。

全ての児童生徒が使用するデジタル教科書には、アクセシビリティをはじめとして広く活用されている上記の機能は今後も継続・充実しつつ、児童生徒の利便性や端末・通信負荷の観点から、基本的にシンプルで軽いものであることが求められる。

デジタル教科書は、学校教育法の改正により 2019 年度から紙の教科書に代えて使用することができるようになったところであり、2024 年度を本格的な導入の契機とするための取組が進められている。

導入の方向性としては、通信面や指導面での課題を踏まえ、デジタル教科書の円滑かつ効果的な活用の観点から、教科・学年を絞って段階的に導入することとし、小学校５年生から中学校３年生を対象に、まずは「英語」を導入し、その次に「算数・数学」を導入する方向が示されている。

英語については、2021 年度から文部科学省が行っている「学習者用デジタル教科書普及促進事業」において学校現場での活用が広がり、モデルとなる事例が蓄積されていることに加えて、英語の音声を児童生徒のペースで繰り返し聞くことができる点で個別最適な学びの充実につながることが期待されることから、最初の導入教科として提言されている。

算数・数学については、学校現場のニーズがほかの教科と比べて高いことに加えて、図形や関数等を視覚的に動かすことのできる機能が個別最適な学びの充実につながることが期待されることから、次に導入する教科として提言されている。

なお、デジタル教科書の在り方の議論においては、紙の教科書との関係が論点となる。紙の教科書とデジタル教科書の在り方については、デジタル教科書への慣れや児童生徒の学習環境を豊かにする観点から、児童生徒の特性や学習内容等に応じ

てハイブリッドに活用すべきであるとの方向性が示された。

　個々の児童生徒の学び方にも特質があり、ハイブリッドにデジタルと紙の教科書の両方が用意されている環境が必要であるとの議論を踏まえ、当面の間はデジタルと紙を併用することとしている。

3．デジタル教材・学習支援ソフトウェアの在り方について

　個別最適な学びと協働的な学びの一体的な充実に向けて、児童生徒一人ひとりが自立した学習者として自ら学びをデザインし、互いの学びを深めていくためのツールであるデジタル教材・学習支援ソフトウェアの活用を促進する環境を整えることが必要である。

　なお、デジタル教材や学習支援ソフトウェアについて明確に定義付けることは困難であり、その境界も弾力的であるが、ここでは、音声や動画、AI機能付教材などの学習内容に関するものを「デジタル教材」、対話や共有・共同編集などの汎用的なツールを「学習支援ソフトウェア」としている。

　デジタル教材・学習支援ソフトウェアの活用促進に向けて、3つの方向性が論点として示されている。

　1点目は、機能の充実と活用の在り方についてであり、主体的・対話的で深い学びの実現に向けて、個別最適な学びを充実する観点や多様な児童生徒が円滑に利用できるようにする観点からデジタル教材等の機能が充実されていくことが必要となる。

　2点目は、多様な提供の在り方についてである。これまでは教材のほとんどを学校単位で選んでいたところ、デジタル教材等は自治体単位で選ぶことがあるという背景を踏まえ、児童生徒に豊かな学びの選択肢を提供する観点から、デジタル教材等の学校・自治体単位での選定の在り方や、児童生徒に応じた教材等を選択できる提供の在り方についての検討が必要となる。

　3点目は、デジタル教材等の連携の在り方についてであり、デジタル教材間の円滑な接続や学習データの利活用を促進する観点から、学習指導要領コードや学習eポータル等の学習管理システムを通じたデジタル教科書・教材・学習支援ソフトウェアの多様な連携のかたちが必要となる。

4．デジタル教科書・教材・学習支援ソフトウェアの活用の在り方について

　個別最適な学びと協働的な学びの一体的な充実に向けて、紙かデジタルかの二項対立ではなく、教科書とデジタル教科書、教材とデジタル教材、教具と学習支援ソフトウェアを児童生徒一人ひとりに応じで適切に組み合わせることができる「ハイブリッドな教育環境」を整備することが必要である。

　また、デジタル教科書・教材等の活用が、いわゆる「デジタル一斉授業」（教師からの一方通行の授業）にとどまることなく、個別最適な学びと協働的な学びの一体的な充実につながることで、児童生徒が主体的に学びを選択し、自立した学習者になっていくことが重要である。

　そのためには、学校・教師の伴走支援として、新しい学びの姿を身近に見ることができるモデルづくりや、デジタル教科書・教材等を活用した新しい学びの効果・課題の検証等を都道府県教育委員会や市区町村教育委員会等が垣根を越えて行うことが必要である。

　また、学校間・自治体間で教育環境に格差が生じることなく、児童生徒の学びの選択肢を増やすことができるように、文部科学省においてもデジタル教科書やデジタル教材、学習支援ソフトウェア等の整備・活用状況を把握し、可視化するとともに、活用を促進するための支援の検討が必要となる。

　以上が特別部会の審議経過報告で指摘されている内容であり、単にデジタル教科書・教材等を活用するための議論にとどまらず、デジタル教科書・教材等を主体的・対話的で深い学びや個別最適な学び・協働的な学びにつなげていくために必要となる方向性や論点が示されている。

　ワーキンググループでは、世界の動向や技術革新などを見据え、教育政策全体の方向性を議論する中で、教科書・教材等の在り方を中長期的な視点で検討すべきであるとの発言もなされている。

　教科書は全ての児童生徒が必ず使用する主たる教材であり、教科書と一体的に活用される教材等とあわせて、その在り方は学校教育の在り方と不可分である。

　学校教育の在り方が変わる中、教科書や教材等の在り方も、個別最適な学びと協働的な学びの一体的な充実の観点から変化していくものと考えており、たとえば、2024 年度から使用される小学校用教科書においては、個別最適な学びの観点から二次元コードを通じたデジタル教材との接続が充実している。

　このような変化は、GIGA スクール構想の下での教科書・教材等のデジタル化によってさらに加速していくものと考えられる。このような変化を、令和の日本型学校教育の構築に向けた追い風と捉え、「新しい学び」の充実に取り組んでいくことが求められる。

（安井 順一郎）

デジタルによる多様な他者との協働的な学び

●なぜ多様な他者との協働か

学習指導要領の前文には、次のような文言がある。「これからの学校には……（略）一人一人の児童（生徒）が、自分のよさや可能性を認識するとともに、あらゆる他者を価値のある存在として尊重し、多様な人々と協働しながら様々な社会的変化を乗り越え、豊かな人生を切り拓き、持続可能な社会の創り手となることができるようにすることが求められる」。

図1

学習指導要領　前文 (2017、2018年改訂)

これからの学校には……（略）
一人一人の児童（生徒）が、
自分のよさや可能性を認識するとともに、
あらゆる**他者を価値のある存在として尊重**し、
多様な人々と協働しながら
様々な**社会的変化を乗り越え**、
豊かな人生を切り拓き、
持続可能な社会の創り手となることができる
ようにすることが求められる。

出典：文部科学省「学習指導要領（2017、2018年告示）」

デジタルによる多様な他者との協働について述べる前に、このようなことが求められている背景をしっかりと押さえておくことが重要である（図1）。

第一にグローバル化に伴う大きな変化がある。日本企業と外国企業とのM&Aは

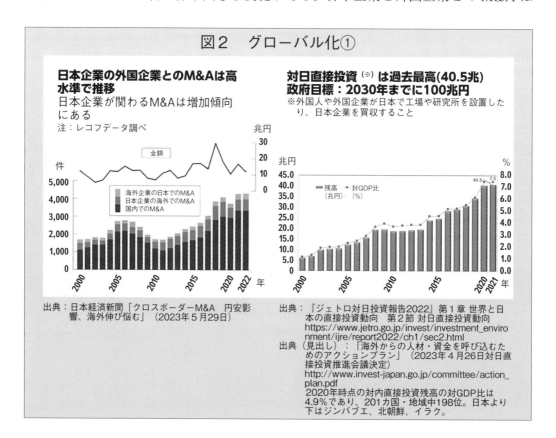

図2　グローバル化①

日本企業の外国企業とのM&Aは高水準で推移
日本企業が関わるM&Aは増加傾向にある
注：レコフデータ調べ

対日直接投資(※) **は過去最高(40.5兆)**
政府目標：2030年までに100兆円
※外国人や外国企業が日本で工場や研究所を設置したり、日本企業を買収すること

出典：日本経済新聞「クロスボーダーM&A　円安影響、海外伸び悩む」（2023年5月29日）

出典：『ジェトロ対日投資報告2022』第1章 世界と日本の直接投資動向　第2節 対日直接投資動向
https://www.jetro.go.jp/invest/investment_environment/ijre/report2022/ch1/sec2.html
出典（見出し）：「海外からの人材・資金を呼び込むためのアクションプラン」（2023年4月26日対日直接投資推進会議決定）
http://www.invest-japan.go.jp/committee/action_plan.pdf
2020年時点の対内直接投資残高の対GDP比は4.9%であり、201カ国・地域中198位。日本より下はジンバブエ、北朝鮮、イラク。

図3　グローバル化②

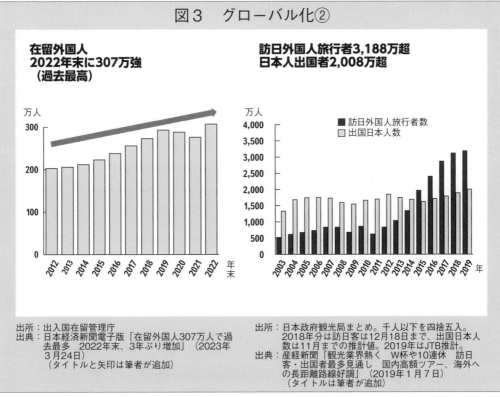

在留外国人
2022年末に307万強
（過去最高）

訪日外国人旅行者3,188万超
日本人出国者2,008万超

■ 訪日外国人旅行者数
□ 出国日本人数

出所：出入国在留管理庁
出典：日本経済新聞電子版「在留外国人307万人で過
　　　去最多　2022年末、3年ぶり増加」（2023年
　　　3月24日）
　　　（タイトルと矢印は筆者が追加）

出所：日本政府観光局まとめ。千人以下を四捨五入。
　　　2018年分は訪日客は12月18日まで、出国日本人
　　　数は11月までの推計値。2019年はJTB推計。
出典：産経新聞「観光業界熱く　W杯や10連休　訪日
　　　客・出国者最多見通し　国内高額ツアー、海外へ
　　　の長距離路線好調」（2019年1月7日）
　　　（タイトルは筆者が追加）

図4

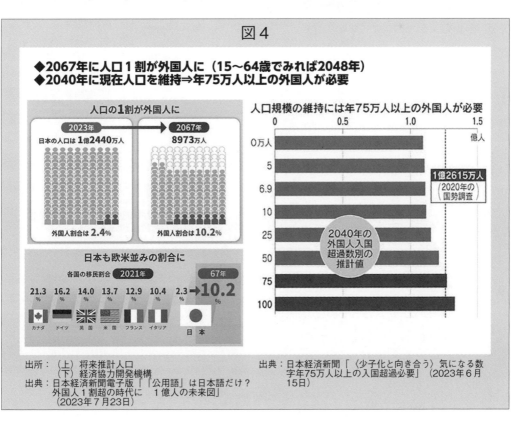

◆2067年に人口1割が外国人に（15〜64歳でみれば2048年）
◆2040年に現在人口を維持⇒年75万人以上の外国人が必要

人口の1割が外国人に

2023年　日本の人口は 1億2440万人
→ 2067年　8973万人
外国人割合は 2.4%　外国人割合は 10.2%

日本も欧米並みの割合に

各国の移民割合　2021年　67年

21.3% 16.2% 14.0% 13.7% 12.9% 10.4%　2.3→10.2%

カナダ　ドイツ　英国　米国　フランス　イタリア　日本

人口規模の維持には年75万人以上の外国人が必要

0万人　5　6.9　10　25　50　75　100
億人
1億2615万人
（2020年の国勢調査）
2040年の外国人入国超過数別の推計値

出所：（上）将来推計人口
　　　（下）経済協力開発機構
出典：日本経済新聞電子版「「公用語」は日本語だけ？
　　　外国人1割超の時代に　1億人の未来図」
　　　（2023年7月23日）

出典：日本経済新聞「〈少子化と向き合う〉気になる数
　　　字　年75万人以上の入国超過必要」（2023年6月
　　　15日）

高水準で推移している。対日直接投資は過去最高（40.5兆）を記録しており、政府は2030年までに100兆円まで拡充したいと考えている。訪日外国人（インバウンド）はコロナ前で約3,200万人まで伸びていたが、政府は当面4,000万人、いずれは6,000万人まで拡大する計画を持っている。こうした中、在留外国人は22年末に307万人強と過去最高になっている。その一方で、人口減少化で企業が成長するためには海外市場を開拓する必要があり、日本企業の海外事業所数は増加傾向にある。国立社会保障・人口問題研究所からは、2067年に人口1割が外国人になるとの推計（15〜64歳でみれば2048年に到達）や、2040年に現在の人口を維持しようと思えば、毎年75万人以上の外国人に日本に来てもらう必要があるといった推計も出ている。一言でいえば、今我々が育てている子供たちはかなり近い将来、今とは比較できないほど多様性を増した職場や地域社会で生きていくことになる（図2〜4）。

第二に子供たちの圧倒的多数が身を投じることになる産業界でも、今まではそれぞれの業界単位の「身内」のコミュニケーションが中心であったのが、分野や業界を越えて、異なるさまざまな価値観や常識を持った人たちと協働する場面が増えている。イノベーションの源泉は新たなアイデアを生み出すことであるが、それらは多くの場合、ゼロから生み出されるものではなく、既存知と別の既存知の新しい組み合わせから生じることが多いとされる。ここから、多様な人が一つの組織にいることの重要性や、異なる分野や業界と組んで発想することの重要性が導き出される。ダイバーシティ＆インクルージョンに企業が必死に取り組んでいる現実的な背景でもある（図5）。

第三に雇用形態も大きく変化している。コロナ禍でのテレワーク普及、グローバルな人材獲得競争の激化等を背景として、「就社」という言葉に象徴される「メン

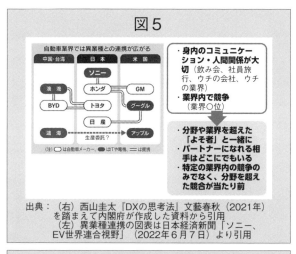

図5

出典： （右）西山圭太『DXの思考法』文藝春秋（2021年）を踏まえて内閣府が作成した資料から引用
　　　　（左）異業種連携の図表は日本経済新聞「ソニー、EV世界連合視野」（2022年6月7日）より引用

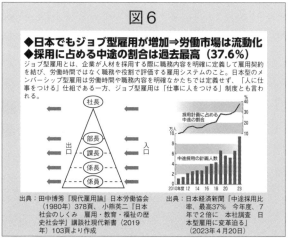

図6

出典：田中博秀『現代雇用論』日本労働協会（1980年）378頁、小熊英二『日本社会のしくみ　雇用・教育・福祉の歴史社会学』講談社現代新書（2019年）103頁より作成

出典：日本経済新聞「中途採用比率、今年度37％　7年で2倍に　本社調査　日本型雇用に変革迫る」（2023年4月20日）

バーシップ型雇用」から、仕事内容を明確に定義し、マッチする人材を組織内外を問わず登用するジョブ型（「就職」）が大幅に増えてきており、労働市場は激しく流動化してきている。事実、採用に占める中途の割合も4割近くまで増加してきている。従来の我が国では、人生は教育を受け、できれば一つの会社で勤め上げ、引退するという「3ステージの人生」が社会的な規範であったが、学んで、働いて、また学びの場に戻ったり、リスキリングしたりを繰り返しながら人生を豊かにしていくという「マルチステージの時代」に移りつつあるといえる（図6）。

そんな中、若者の意識も大きく変わっている。新入社員に「今の会社であと何年働くと思うか」と聞くと、3年以内に退職予定が約3割、10年以内が約5割いる。転職やキャリアアップは当たり前で、そのたびに新しい文化や知識に出会い、人脈を新しく作っていく。さまざまな価値観のぶつかり合いの中で、新しい価値やサービ

図7

2022年新入社員〈今の会社で何年働く？〉
転職・キャリアアップは当たり前、その度に新たな適応、学習
先生がその場にいなくても学ぶ経験・習慣も大事

	%
わからない	22.60
定年まで	18.50
10年以上	8.00
6〜10年	8.90
4〜5年	13.80
3年以内	28.30

10年以内 51%

出典：マイナビ転職　キャリアトレンド研究所（mynavi.jp）
2022年8月4日
https://tenshoku.mynavi.jp/knowhow/careertrend/11/

図8

PISA（OECD生徒の学習到達度調査）2018から明らかになったこと（読解力）
◆テキストから情報を探し出す問題、テキストの質と信ぴょう性を評価する問題
◆自分の考えを他者に伝わるよう根拠を示して説明（自由記述問題）

読解力の定義

自らの目標を達成し、自らの知識と可能性を発達させ、社会に参加するために、テキストを理解し、利用し、評価し、熟考し、これに取り組むこと。

測定する能力

①情報を探し出す
—テキスト中の情報にアクセスし、取り出す
—関連するテキストを探索し、選び出す

②理解する
—字句の意味を理解する
—統合し、推論を創出する

③評価し、熟考する
—質と信ぴょう性を評価する
—内容と形式について熟考する
—矛盾を見付けて対処する

読解力分野のコンピュータ使用型調査の特徴

2018年調査は、全小問245題のうち約7割の173題がコンピュータ使用型調査用に開発された新規問題。オンライン上の多様な形式を用いた課題文（投稿文、電子メール、フォーラムへの参加回答など）を活用。

2018年調査（読解力分野）の公開問題
【ラパヌイ島】

3種類の課題文で構成
○大学教授のブログ
○書評
○オンライン科学雑誌の記事

問1

問1【測定する能力①情報を探し出す】
ある大学教授のブログを画面をスクロールして読んだ上で、教授がフィールドワークを始めた時期を選択して解答する。

問6

タブをクリックし、画面表示する課題文を選ぶ。

問6【測定する能力②理解する】
2つの説に関する原因と結果を選択肢から選び、ドラッグ&ドロップ操作によりそれぞれ正しい位置に移動させ、表を完成させる。

出典：文部科学省作成資料

スを生み出していく。そんな社会に我が国もなりつつある（図7）。だからこそ、多様な他者と出会い、対話したり、議論したり、協働したりするスキルが今まで以上に大事になってくる。

●その一方で子供たちの現状は？

OECD の PISA 2018 の結果では、日本の子供の読解力は高得点グループだったが、自分の考えを他者に伝わるように根拠を示して説明することが苦手であった。13歳から29歳の若者を対象にした内閣府の調査でも、「自分の考えをはっきり相手に伝えられる」若者の割合が国際的に見ると低い状況がある（図8〜9）。

一方で、これまで通りのやり方で多様な他者と協働する資質・能力を育むのには限界がある。第一に、少子高齢化のトレンドの中、この20年で三世代同居の数が半減して、核家族や一人親世帯が増えており、子育て世帯の割合も減っている。兄弟姉妹がいない、祖父母もいない、両親も一人親の場合がある、両親がいる場合でも共働きで家にあまりいない。つまり子供たちの周りにいる子供の数も大人の数も少なく、学校外での他者とのコミュニケーションの総量が少なくなっている可能性がある。そうした中で、多様な他者と協働できる資質・能力を育むとなると、学校という場——毎日同じくらいの時間に同年齢や異年齢の子供たちが通ってきて、大人であ

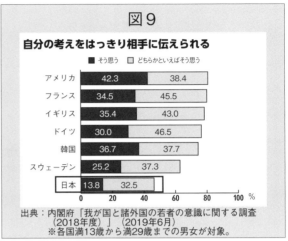

図9

自分の考えをはっきり相手に伝えられる

出典：内閣府「我が国と諸外国の若者の意識に関する調査（2018年度）」（2019年6月）
※各国満13歳から満29歳までの男女が対象。

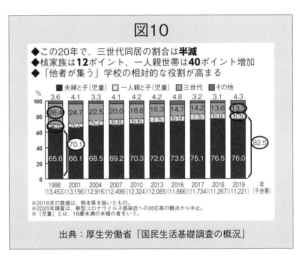

図10

◆この20年で、三世代同居の割合は**半減**
◆核家族は**12**ポイント、一人親世帯は**40**ポイント増加
◆「他者が集う」学校の相対的な役割が高まる

※2016年度の数値は、熊本県を除いたもの。
※2020年調査は、新型コロナウイルス感染症への対応等の観点から中止。
※「児童」とは、18歳未満の未婚の者をいう。

出典：厚生労働省「国民生活基礎調査の概況」

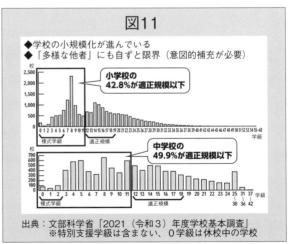

図11

◆学校の小規模化が進んでいる
◆「多様な他者」にも自ずと限界（意図的補充が必要）

小学校の**42.8%**が適正規模以下

中学校の**49.9%**が適正規模以下

出典：文部科学省「2021（令和3）年度学校基本調査」
※特別支援学級は含まない、0学級は休校中の学校

る教師が一定数いる、さらにはコミュニティ・スクール政策のもと、学校を地域の核と位置付ける取組が進む中で地域住民の関わりも増えてきている——が果たす役割が相対的に大きくならざるを得ない。しかし、多くの子供は身の回りの数人としか深いコミュニケーションを取っていないとも言われるクラスルームのリアリティ・風土もある中で、他者と交流する機会を作るためには、相当意識的な仕掛けが必要となる。そもそも、地域によっては統廃合も限界に来ており、肝心の学校自体が小規模化し、同質性を増しているという事態も見過ごせない（図10〜11）。

●デジタルの活用による多様な他者との協働

　こうした中で、GIGA スクールの端末や、クラウドやオンラインの環境、さらにさまざまな協働的な学びを支えるツールを十全に使いこなし、多様な他者との協働の場や機会を意識的に創っていくことが必要となる。図12は令和の日本型学校教育のイメージを提示した中央教育審議会答申の過程で作られたイメージ図である。個別最適な学びは2つの視点で考える必要がある。まず、指導の個別化である。これはクラウド環境やデジタルドリルなどを十全に活用しつつ、子供たち自身に個別最適な学びを自己調整させていく取組を通じて、個々の子供たちに学習内容を確実に定着させようということである。一見、協働的な学びと距離が遠く感じられるだ

図12

「個別最適な学び」と「協働的な学び」の一体的な充実（イメージ）

出典：中央教育審議会初等中等教育分科会教育課程部会「教育課程部会における審議のまとめ」（2021年1月25日）に基づき、概念を簡略化し図等として整理したもの

ろうが、ここで育まれる基礎学力が協働的な学びの土台になるという側面と、この部分をデジタルの力を使って効率的・効果的に行うことにより、余剰の時間を生み出し、協働的な学びに割ける時間を増やすという2つの側面がある。

次に、学習の個性化である。クラウド・デジタルを最大限に活用して一人ひとりに応じた学習活動や課題を提供することにより、各々の興味や関心、キャリア形成の方向性などに対応して学習を深め、広げることを可能にする。教科等の単元の枠組みや主たる教材である教科書がベースとなるものの、少しずつ異なった学習をする子供たちが集まることにより、異なる考え方や観点が組み合わさり、協働的な学びの充実につながる。ここにクラウド環境の活用による共同編集機能や他者参照・途中参照機能が極めて重要な役割を果たす。

● 協働的な学びを推進する上での注意点

こうした活動を広げていく上で、注意しておくべき視点を私見として述べておきたい。

第一に、不登校や不登校傾向にある児童生徒、外国人児童生徒、発達障害のある児童生徒、経済的に困難な事情を抱える子供たちなど、多様化する子供たちに個別最適な学びを実現することを通じて、学校の多様性と包摂性を高めることである（図13）。

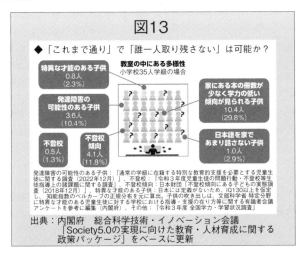

図13

◆「これまで通り」で「誰一人取り残さない」は可能か？

教室の中にある多様性
小学校35人学級の場合

特異な才能のある子供
0.8人
(2.3%)

発達障害の
可能性のある子供
3.6人
(10.4%)

不登校
0.5人
(1.3%)

不登校
傾向
4.1人
(11.8%)

家にある本の冊数が
少なく学力の低い
傾向が見られる子供
10.4人
(29.8%)

日本語を家で
あまり話さない子供
1.0人
(2.9%)

発達障害の可能性のある子供：「通常の学級に在籍する特別な教育的支援を必要とする児童生徒に関する調査」（2022年12月）、不登校：「令和3年度児童生徒の問題行動・不登校等生徒指導上の諸課題に関する調査」、不登校傾向：日本財団「不登校傾向にある子どもの実態調査」（2018年12月）、特異な才能のある子供：日本には定義がないため、IQ130以上を仮定し、知能指数のベルカーブの正規分布を元に算出。子供の吹き出しは、文部科学省 特定分野に特異な才能のある児童生徒に対する学校における指導・支援の在り方等に関する有識者会議アンケートを参考に編集（内閣府）、その他：「令和3年度 全国学力・学習状況調査」

出典：内閣府　総合科学技術・イノベーション会議
「Society5.0の実現に向けた教育・人材育成に関する
政策パッケージ」をベースに更新

次にデジタルを最大限に活用して、協働的な学びの中で、こうした多様な子供たちの多様な意見や少数意見を可視化したり、拾いあげたりして交流させる活動を意図的に設定することである。こうした活動を充実させていくことによって、より包摂的で個が尊重される学校風土を実現すること、子供たちのウェルビーイングを向上させることが期待できる。

第二に、学校が小規模化する中で、校内の多様性には自ずから限界がある場合があることに留意すべきである。学校外のさまざまな人材に学校教育への参画や協力を求めることによって、児童生徒が多様な意見に触れ、対話する機会を意図的に増やす取組はこれまでも行われてきたが、対面でのゲストティーチャーとオンラインでの参画をうまく組み合わせることによって、これまで以上に「社会に開かれた教育課程」に迫ることができる。また、「対話の相手」を生身の人間に限ると限界があるため、多種多様なデジタル動画やSTEAM動画などを活用したり、他校の児

童生徒の議論の様子などを教材にしたりすることによって多様性を補強し、そこから新たな観点に気付かせたり、深い議論につなげていくといった試みもあってよいと考える。ここでも GIGA 環境が効果を発揮することが期待できる。

第三に、この文脈では見過ごされがちなことであるが、情報活用能

図14

◆日本の子供はデジタルを学びに使わず、遊びに使う傾向
◆ICTを学びの道具にし、賢い付き合い方を教える必要

学校外（平日）にデジタル機器の利用状況（高1） 2018※1

▼コンピュータで**宿題**をする　● 3.0%　🌐 22.2%　OECDAve.
▼ネット上で**チャット**する　● 87.4%　🌐 67.3%　OECDAve.
▼一人用**ゲーム**で遊ぶ　● 47.7%　🌐 26.7%　OECDAve.
▼インターネットで**ニュース**を読む　● 43.4%　🌐 38.8%　OECDAve.

子供専用のスマホ保有率 2021 (2010) 年度※2

小学生 63.3% (0.0%)
中学生 91.1% (1.3%)
高校生 99.3% (3.8%)

フィルターバブル現象
自分の好む情報「だけ」に囲まれ、多様な意見から隔離されやすくなる現象

エコーチェンバー現象
同じような意見が、閉ざされた空間の中で反響して大きくなっていく現象

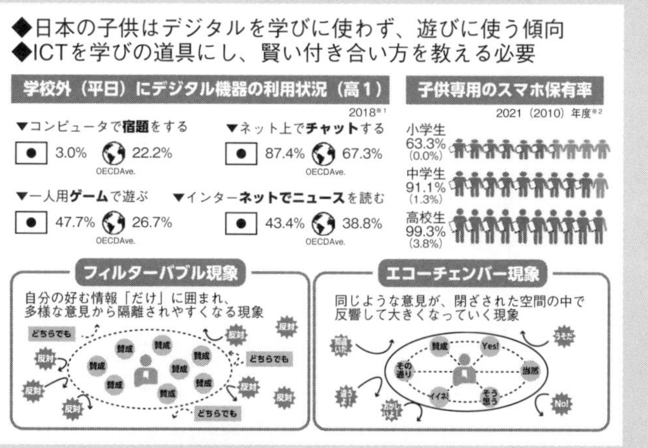

出典：（※1）OECD 生徒の学習到達度調査 PISA2018 をもとに作成（「毎日」「ほぼ毎日」の合計）
（※2）内閣府 2021 年度 青少年のインターネット利用環境実態調査結果をもとに内閣府で作成。2014 年度より調査方法等を変更したため、2013 年度以前の調査結果を直接比較ができないことに留意。「小学生」の調査対象は、満 10 歳以上。

力との関係も押さえておきたい。現在、中高生のスマートフォンの保有率はほぼ 100%、小学生も 63.3% となっている。そのような中、ICT を学びに生かす習慣や正しい付き合い方をきちんと指導しないと、子供たちは幼い頃からフィルターバブルやエコーチェンバーといった多様性を欠いた情報の海にさらされ続けることになる（図14）。協働的な学びを充実させることと並行して、子供集団の意見や感性の多様性を確保するという意味でも、教育関係者は ICT を学びの道具にするとともに、メディアリテラシーやファクトチェックの習慣化、検索スキルなども含め、賢い使い方・付き合い方を指導し、学校外・教科書外に存在する多様性をうまく子供たちの生活や学校教育に取り込み、子供たちに豊かな学びを保障する必要がある。

第四に、「「令和の日本型学校教育」の構築を目指して〜全ての子供たちの可能性を引き出す、個別最適な学びと、協働的な学びの実現〜」（答申）も指摘するように、デジタルかアナログか、遠隔・オンラインか対面・オフラインかといった、いわゆる「二項対立」の陥穽に陥らないことに留意すべきである。どちらかだけを選ぶのではなく、発達の段階や学習場面等により、どちらのよさも適切に組み合わせて生かしていくという考え方に立つべきである。AI 技術が高度に発達する Society 5.0 時代にこそ、教師による対面指導や子供同士による学び合い、地域社会の教育資源を生かした多様な体験活動の意義が増していく。学校でなければできない活動の重要性がより一層高まっていく。デジタルを活用することによってリアルが充実する、デジタルの活用により対話的な学びの時間が増えるといった視点で取り組む必要がある。

（武藤 久慶）

学習者にとってのデータの利活用（CBT、PDS）

●教育データの利活用

　GIGA スクール構想の推進により整備された児童生徒１人１台端末を活用した学習によって、たとえば端末の利用ログやデジタルドリルの回答時間等、紙を活用した学習では得られなかった子供の学びに関するデジタルデータが利活用できるようになった。それでは教育データの利活用はどのような効果があるのだろうか。

　教育データを利活用する目的は、一言で言えば、各主体（子供、教師、学校設置者等）の可能性を最大限に引き出せることである。特に、デジタルデータはこれまで紙で扱っていたデータだけではなく、詳細で粒度の小さいデータ（例：デジタル教材等の活用時間やどのように取り組んだのか操作履歴等）を、長い期間（例：小学校から高校までの期間）にわたり記録し、必要なときに活用できることが大きな長所である。これらにより、下図で示されているように、自らの学びを振り返ったり、広げたり、伝えたりする上でこれまでにない可能性が広がる。

　このようなデータを活用した教育・学習を進めていく際には、①データの相互利活用ができるように内容や規格を定義する共通ルールの策定（ルール）、②共通する機能を広い範囲で活用できる共通ツールの開発・運営（ツール）、③学校の授業や学習、政策決定等の実際の行動に生かすための分析・利活用が必要であり、文部科学省が地方自治体、研究者、事業者等と協働して取組を推進している。

　本稿では、このうち②の共通ツールとして全国の希望する学校が活用可能な文部科学省コンピュータ使用型調査（Computer Based Testing：CBT）システムのMEXCBT（メクビット）及び③の利活用をご紹介する。

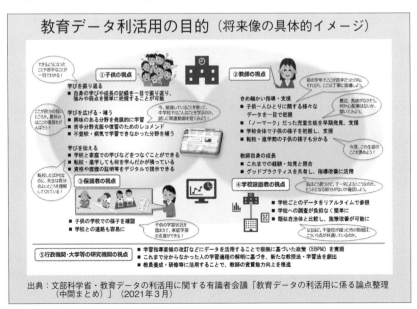

出典：文部科学省・教育データの利活用に関する有識者会議「教育データの利活用に係る論点整理（中間まとめ）」（2021年３月）

●文部科学省CBTシステム（MEXCBT）

CBT は紙のテストと比べて１問ごとの回答が詳細に記録できる、画像や音声など多様な出題ができる、インタラクティブな対応ができる等の利点があり、操作ログ等から児童生徒のつまずきの多角的な分析も期待されている。MEXCBT は全国どの学校からいつでも使えるため、授業や朝学習、家庭学習、長期休業の宿題等で各学校の実態に合わせて活用が可能である。2023 年 6 月現在、児童生徒等約820 万人（全国の公立小学校の 80％超、公立中学校のほぼ全て）が登録している。MEXCBT では映像や音声等を活用した問題等も含め、国や自治体等が作成した問題等約 4 万問が活用可能である。

2023 年 4 月には MEXCBT を用いて全国学力・学習状況調査の中学校英語「話すこと」調査が実施された。今後、生徒の回答に応じて次の出題が変化するアダプティブな出題も可能になっている。これらにより、これまで測定が困難だった能力も測定可能となることが期待されている。

●教育データ利活用の将来的な展望

将来的に学習者のデータは、本人が希望すれば、学校の学習データとともに、学校外の学習や生活データ等もあわせて活用する姿が想定される。本人が自由に活用できるようになり利便性が高まるとともに、本人にとっての付加価値が高まる。

これらを実現するためには関係機関がバラバラに取り組んではデータを相互に活用することができないため、本人のもとで各種データをきちんと保管して活用でき、さまざまなデータがつながる仕組みが必要となる。教育分野では文部科学省が教育データ標準を定めており、この中で内容の標準や相互流通の規格である学習 eポータル標準等、徐々にデータの相互流通ができる環境が整いつつある。

なお、教育分野を超えて個人のもとでデータを活用する仕組みは Personal Data Store（PDS）と呼ばれており、教育に限らず多くの分野にまたがるものであり、総務省において今後仕組みの検討が始まっている。

（桐生 崇）

参考

デジタル庁・総務省・文部科学省・経済産業省「教育データ利活用ロードマップ」（2022年1月）
「PDS・情報銀行は包括的データ戦略に基づき分野横断的に検討が必要であり、ニーズの洗い出し、課題整理（有効性の検証）、利活用データの特定、利活用プロセスの整理（求められる機能の抽出）、ルールやガイドライン等の整備、といったことについて、まずは教育分野固有の論点を整理」
【文部科学省ホームページ】
・教育DX　https://www.mext.go.jp/a_menu/other/data_00008.htm
・MEXCBT　https://www.mext.go.jp/a_menu/shotou/zyouhou/mext_00001.html
・教育データ標準　https://www.mext.go.jp/a_menu/other/data_00001.htm

GIGA スクール時代の情報モラル

●情報モラルへの誤解を正す

図1
情報活用能力＝学習の基盤 各学校においては，児童の発達の段階を考慮し，言語能力，情報活用能力（情報モラルを含む。），問題発見・解決能力等の学習の基盤となる資質・能力を育成していくことができるよう，各教科等の特質を生かし，教科等横断的な視点から教育課程の編成を図るものとする。 出典：文部科学省「学習指導要領（2017、2018年告示）」学習の基盤となる資質・能力（第1章第2の2の（1））

図2
学習指導要領解説（情報モラル教育の主な記述） …携帯電話・スマートフォンやSNSが子供たちにも急速に普及するなかで，インターネット上での誹謗中傷やいじめ，インターネット上の犯罪や違法・有害情報の問題の深刻化，インターネット利用の長時間化等を踏まえ，情報モラルについて指導することが一層重要となっている。 　情報モラルとは，「情報社会で適正な活動を行うための基になる考え方と態度」であり，具体的には，他者への影響を考え，人権，知的財産権など自他の権利を尊重し情報社会での行動に責任をもつことや，犯罪被害を含む危険の回避など情報を正しく安全に利用できること，コンピュータなどの情報機器の使用による健康との関わりを理解することなどである。このため，情報発信による他人や社会への影響について考えさせる学習活動，ネットワーク上のルールやマナーを守ることの意味について考えさせる学習活動，情報には自他の権利があることを考えさせる学習活動，情報には誤ったものや危険なものがあることを考えさせる学習活動，健康を害するような行動について考えさせる学習活動などを通じて，児童に情報モラルを確実に身に付けさせるようにすることが必要である。 　（中略）さらに，情報モラルに関する指導は，道徳科や特別活動のみで実施するものではなく，各教科等との連携や，さらに生徒指導との連携も図りながら実施することが重要である。 出典：文部科学省「学習指導要領解説（2017、2018年告示）」

　情報活用能力は、世の中のさまざまな事象を情報とその結び付きとして捉え、情報及び情報技術を適切かつ効果的に活用して、問題を発見・解決したり自分の考えを形成したりしていくために必要な資質・能力である。具体的には、学習活動において必要に応じてコンピュータ等の情報手段を適切に用いて情報を得たり、情報を整理・比較したり、得られた情報をわかりやすく発信・伝達したり、必要に応じて保存・共有したりといったことができる力であり、さらに、このような学習活動を遂行する上で必要となる情報手段の基本的な操作の習得や、プログラミング的思考、情報モラル、情報セキュリティ、統計等に関する資質・能力等も含むものである。

　読んでみてわかる通り、かなり広範な概念となっている。個人的には、次の学習指導要領に向けて、もう少し概念整理が必要と考えるが、本稿で強調したいのは、情報モラルはあくまでも情報活用能力の部分に過ぎない概念で、「情報社会で適正な活動を行うための基になる考え方と態度」とある通り、情報技術の活用が前提となる概念だということである（図1〜2）。この点を見過ごし、情報モラルの指導は端末を使わせない指導であるとか、インターネットの世界をいたずらに怖がらせる指導であるとの誤解が生じている。この点について、国や教育委員会の説明ぶりが十分でなかった点は大いに反省すべきだが、学習指導要領という根本規範に立ち戻れば、そのようなことは書いていないということに尽きる。情報モラルは活用を前提とした概念であることを今後の議論の大前提として確認しておきたい。

●日本の子供の現状

　2018年のOECD／PISA調査において日本の子供たちは、「テキストの中から情報を探し出す問題」や、「テキストの質と信ぴょう性を評価する問題」が苦手だった。

大量の情報があふれる中で、さまざまなテキストから自分なりの目的意識を持って情報を見付けて、それらを編集する。その際に、情報の質や信ぴょう性をきちんと確認し、評価しながら取り組む、そこが苦手だった、という結果である。

本稿脱稿時点で、中高生のスマートフォンの保有率はほぼ100%、小学生も63%を超えている。「インターネットやスマホでニュースを見たり聞いたりするとき、誰が発信しているのか、どの報道機関が伝えているのか確かめていますか？」という問に約半数が確かめないと回答したとの調査結果もある（図3）。

こうした状況でもし我々教育関係者が何もしなければ、子供たちは幼い頃からフィルターバブルやエコーチェンバーといった多様性を欠いた情報の海にさらされ続けることになる。こうした現実を前にして、私たち教育関係者はICTの賢い使い方・付き合い方をしっかり指導する必要がある。そんな中、GIGAスクールの1人1台端末やクラウド、高速ネット

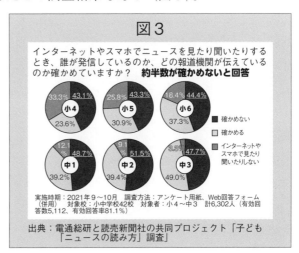

図3

インターネットやスマホでニュースを見たり聞いたりするとき、誰が発信しているのか、どの報道機関が伝えているのか確かめていますか？　**約半数が確かめないと回答**

小4　33.3%　43.1%　23.6%
小5　25.8%　43.3%　30.9%
小6　18.4%　44.4%　37.3%
中1　12.1%　48.7%　39.2%
中2　9.1%　51.5%　39.4%
中3　3.3%　47.7%　49.0%

■ 確かめない
□ 確かめる
▨ インターネットやスマホで見たり聞いたりしない

実施時期：2021年9〜10月　調査方法：アンケート用紙、Web回答フォーム（併用）　対象校：小中学校42校　対象者：小4〜中3　計6,302人（有効回答数5,112、有効回答率81.1%）

出典：電通総研と読売新聞社の共同プロジェクト「子ども「ニュースの読み方」調査」

ワークが学校現場に届き、パラダイムシフトをもたらしている。これまでは、教師が準備した教材の枠内で子供は学んでいたが、今や1人1台端末が「文房具」として配られたことで、子供は自分に必要な情報・資料を自在に探し出すことができる。もちろんその中には不確かな情報や危険な情報もあるため、発達段階や子供の実態に応じて一定の補助輪やガードレールが必要であるが、それらを全部排除していると先々、フェイクニュースに右往左往する子供を育てることになる。何が信じられるもので、何が信じられないものかを判別できる能力を積極的に育成する必要がある。だからこそ、学習指導要領は情報活用能力を掲げており、その重要な部分として情報モラルがあるのだという認識を持つ必要がある。

● 生成AIの登場と情報モラルの刷新

こうしたGIGAスクール構想のもとでの積極的な情報モラル教育の必要性は生成AIの登場により、一層強く求められることになった。文部科学省が2023年7月に公表した「初等中等教育段階における生成AIの利用に関する暫定的なガイドライン」は、「スマートフォン等が広く普及する中、学校外で児童生徒が生成AIを使う可能性が十分に考えられる」「いわゆるフィルターバブル等に子供が晒されている」「生成AIの普及で誤情報が増加する」との指摘もあるとした上で、全ての学

校でGIGAスクール構想に基づく1人1台端末活用の日常化を実現する中で、情報モラルを含む情報活用能力の育成について、生成AIの普及を念頭に一層充実させる方向性を打ち出した。具体的には、学習指導要領の解説に記載のある下記の①～⑥の諸活動を強化するとともに、これらの活動の一環として、情報の真偽を確かめること（いわゆるファクトチェック）の方法などは意識的に教えることが望ましい。また、教師が生成AIが生成する誤りを含む回答を教材として使用し、その性質やメリット・デメリット等について学ばせたり、個人情報を機械学習させない設定を教えることも考えられるとしている（図4）。

図4　「情報活用能力」の育成強化（全ての学校が対象）

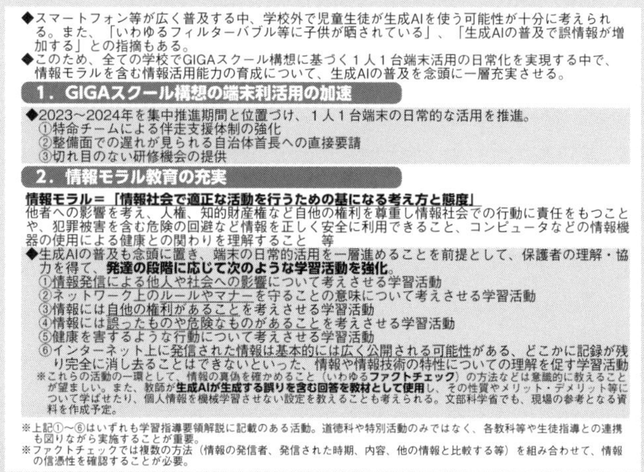

◆スマートフォン等が広く普及する中、学校外で児童生徒が生成AIを使う可能性が十分に考えられる。また、「いわゆるフィルターバブル等に子供が晒されている」、「生成AIの普及で誤情報が増加する」との指摘もある。
◆このため、全ての学校でGIGAスクール構想に基づく1人1台端末活用の日常化を実現する中で、情報モラルを含む情報活用能力の育成について、生成AIの普及を念頭に一層充実させる。

1．GIGAスクール構想の端末利活用の加速

◆2023～2024年を集中推進期間と位置づけ、1人1台端末の日常的な活用を推進。
①特命チームによる伴走支援体制の強化
②整備面での遅れが見られる自治体首長への直接要請
③切れ目のない研修機会の提供

2．情報モラル教育の充実

情報モラル＝「情報社会で適正な活動を行うための基になる考え方と態度」
他者への影響を考え、人権、知的財産権など自他の権利を尊重し情報社会での行動に責任をもつことや、犯罪被害を含む危険の回避など情報を正しく安全に利用できること、コンピュータなどの情報機器の使用による健康との関わりを理解すること　等
◆生成AIの普及も念頭に置き、端末の日常的活用を一層進めることを前提として、保護者の理解・協力を得て、**発達の段階に応じて次のような学習活動を強化**。
①情報発信による他人や社会への影響について考えさせる学習活動
②ネットワーク上のルールやマナーを守ることの意味について考えさせる学習活動
③情報には自他の権利があることを考えさせる学習活動
④情報には誤ったものや危険なものがあることを考えさせる学習活動
⑤健康を害するような行動について考えさせる学習活動
⑥インターネット上に発信された情報は基本的には広く公開される可能性がある、どこかに記録が残り完全に消し去ることはできないといった、情報や情報技術の特性についての理解を促す学習活動
※これらの活動の一環として、情報の真偽を確かめること（いわゆる**ファクトチェック**）の方法などは意識的に教えることが望ましい。また、教師が**生成AIが生成する誤りを含む回答を教材として使用**し、その性質やメリット・デメリット等について学ばせたり、個人情報を機械学習させない設定を教えることも考えられる。文部科学省でも、現場の参考となる資料を作成予定。

※上記①～⑥はいずれも学習指導要領解説に記載のある活動。道徳科や特別活動のみではなく、各教科等や生徒指導との連携も図りながら実施することが重要。
※ファクトチェックでは複数の方法（情報の発信者、発信された時期、内容、他の情報と比較する等）を組み合わせて、情報の信憑性を確認することが必要。

出典：文部科学省作成資料

①情報発信による他人や社会への影響について考えさせる学習活動
②ネットワーク上のルールやマナーを守ることの意味を考えさせる学習活動
③情報には自他の権利があることを考えさせる学習活動
④情報には誤ったものや危険なものがあることを考えさせる学習活動
⑤健康を害するような行動について考えさせる学習活動
⑥インターネット上に発信された情報は基本的には広く公開される可能性がある、どこかに記録が残り完全に消し去ることはできないといった、情報や情報技術の特性についての理解を促す学習活動

●情報モラルの概念を再考する

以上、さまざまに私見を述べてきたが、次期学習指導要領に向けては、GIGAスクール構想の発展継続を前提に情報活用能力やその部分としての情報モラルの概念も再考を迫られるだろう。学校教育と家庭学習がシームレスにつながるようなイメージでデジタル教科書・教材の議論も進んでいる。デジタル時代が本格的に到来し、生成AIなども加速度的に浸透しつつある今、学校現場からのフィードバックも含めて、情報活用能力の再定義が必要と考える。

（武藤 久慶）

①教師の ICT 活用指導力

●国の調査結果のサマリー

教師の ICT 活用指導力については、毎年度実施している国の調査において、次の A 〜 D についてそれぞれ 4 項目の質問を、4 段階で調査を行っている。本稿執筆時点で最新の 2022 年度調査の結果は次の通りである(（　）は前回調査の数)（図 1、QR コード参照）。

A：教材研究・指導の準備・評価・校務などに ICT を活用する能力　88.5%（87.5%）

B：授業に ICT を活用して指導する能力　78.1%（75.3%）

C：児童生徒の ICT 活用を指導する能力　79.6%（77.3%）

D：情報活用の基盤となる知識や態度について指導する能力　86.9%（86.0%）

2022 年度中に ICT 活用指導力に関する研修を受講した教師の割合は、73.0% となっており、前回調査より 2.8 ポイント下降しているが、前回調査よりも自治体間における受講状況の差の減少が見られる。

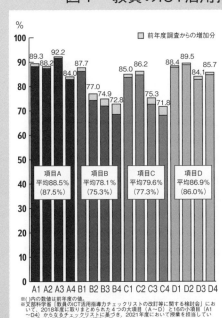

図1　教員のICT活用指導力の状況（16小項目別）

A　教材研究・指導の準備・評価・校務などにICTを活用する能力

A1　教育効果を上げるために、コンピュータやインターネットなどの利用場面を計画して活用する。

A2　授業で使う教材や校務分掌に必要な資料などを集めたり、保護者・地域との連携に必要な情報を発信したりするためにインターネットなどを活用する。

A3　授業に必要なプリントや提示資料、学級経営や校務分掌に必要な文書や資料などを作成するために、ワープロソフト、表計算ソフトやプレゼンテーションソフトなどを活用する。

A4　学習状況を把握するために児童生徒の作品・レポート・ワークシートなどをコンピュータなどを活用して記録・整理し、評価に活用する。

B　授業にICTを活用して指導する能力

B1　児童生徒の興味・関心を高めたり、課題を明確につかませたり、学習内容を的確にまとめさせたりするために、コンピュータや提示装置などを活用して資料などを効果的に提示する。

B2　児童生徒に互いの意見・考え方・作品などを共有させたり、比較検討させたりするために、コンピュータや提示装置などを活用して児童生徒の意見などを効果的に提示する。

B3　知識の定着や技能の習熟をねらいとして、学習用ソフトウェアなどを活用して、繰り返し学習する課題や児童生徒一人一人の理解・習熟の程度に応じた課題などに取り組ませる。

B4　グループで話し合って考えをまとめたり、協働してレポート・資料・作品などを制作したりするなどの学習の際に、コンピュータやソフトウェアなどを効果的に活用させる。

C　児童生徒のICT活用を指導する能力

C1　学習活動に必要な、コンピュータなどの基本的な操作技能（文字入力やファイル操作など）を児童生徒が身に付けることができるように指導する。

C2　児童生徒がコンピュータやインターネットなどを活用して、情報を収集したり、目的に応じた情報や信頼できる情報を選択したりできるように指導する。

C3　児童生徒がワープロソフト・表計算ソフト・プレゼンテーションソフトなどを活用して、調べたことや自分の考えを整理したり、文章・表・グラフ・図などに分かりやすくまとめたりすることができるように指導する。

C4　児童生徒が互いの考えを交換し共有して話し合いなどができるように、コンピュータやソフトウェアなどを活用することを指導する。

D　情報活用の基盤となる知識や態度について指導する能力

D1　児童生徒が情報社会への参画にあたって自らの行動に責任を持ち、相手のことを考え、自他の権利を尊重して、ルールやマナーを守って情報を集めたり発信したりできるように指導する。

D2　児童生徒がインターネットなどを利用する際に、反社会的な行為や違法な行為、ネット犯罪などの危険を適切に回避したり、健康面に留意して適切に利用したりできるように指導する。

D3　児童生徒が情報セキュリティの基本的な知識を身に付け、パスワードを適切に設定・管理するなど、コンピュータやインターネットを安全に利用できるように指導する。

D4　児童生徒がコンピュータやインターネットの便利さに気付き、学習に活用したり、その仕組みを理解したりしようとする意欲が育まれるように指導する。

□ 前年度調査からの増加分

項目A 平均88.5%（87.5%）

項目B 平均78.1%（75.3%）

項目C 平均79.6%（77.3%）

項目D 平均86.9%（86.0%）

89.3 88.2 92.2 84.0 87.7 77.0 74.9 72.8 85.0 86.2 75.3 71.8 88.4 89.5 84.1 85.7

A1 A2 A3 A4 B1 B2 B3 B4 C1 C2 C3 C4 D1 D2 D3 D4

※（ ）内の数値は前年度の値。
※文部科学省「教員のICT活用指導力チェックリストの改訂等に関する検討会」において、2018年に取りまとめられた4つの大項目（A〜D）と16の小項目（A1〜D4）からなるチェックリストに基づき、2021年度において授業を担当している教員が自己評価を行う形で調査を行った。
※16の小項目（A1〜D4）ごとに「できる」「ややできる」「あまりできない」「まったくできない」の4段階評価を行い、「できる」もしくは「ややできる」と回答した教員の割合を、大項目（A〜D）ごとに平均して算出した値。

出典：文部科学省「2022年度学校における教育の情報化の実態等に関する調査結果（概要）【確定値】」

●自治体ごとの取組

　一方で、このデータは国が統計法に基づく指定統計として実施しているものであり、調査項目数や調査の粒度には一定の限界があると言わざるを得ない。また、ICT自体が日々アップデートしたり、新たなソフトウェアが導入されていく中で、いったん研修を受けても継続的にリスキリングを

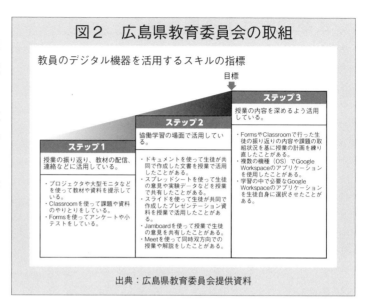

図２　広島県教育委員会の取組

教員のデジタル機器を活用するスキルの指標

目標

ステップ１
授業の振り返り、教材の配信、連絡などに活用している。

・プロジェクタや大型モニタなどを使って教材や資料を提示している。
・Classroomを使って課題や資料のやりとりをしている。
・Formsを使ってアンケートや小テストをしている。

ステップ２
協働学習の場面で活用している。

・ドキュメントを使って生徒が共同で作成した文書を授業で活用したことがある。
・スプレッドシートを使って生徒の意見や実験データなどを授業で共有したことがある。
・スライドを使って生徒が共同で作成したプレゼンテーション資料を授業で活用したことがある。
・Jamboardを使って授業で生徒の意見を共有したことがある。
・Meetを使って同時双方向での授業や解説をしたことがある。

ステップ３
授業の内容を深めるよう活用している。

・FormsやClassroomで行った生徒の振り返りの内容や課題の取組状況を基に授業の計画を練り直したことがある。
・複数の機種（OS）でGoogle Workspaceのアプリケーションを使用したことがある。
・学習の中で必要なGoogle Workspaceのアプリケーションを生徒自身に選択させたことがある。

出典：広島県教育委員会提供資料

していく必要もあろう。さらに、GIGAスクール構想が始まって以来、各自治体・各学校におけるICT環境は全体としてレベルアップしている一方で、多様性を増しているのも事実である。たとえばOSの違い、端末機種の違い、有償ソフトウェアの有無などで大きな違いがある。

　こうした中、各自治体におかれては、国の調査も一定の参考にしつつ、自治体独自に一定の指標なり考え方を設定して、教師のICT活用指導力を計画的に高めていく必要がある。たとえば広島県教育委員会では、教師のスキル指標と生徒のスキル指標をそれぞれ段階で示し、採用OSやソフトウェアの実態を踏まえた内容を盛り込んでいる（図２）。

　現行の学習指導要領において、情報活用能力が言語能力と同様に「学習の基盤となる資質・能力」と位置付けられており、教師のICT活用指導力の重要性はますます大きくなっている。社会の在り方が急速に変化する「Society5.0」において必要な資質・能力を子供たちに育むためにも、研修等を通じた教師のICT活用指導力のさらなる向上を期待したい。折しも、教育公務員特例法及び教育職員免許法の一部を改正する法律（2022年法律第40号）により、教育委員会による教師の研修履歴の記録の作成と当該履歴を活用した資質向上に関する指導助言等の仕組みが、2023年４月１日から施行された。こうした受講奨励の仕組みも活用しつつ、地域や学校の実態に応じたICT活用指導力の向上を図っていくことが求められる。

（武藤　久慶）

②学習者データを活用した授業改善

GIGAスクールで実現する授業のパラダイムシフト ～ブランソンの情報技術パラダイム～

●過去・現在・未来の学校教育のモデル

GIGAスクール端末の活用に際しては、単なる方法や形態の工夫として構想・実践するのではなく、いわゆるパラダイムシフトが求められる。ここで参考になるのが、1990年にブランソンが提起した右図のようなモデルである。

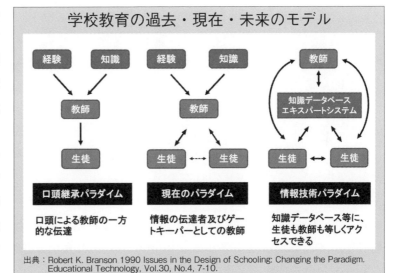

学校教育の過去・現在・未来のモデル

口頭継承パラダイム
口頭による教師の一方的な伝達

現在のパラダイム
情報の伝達者及びゲートキーパーとしての教師

情報技術パラダイム
知識データベース等に、生徒も教師も等しくアクセスできる

出典：Robert K. Branson 1990 Issues in the Design of Schooling: Changing the Paradigm. Educational Technology, Vol.30, No.4, 7-10.

ブランソンによると、教師が正解を一方的に教え込む「口頭継承パラダイム」という過去のモデルから、1990年時点では教師と生徒、生徒と生徒の間で双方向のやり取りがなされる「現在のパラダイム」への移行が完成しているという。

しかし、現在のパラダイムでもなお、生徒は教師を介してのみ、学習の対象である経験や知識に出会うよう制約されている。確かに、日本の教師は子供の問いを大切にしてきた。しかし、それとても「皆さんの意見を聞いていると、こんな問いが成り立ちそうですね。今日はこのことを考えてみましょう」といった具合に、常に一度教師を通過し、教師による発問として問いかけられるものだった。

●GIGAスクールの真価

これに対し、未来のモデルとされる「情報技術パラダイム」では、一人ひとりの生徒が教師を介さず、それぞれの都合とタイミングで知識データベースやエキスパートシステムにアクセスし、今現在必要とする経験や知識と出会い、自立的に学んでいく。このような状況が、個別最適な学びの実現には不可欠であろう。

そこでの学びは個別的ではあっても孤立的ではなく、子供たちの間で自発的に生

じる豊かな対話や協働を伴いながら展開される。心配しなくとも、子供は仲間と一緒に学ぶのが大好きであり、面白いことを発見すれば仲間に話そうとする。仲間も楽しみながら聞き、いい発見ができてよかったと自分ごとのように喜んでくれる。また、困っている仲間がいれば放っておけない。その際、上から目線で「教えてあげる」などということはあまりなく、自身の存在や行為が仲間の学びを少しでも支えることができる可能性を、何よりの幸いと感じるものである。

　現在のパラダイムでは伝達者、ゲートキーパーの役割を担い、情報のコントローラーを全面的に掌握していた教師も、その役割を学びのデザイナー、コーディネーター、ファシリテーターへと大きく変貌させていく。そうなると、もはや厳格な規律訓練も過剰な権威も不要となるだろう。「生徒になめられないことが肝心」といった強権的な構えは、学校からすっかり放逐されるに違いない。

　ただ、このようなパラダイムシフトを実現するには、一人ひとりの子供が自由に活用できる情報端末と、高速大容量のネットワーク環境が不可欠である。ブランソンがモデルを提起した1990年時点では夢のような話であり、だからこそ未来のモデルなのだが、これが現在の日本の学校では、ほぼ完璧に実現されている。

　これこそがGIGAスクールの真価であり、個別最適な学びに際し、中央教育審議会答申（「令和の日本型学校教育」の構築を目指して～全ての子供たちの可能性を引き出す、個別最適な学びと、協働的な学びの実現、2021年1月）が「子供がICTも活用しながら自ら学習を調整しながら学んでいく」（答申 p.17）ことを強調する真意である。端末が多くの授業で主体的・個性的に使われている学校と、週に何回かのみ、しかも一斉画一的にしか使われない学校の違いは、このようなパラダイムシフトの実現状況に全面的に依存している。

●協働的な学びの質の転換

　情報技術パラダイムへの移行は、協働的な学びにおいても重要である。現在のパラダイムで協働的な学びを展開したなら、教師が後ろ手に隠している正解をみんなで力を合わせて言い当てにいく授業になるだろう。さらには、他人を制して我先に正解を言い当てにいく授業もあるが、それではもはや協働ではなく競争である。仲間の発言に対し「言われちゃったあ」と子供が残念がったり悔しがったりする授業は、およそ協働的な学びとは言えない。

　中央教育審議会答申にもあるように、協働的な学びでは「異なる考え方が組み合わさり、よりよい学びを生み出していくようにすることが大切」（答申 p.18)である。正解ではなく納得解や最適解を求め続けていく学びが、子供たちによって豊かに展開していくことが期待されているのである。

（奈須　正裕）

１人１台端末を活用する児童生徒の「認知活動」をつかむ尺度「デジタル・タキソノミー」

「主体的・対話的で深い学び」の中に、１人１台の学習者用コンピュータや教育クラウドなどのGIGAスクールの環境が有効に機能することにより、従来とは異なる多様な活動が可能となった。そこで生まれる「新たな学びの姿」から浮かび上がる「認知活動」を教師が把握し、授業改善や学習評価を工夫することで、より豊かな学びが広がっていくことが期待される。その際に、学校や学年全体として価値を創出しながらGIGAスクール構想を推進するためには、視点の共有が不可欠となる。その一つの方略として「Digital Taxonomy（以下、デジタル・タキソノミーという）」と呼ばれる尺度を提案したい。

「ブルームのタキソノミー」という言葉をご存じの方もいるだろう。1948年のアメリカの心理学会での「大学のテストにおける理論的枠組みの必要性」という問題提起に端を発したプロジェクトを通してまとめられた「ブルームのタキソノミー」（石井2011）は、およそ半世紀を経て、授業・単元の構想や評価の検討を支援する「改訂版タキソノミー」として再構築された（Anderson, Krathwohl 2001）。このとき、二次元マトリクスの「タキソノミー・テーブル」が示され、世界中の教育者や教育機関に活用された。「改訂版タキソノミー」の特徴は「学習活動の動詞（以下、学習動詞という）」を手がかりに「認知活動」の段階を捉える点である。6段階の「認知過程次元（1記憶する、2理解する、3応用する、4分析する、5評価する、6創造する）」に関連する「学習動詞」が整理されたことで、「見取り」を含む「形成的評価」にも寄与する枠組みとなった。2000年代中盤になると、動画配信サービスの「YouTube」やオンライン学習を提供する「Khan Academy」が誕生。基本事項を動画で学び教室では対話を通して能動的に学ぶ「反転授業」などの新たな授業方法が提唱され始める。これ以降インターネットなどのデジタルを活用した「学習動詞」の検討が進み、「デジタル・タキソノミー」として広がった（Andrew 2008）。

次頁の図は「デジタル・タキソノミー」の主な学習動詞とICT活用の考え方を筆者なりに整理したものである。ぜひ、GIGAスクール環境での「新たな学びの姿」を「学習動詞」に照らして検討してみてほしい。

●例１「カメラ機能で撮影する」

この活動は「1記憶する」という認知活動に関連しやすいが、「プレゼンテーション」に向けた撮影となると「明確に述べる」ことを意図した撮影となり「3応用する」段階の認知活動が発生する。「撮影した写真を評価し合う」という学びを展開するならば、基準を用いて比較することで「4分析する」の段階となる。その際に

デジタル・タキソノミーの主な学習動詞とICT活用の考え方

「デジタル・タキソノミーの主な学習動詞とICT活用の考え方」（筆者作）

学習目標	①記憶する	②理解する	③応用する	④分析する	⑤評価する	⑥創造する
学習活動 10の動詞 （例示）	記述する お気に入りに追加する インターネットで検索する マーキングする リスト化する 名前や番号を付ける 脈絡をつけて覚える 暗唱する 録音・録画・撮影する 視覚化する （画像などに書き込む）	複数の語句で検索し、絞り込む 集約する 分類・比較する 議論する 説明する 言葉や態度等で表す 例示する （言い換える） 通訳する 日誌にまとめる 要約する （ツイートする）	考えた方略を実行する 方法や道具を選択する 実験する デモンストレーション 遂行・完了する 言葉や態度等で表す 編集する 明確に述べる プレゼンテーション 共有する	測定・調査する 基準を見出す 分類・比較する 結論づける 相関を示す 推論する 識別する 例証する 構造化する マインドマッピング	試験・採点・審査する 批評する コメントする 結論づける 格付ける （ランキング） 文脈を整える （コンテクスト） 推薦する 省察する 取捨選択する （捨てるを含む） 再構成・改定する	コラボレーション （異なるものを組み合わせる） デザインする（設計） マネジメントする（管理） を考案する 開発する 策定する ブログを書く、執筆・論述する 動画で表現する （Youtube等） プログラミングする 問題や課題を解決する
学習活動 の段階 ICTの活用 基本的な 考え方	主に、単語や記号など「単体の知識」や「用語」を記憶する段階。回答を選択するソフトで「正解」を判定した、効率良く知識を提供するなど、記憶を補助するためのICTの活用を計画します。	「複数の知識」で形成される「概念」を説明するなど、理解状況のアウトプットを促す段階。情報を集約・比較・分類したり、学習内容を要約したり、説明するなどに適した、自由度の高いICTの活用を計画します。	構想した手順や方略を実行する段階。学習した概念や結果を図示したり、編集したり、共有するなど、学習内容を精査して他者に伝える能力を補強するためのICTの活用を計画します。	様々な結果から出された情報について、関係・無関係性を特定したり、基準を検討し、より高度な分類・比較などを行う段階。情報を構造化する能力を補強するためのICTの活用を計画します。	基準を用いて、情報・素材・方法などを判断する段階。自己・他者評価の精度を高め、不要なものを削除するなどの選択能力を補強したり、考えを再構成するなどに適したICTの活用を計画します。	これまでの学習により高められた能力を活用し、創作・発信する段階。根拠に基づいた論考を執筆する、動画で表現する、プログラミングでアプリを開発する、など創造的な学習に適したICTの活用を計画します。

出典：筆者作成

相互評価などによる審査の機会が設定されていると「5評価する」に到達する。

●例2「ドリル教材の活用」

　児童生徒が出題された問題を解くだけなら「1記憶する」や「2理解する」ことの支援が中心となる。ここで視点を変えて「児童生徒がドリル教材を創作する」ことができればどうなるだろうか。おそらく対象となる教科の学習内容について教科書を読み返しながら要点を整理したり例証したりするなどの「4分析する」姿が増加するだろうし、自作したドリル問題の内容、難易度、解答の選択肢の妥当性などを吟味する必要が生じ、「5評価する」という高次の「認知活動」を誘発するだろう。

　このように、GIGAスクール環境を活用した普段の授業で見られる「新たな学びの姿」について、「デジタル・タキソノミー」の尺度を適用した実践では、少しだけ学びの方向を変更するだけで「3応用する・4分析する・5評価する」という高次の「認知活動」に到達しやすくなる。とはいえ、限られた時数の中でのやりくりが難しいと考える方もいるだろうが、ICTによる学習の支援や拡張をうまく取り入れることができれば、アナログよりも多様な試行錯誤の機会が増加し、短い時間の中でも高次の「認知活動」を展開しやすくなる。当然、児童生徒のICTスキル

に左右される面があるが、例1のような誰もが活用しやすい「カメラ機能」でも、視点を広げれば高次の「認知活動」が展開できる。タイピングスキルや、スライド作成ソフトの操作スキルなどが育まれていれば、高次の「認知活動」を伴う学びが拡張することは言うまでもない。

　もう一つ危惧されることの例として、高次の「認知活動」の増加により、知識・技能の定着の時間が少なくなり、活動あって学びなし、に陥らないか？という点がある。ここでは「短期記憶・長期記憶」の視点を意識してみてほしい。「デジタル・タキソノミー」の認知過程の「1記憶する」は、「長期記憶から想起できる状態」を指している。単に記号的な記憶にとどまるような「短期記憶」から、場面に応じて想起し活用するための「長期記憶」に変化させるためには、主体的・対話的で深い学びの中に高次の「認知活動」を取り入れ、「長期記憶（意味記憶・エピソード記憶・手続き記憶）」の強化を促す機会を提供することが重要となる。その結果「1記憶する」がより深まり、「長期記憶から想起できる状態＝生きて働く知識・技能の定着」につながることが考えられる。

　研修でこうした話を伝えると、従来の授業が「単体の知識の書き写しや暗唱、定理や公式の暗記的な学習など『短期記憶』的な学びに時間を割いていたかもしれない」という声が聞かれ、高次の「認知活動」へ向かう授業改善の必要性が語られることが多い。

　「デジタル・タキソノミー」の尺度を学校や学年で共有することで、児童生徒の「認知活動」と授業との関連に加え、GIGA環境の効果が見えやすくなる。そのことが、教師間の意見交流の基盤となり、授業研究の協働性を高めることにもつながるだろう。多くの学校で高次の「認知活動」を意図した授業改善や学習評価の工夫が促進されることを期待している。

（田中　康平）

■参考・引用文献▶

・石井英真『現代アメリカにおける学力形成論の展開－スタンダードに基づくカリキュラムの設計』東信堂（2011年）
・Lorin W.Anderson and David R.Krathwohl『A TAXONOMY FOR LEARNING, TEACHING, AND ASSESSING A REVISION OF BLOOM'S TAXONOMY OF EDUCATIONAL OBJECTIVES, Abridged Edition』New York：Longman, 2001
・Andrew Churches「Bloom's Digital Taxonomy」2008

③ GIGA スクール構想と働き方改革

●GIGAスクール構想は子供にも教師にも

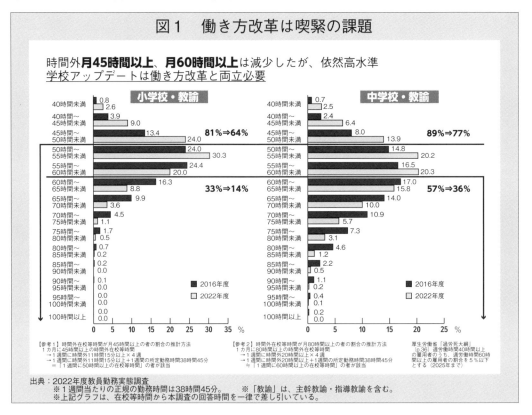

図1　働き方改革は喫緊の課題

　GIGA スクール構想で学校が余計に忙しくなったとの声が時々メディアをにぎわせている。コロナ渦でのドタバタの多忙感や整備面での不十分さへの不満が渾然一体となった感想であろうとも思いつつ、もし GIGA と働き方改革の関係自体が伝わっていないとすれば、文部科学省のこれまでの説明が結果として不十分であったことを反省せざるを得ない。

　言うまでもなく学校における働き方改革は喫緊の課題である。2022 年度教員勤務実態調査の結果によれば、時間外勤務月 45 時間以上、月 60 時間以上の割合は減少したが、依然高水準であり、学校アップデートは働き方改革と両立する必要がある（図1）。この点について「「令和の日本型学校教育」の構築を目指して」（2021年1月中央教育審議会答申）では、新学習指導要領の実施と GIGA スクール構想と働き方改革を三位一体的に進める方向性（図2）が示されている。

　ここで強調しておきたいのは、GIGA スクール構想＝子供1人1台端末ではな

図2　「令和の日本型学校教育」の構築を目指して

1．急激に変化する時代の中で育むべき資質・能力

社会背景

【急激に変化する時代】
◆社会の在り方が劇的に変わる**【Society5.0時代】**
◆新型コロナウイルス感染症の感染拡大など先行き不透明な**【予測困難な時代】**
◆社会全体の**デジタル化・オンライン化、DX加速の必要性**

子供たちに育むべき資質・能力

一人一人の児童生徒が、自分のよさや可能性を認識するとともに、あらゆる他者を価値のある存在として尊重し、多様な人々と協働しながら様々な社会的変化を乗り越え、豊かな人生を切り拓き、持続可能な社会の創り手となることができるようにすることが必要

【ポイント】
✓これらの資質・能力を育むためには、**新学習指導要領の着実な実施**が重要
✓これからの学校教育を支える基盤的なツールとして、**ICTの活用**が必要不可欠

2．日本型学校教育の成り立ちと成果、直面する課題と新たな動きについて

「日本型学校教育」とは？

子供たちの知・徳・体を一体で育む学校教育
◆学習機会と学力の保障
◆全人的な発達・成長の保障
◆身体的・精神的な健康の保障

【新しい動き】

新学習指導要領の着実な実施

学校における働き方改革　**GIGAスクール構想**

【成果】
| 国際的にトップクラスの学力 |
| 学力の地域差の縮小 |
| 規範意識・道徳心の高さ |

【今日の学校教育が直面している課題】
子供たちの多様化	情報化への対応の遅れ
生徒の学習意欲の低下	少子化・人口減少の影響
教師の長時間労働	感染症への対応

「正解主義」や「同調圧力」への偏りからの脱却　→　一人一人の子供を主語にする学校教育の実現

＼**「日本型学校教育」の良さを受け継ぎ、さらに発展させる**／
新しい時代の学校教育の実現

出典：中央教育審議会答申（2021年1月）

く、子供にも教師にも1人1台端末＋高速ネットワーク＋クラウド環境（さまざまなクラウドツールやデジタル教材の使い倒し）ということである。結論を先に述べればこれは学校教育の質向上と働き方改革を両立する、令和の改革の鍵である。本稿ではその点について私見を述べる。

●グループウェアの活用

　第一に、文部科学省では、GIGAスクールの標準スペックに搭載されているグループウェアの徹底的な利活用を推奨している。このことにより、小テストやアンケート、簡易な投票などを簡単に実施できる。ある先生は、毎回25～30問の単語テストを、1クラス30名×4クラス、回収・採点・入力・返却という作業を年間延べ約6万問やっていたのを、GIGA

図3　英単語テストを効率化

BEFORE

15回の単語テスト×25～30問
　　×30名×4クラス　＝　**年間60,000問**

回収・採点　→　成績シート入力　→　返却

AFTER

グループウェアで**自動配布・回収・採点**
機械が正確にできることは機械にお任せ
生徒とともにいる先生だからできることに注力

出典：江澤隆輔「端末の特性を生かし、効果と効率の両立を目指す」『ICT×学級経営　GIGAスクールに対応した教室アップデート』明治図書（2021）p.69より作成

端末で問題を配信することで全て自動化し、子供と向き合う教師だからこそやるべきことに注力できるようになると報告している（図3）。しかし、よく考えれば、同じ教科書を採択しているのであれば、教育委員会が音頭を取って、小テストの共有・共同利用を行うのも一案であるし、各種のアンケートなども同様であろう。これは一例であるが、グループウェアやクラウド環境の活用による校務の効率化は進めている学校と取り組んでいない学校に二極化している印象がある。図4を見てほしい。

たとえば、アンケートのデジタル化や職員会議のペーパーレス化、連絡事項の共有などは数字上大分進んできた印象があるが、どこまで徹底できているかというと部分的な取組にとどまっている学校が多い。また、職員会議のハイブリッド実施はまだ実施率が非常に低い。ロケーションフリーで参加できることは子育てや介護などの事情や出張時、前後の教育活動などの兼ね合いでも意味が大きい。録画しておけば倍速で観たりして非同期でキャッチアップすることもできる。職員会議や分掌の会議なども含めて提案文書をあらかじめクラウドにアップして非同期で共同編集・コメントしておけ

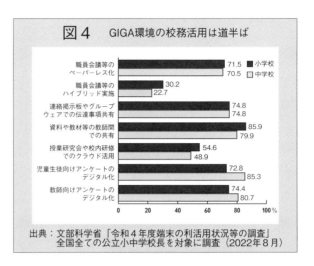

図4　GIGA環境の校務活用は道半ば

職員会議等のペーパーレス化　小学校 71.5／中学校 70.5
職員会議等のハイブリッド実施　小学校 30.2／中学校 22.7
連絡掲示板やグループウェアでの伝達事項共有　小学校 74.8／中学校 74.8
資料や教材等の教師間での共有　小学校 85.9／中学校 79.9
授業研究会や校内研修でのクラウド活用　小学校 54.6／中学校 48.9
児童生徒向けアンケートのデジタル化　小学校 72.8／中学校 85.3
教師向けアンケートのデジタル化　小学校 74.4／中学校 80.7

出典：文部科学省「令和4年度端末の利活用状況等の調査」全国全ての公立小中学校長を対象に調査（2022年8月）

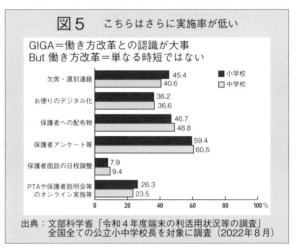

図5　こちらはさらに実施率が低い

GIGA＝働き方改革との認識が大事
But 働き方改革＝単なる時短ではない

欠席・遅刻連絡　小学校 45.4／中学校 40.6
お便りのデジタル化　小学校 36.2／中学校 36.6
保護者への配布物　小学校 46.7／中学校 48.8
保護者アンケート等　小学校 59.4／中学校 60.5
保護者面談の日程調整　小学校 7.9／中学校 9.4
PTAや保護者説明会等のオンライン実施等　小学校 26.3／中学校 23.5

出典：文部科学省「令和4年度端末の利活用状況等の調査」全国全ての公立小中学校長を対象に調査（2022年8月）

図6

GIGA＝働き方改革との認識を高めるべき

明日からできるグループウェア活用法

Part 3

改訂版
「全国の学校における働き方改革事例集」

学校現場ですぐに活用可能な小テストや欠席・遅刻連絡フォームなどのひな形をクラウド上で提供。グループウェア活用についてよくある疑問への回答をコラムとして掲載。

出典：文部科学省作成資料

ば対面での会議を省略したり、大幅に効率化したりもできる。あるいはこうしたことを長期休業中に「一通り」一気にやってしまい、忙しい学期中は必要な修正で乗

り切る方法もあるだろう。

また、クラウドを使った校内研修は、まだまだ取り組まれていない。先生方がクラウド環境を使って、効率的かつ民主的に意見やアイデアを出し合って対話したり、意思決定することを経験すれば、こんなによいものであれば教育活動に使ってみよう、ということになる。

図5にいくと実施率がさらに低くなる。欠席・遅刻の連絡やお便り等のデジタル化、保護者面談の日程調整などはまだまだデジタル化の余地が大きい。PTAや保護者説明会も対面とオンラインのハイブリッドで行えば、職場で年休を取って参加することもできるので、保護者の満足度は大いにあがるはずである。この「保護者の満足度があがる」ということが有形無形に教育効果を大きくあげ、トラブルを未然防止することになる。そういったことも含めて、このGIGA環境を保護者とのコミュニケーションの改善にぜひ役立てていただきたい。これらの諸項目については有償のアプリなども出ており、余裕がある自治体は導入したらよいと思うが、グループウェア＋クラウド環境だけでも相当な改善が可能である。まだ取組が未実施の学校が多い場合は、学校の意見を聞きながら教育委員会が標準的なひな形を用意してしまうのも一案である。文部科学省では働き方改革事例集の中でもグループウェアの活用方法をわかりやすく解説しているので、ぜひご覧いただきたい（図6）。

●生成AIの活用

文部科学省が2023年7月に公表した「初等中等教育段階における生成AIの利用に関する暫定的なガイドライン」はChatGPTをはじめとする文章生成AIについて、業務の効率化や質の向上など、働き方改革の一環として活用することが考えられるとしている。もちろん個人情報や機密情報の保護に細心の注意を払うことは必要であるため、教員研修など準備が整った学校での実証研究を推進し、多くの学校での活用に向けた実践例を創出する方向性が打ち出されている。教師自身が校務を通じて新たな技術に慣れ親しみ、利便性や懸念点、賢い付き合い方を知っておくことで、近い将来に生成AIを適切に活用して創造的な教育活動に生かす素地を作ることにつなげることも期待されるところであり、ぜひとも積極的なチャレンジをお願いしたい（図7）。

●学習指導×デジタル＝働き方改革という視点

以上ではどちらかといえば「時短」につながる事柄を述べてきたが、デジタル教材と働き方改革の関係についても述べておきたい。

たとえばAIで英語の音読を自動採点して、即時フィードバックをするソフトウェアが無償で提供されている。英語ではパフォーマンステストの実施が求められてい

図7　生成AIの校務での活用（準備が整った学校での実証研究を推進）

◆民間企業等と同様、個人情報や機密情報の保護に細心の注意を払いながら、業務の効率化や質の向上など、**働き方改革の一環として活用**することが考えられることから、教員研修など準備が整った学校での実証研究を推進し、多くの学校での活用に向けた実践例を創出。
◆教師自身が新たな技術に慣れ親しみ、利便性や懸念点、賢い付き合い方を知っておくことが、近い将来**教育活動で適切に対応する素地を作る**ことにも繋がる。

✓生成AIはあくまで「たたき台」としての利用であり、最後は教職員自らがチェックし、推敲・完成させることが必要であることは言うまでもない。

校務での活用例

児童生徒の指導にかかわる業務の支援
◆教材のたたき台
◆練習問題やテスト問題のたたき台
◆生成AIを模擬授業相手とした授業準備

学校行事・部活動への支援
◆校外学習等の行程作成のたたき台
◆運動会の競技種目案のたたき台
◆部活動等の大会・遠征にかかる経費の概算
◆定型的な文書のたたき台

学校の運営にかかわる業務の支援
◆報告書のたたき台
◆授業時数の調整案のたたき台
◆教員研修資料のたたき台
◆HP等広報用資料の構成・たたき台
◆挨拶文や式辞等の原稿のたたき台

外部対応への支援
◆保護者向けのお知らせ文書のたたき台
◆外国籍の保護者へのお知らせ文書の翻訳のたたき台

出典：文部科学省「初等中等教育段階における生成AIの利用に関する暫定的なガイドライン」（2023年7月）

るが、毎回授業内に行っていたら時数がいくらあっても足りない。そこで、家庭でAIを使って主体的に学んでもらい、「納得がいくまで改善したところで提出してね」という方法もある。限られた50分授業の使い方を工夫し、採点時間を減らし、さらに成果も出すという意味で立派な働き方改革である（図8）。

図8

音読の自動採点・即時フィードバック
家庭でも【主体的な学び】【学習の自己調整】　**中学　英語**

教師側　　　　　　　児童生徒側

出題

リーディングコー…　発音に問題がある単語を再練習

音読後に提出

発音に問題がある単語が一目でわかる　　よい発音になるまで練習を繰り返せる

出典：日本マイクロソフト株式会社提供資料

英語に限らずとも、デジタルドリルやAIドリルは採点負担の軽減と即時フィードバックを可能とする重要ツールである。文部科学省でもMEXCBT（メクビット）というCBTシステムを提供しており、国や地方自治体、検定団体などが作成した問題約4万問が活用可能である。夏休みにGIGA端末を持ち帰らせてデジタル教材をうまく使って負担軽減と即時フィードバックを図っている自治体がある一方で、相変わらず紙ベースで大量の宿題を出し、わざわざ多忙を極める休み明けに提出させて、子供が忘れた頃にコメン

トを付けて返すという旧態依然とした慣行を続けている学校もある。

●GIGA×自前主義からの脱却

GIGAスクール構想のもとで進めたいのは、「自前主義からの脱却」である。現在、NHK for School には素晴らしい番組や動画クリップが約1万本ある（図9）。これらの多くは、教科調査官や視学官が監修や協力をしていて、学習指導要領との関係もしっかりと押さえてある。経済産業省では、STEAM ライブラリーという有用なサイトを提供しているし、文部科学省でも 2024 年度から科学技術振興機構の Web サイトに STEAM・探究のポータルサイトを立ち上げ、さまざまな研究開発法人が提供する学習動画やプログラムなどを幅広く提供していく予定である。これらを一斉授業で使う方法もあるが、むしろ複数の選択肢から子供に選ばせて学習の個性化に生かしたり、授業で学んだことを家庭学習でさらに深め

図9

出典：NHK for School

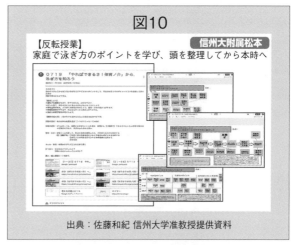

図10

出典：佐藤和紀 信州大学准教授提供資料

る発展的な学習のために使ったり、逆に特定の動画を指定して反転授業的に使う方法もある（図10）。いずれにせよ、せっかくのデジタルの時代なのに紙ベースの自前主義に拘泥するのはやめ、使えるものは使い倒すべきである。そのような観点から、どのようなデジタル動画教材があるのかを知り、引き出しを増やす研修はもっと重視されてよいと思う。

教育関係者の最大のミッションは、教師が頑張ること自体ではなく、子供たちにとって個別最適な学びや協働的な学びを一体的に充実させることによって、より一層主体的で対話的な深い学びを実現し、大事な資質や能力、態度、習慣を身に付けてもらうことである。そのために使えるものは徹底的に使う。その姿勢が働き方改革にもつながる。

●おわりに

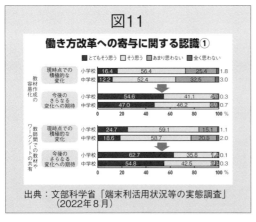

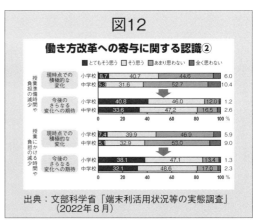

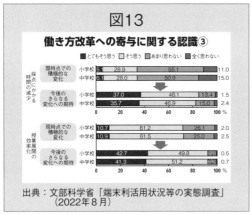

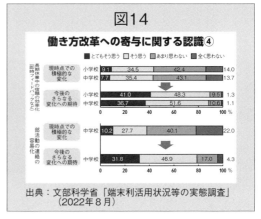

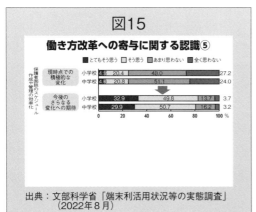

　以上、課題の指摘と提案を中心に述べてきたが、図11〜15の通り、学校現場もGIGAの働き方改革に与える影響をポジティブに認識しつつあり、近い将来のさらなる改善の期待感も大きい。何となくよいと思っているけれど今一歩を踏み出せない学校の背中を押すことは教育委員会の重要な役割である。その際、校務改善を最優先することをおすすめしている。校務で改善が図られれば新たなことに取り組む余裕も出る。また会議や研修、意思決定でクラウドのよさを実感すれば授業でも使おうとなる。GIGA×働き方改革の優先度は極めて高い。各教育委員会ではよい事例を強力に横展開していくことが求められている。

（武藤 久慶）

①財政面

地方交付税の概要

　ここで、経費負担の仕組みについて少しご説明したい。義務教育については、市町村に対して小中学校の設置義務が、都道府県に対して特別支援学校の設置義務が課されており、地方財政法や学校教育法に基づいて、その経費については設置者が負担することが原則となっている。このため、一部例外的に国が負担するものや、国がその施策を進めるため特別の必要があるなどとして補助するものを除き、基本的には設置者が一般財源の中から歳出予算として予算化する必要がある。

　一般財源というのは、使途が特定されず、どのような経費にも使用することができる財源、たとえば地方税、地方譲与税、地方交付税などを指す。対してその使途が特定されている財源（例：国庫支出金、地方債、分担金、負担金、使用料、手数料など）は特定財源と呼ばれる。

　さて、地方交付税とは何なのか、簡単に触れる。

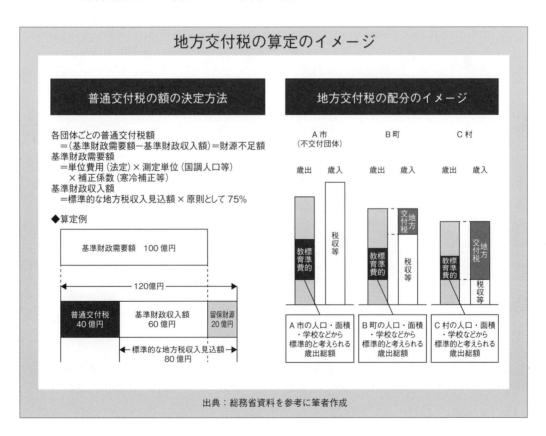

出典：総務省資料を参考に筆者作成

　地方交付税は、所得税、法人税、酒税、消費税の一定割合及び地方法人税の全額を合理的な基準で地方に再配分するもので「国が地方に代わって徴収する地方税」と表現されたりもする。

　日本には1,700を超える地方公共団体があるわけだが、都会であったり、山間へき地であったりして、人口や税源の偏在には相当なものがあるため、税収や必要とする行政経費等には当然ながら差がある。

　このため、本来は地方の税収入とすべきところを、まずは国がいったん国税として徴収し、地方交付税として配分をする。これにより団体間の財源の過不足を調整しつつ、どこでも一定の水準の行政サービスが提供できるように財源を保障する、このような機能を地方交付税は有しており、自主性を損なわないかたちで地方行政が進められる上で非常に重要な仕組みとなっている。

　地方交付税は、普通交付税（交付税全体の94％）と災害等特別の財政需要に応じて交付する特別交付税（同６％）の２つに分かれる。地方交付税の算定自体は大変複雑なものであるが、ざっくりと言えば、普通交付税は、基準財政需要額（標準的な人件費・行政経費）が基準財政収入額（原則は標準的地方税収入の75％。25％は独自の施策を行う部分として算入しない）を超える地方公共団体に対して、その差額を財源不足額として交付されるものである。

　皆さんも耳にしたことがあるかもしれないが、「地方財政措置されています」とか「地方交付税措置されています」という言葉の意味は、この地方交付税の算定基礎である基準財政需要額に算入されていることを指す場合が多い。

　なお、これまたざっくりと言えば、基準財政需要額とは、合理的・客観的な指標をもとに計算された当該団体の標準的な行政経費として想定される金額であり、たとえば学校１校当たりいくら、児童一人当たりいくらという単位費用と呼ばれるものに、その団体の学校数や児童数などの測定単位と呼ばれるものを乗じたものである（単位費用や測定単位は各行政分野ごとにたくさんある）。

　ここでポイントになるのは、地方交付税は一般財源であり、使い道に色が付いているお金ではないということである。その分、それぞれの教育委員会の事務局担当者は、教育環境整備のために何が必要なのか、何が標準的なものであって、うちの町の学校には何をどの程度整備する必要があるのか関係者と議論し、しっかりと財政担当に要求して十分な説明を行い、予算化につなげていくということが重要になってくるのである。担当者が何も主張しなければ教育環境が低下する恐れもあるわけで大変責任重大である。このため、たとえば学校のICT環境の整備などで、どのような目標があり、それが標準的な水準としてどのように地方財政措置が行われているのかを理解しておく必要があるが、その内容については次項で触れる。

（関口 三郎）

　現行の学習指導要領においては、情報活用能力が、言語能力、問題発見・解決能力等と同様に「学習の基盤となる資質・能力」と位置付けられ、「各学校において、コンピュータや情報通信ネットワークなどの情報手段を活用するために必要な環境を整え、これらを適切に活用した学習活動の充実を図る」ことが明記されるとともに、小学校においては、プログラミング教育が必修化されるなど、学習活動において、積極的に ICT を活用することが重要となっている。

　このため、文部科学省では 2017 年度に「平成 30 年度以降の学校における ICT 環境の整備方針」を取りまとめるとともに、当該整備方針を踏まえた「教育の ICT 化に向けた環境整備 5 か年計画（2018 ～ 2022 年度）」が策定され、単年度 1,805 億円の地方財政措置が講じられている。

　この ICT 環境整備計画は、2022 年 12 月に開催された、文部科学省の「学校における ICT 環境整備の在り方に関する有識者会議」において、2024 年度まで計画期間が延長する方針が示され、翌 2023 年 1 月に各地方自治体に通知された。この有識者会議は、中央教育審議会初等中等教育分科会に新たに設置された「デジタル学習基盤特別委員会」の下にある「次期 ICT 環境整備方針の在り方ワーキンググループ」として発展的に解消し、この WG のもとで鋭意検討が進められている。GIGA スクール構想を念頭に、デジタルを新たな「学習基盤」と位置付けたこの特別委員会が中央教育審議会に設置された意義は極めて大きく、本特別委員会を活性化させ、活発な議論が行われることが期待される。

　この計画において目標としている水準は以下の通りである。
○学習者用コンピュータ……3 クラスに 1 クラス分程度整備
○指導者用コンピュータ……授業を担当する教師 1 人 1 台
○大型提示装置・実物投影機……100% 整備
　　各普通教室 1 台、特別教室用として 6 台
　　（実物投影機は、整備実態を踏まえ、小学校及び特別支援学校に整備）
○インターネット及び無線 LAN……100% 整備
○統合型公務支援システム……100% 整備
○ ICT 支援員……4 校に 1 人配置
○上記のほか、学習用ツール（ワープロソフトや表計算ソフト）、予備用学習者用コンピュータ、充電保管庫、学習用サーバ、校務用サーバ、校務用コンピュータやセキュリティに関するソフトウェアについても整備
「教育の ICT 化に向けた環境整備 5 か年計画」は「GIGA スクール構想」立ち上

学校のICT環境整備に係る地方財政措置

学校のＩＣＴ環境整備に係る地方財政措置

教育のＩＣＴ化に向けた環境整備５か年計画（2018〜2022年度）

　新学習指導要領においては、情報活用能力が、言語能力、問題発見・解決能力等と同様に「学習の基盤となる資質・能力」と位置付けられ、「各学校において、コンピュータや情報通信ネットワークなどの情報手段を活用するために必要な環境を整え、これらを適切に活用した学習活動の充実を図る」ことが明記されるとともに、小学校においては、プログラミング教育が必修化されるなど、今後の学習活動において、積極的にＩＣＴを活用することが想定されています。

　このため、文部科学省では、新学習指導要領の実施を見据え「2018年度以降の学校におけるＩＣＴ環境の整備方針」を取りまとめるとともに、当該整備方針を踏まえ「教育のＩＣＴ化に向けた環境整備５か年計画（2018〜2022年度）」を策定しました。また、このために必要な経費については、2018〜2022年度まで単年度1,805億円の地方財政措置を講じることとされています。

目標としている水準

- ●学習者用コンピュータ　3クラスに1クラス分程度整備
- ●指導者用コンピュータ　授業を担任する教師1人1台
- ●大型提示装置・実物投影機　100%整備
  各普通教室1台、特別教室用として6台
  （実物投影機は、整備実態を踏まえ、小学校及び特別支援学校に整備）
- ●インターネット及び無線LAN　100%整備
- ●統合型校務支援システム　100%整備
- ●ＩＣＴ支援員　4校に1人配置
- ●上記のほか、学習用ツール(※)、予備用学習者用コンピュータ、充電保管庫、学習用サーバ、校務用サーバ、校務用コンピュータやセキュリティに関するソフトウェアについても整備
  （※）ワープロソフトや表計算ソフト、プレゼンテーションソフトなどをはじめとする各教科等の学習活動に共通で必要なソフトウェア

・1日1コマ分程度、児童生徒が1人1台環境で学習できる環境の実現

出典：文部科学省「教育のICT化に向けた環境整備計画（延長）」

げ前の2018年に策定された計画であり、GIGA スクール構想に基づく環境整備状況を反映していないものである。したがって、少なくとも、新たな ICT 環境整備計画においては、学習者用端末について、1人1台端末環境及び大容量高速ネットワークによる「クラウド活用」を前提とする必要がある。もはやクラウドは、学校教育に欠かせないインフラの一つであると言ってよい。そのような観点での見直しが求められる。

　申し上げるまでもなく、地方交付税は「地方固有の財源」であり、使途は地方自治体が考えるものである。したがって、この地方財政措置に強制力はないが、留意すべきは、GIGA スクール構想は、確かに国が主導する構想ではあるが、都道府県立・市区町村立など公立の小・中・高校が属している地方自治体及び国・私立小・中・高校から多大なる賛同、支持をいただいている、ということである。つまり、GIGA スクール構想は、強制などしなくても、国と地方自治体などがともに同じ方向を向いて進めている共同プロジェクトであると言って差し支えない。

　一方、実際に支出をする地方自治体の立場になって考えると、さまざまな課題に直面している。多くの自治体では人口（特に生産人口）が減り続け、まちは衰退の一途を辿っている。高齢化が進み、高齢者への福祉経費・医療経費が財政を大いに圧迫している。それ以外にも、激甚化する災害に備えるため、防災関係のインフラ

整備も重要であるし、特に若い人々にまちに来てもらえるような仕掛け作りも大切である。そのような中で、教育が大切、ICT 教育が大切、といっても庁内でなかなか響かない、目の前の課題に対処するので精いっぱいだ、という自治体も多いと思う。苦しい財政事情の中で、やるべきことに優先順位を付けざるを得ない自治体の状況はよく理解できる。

　しかし、目の前の課題を解決していくだけでは、なかなか将来の展望が開けないのではないか。本気でまちづくりを考えている首長なら、中長期視点を持って自治体内の生産人口を増やしていくことは、今後の当該自治体の礎として極めて重要である、ということに当然気付いているであろう。その際、教育に力を入れるという戦略は、子育て世帯を増やすことになり、生産人口が増えるだけでなく、近隣自治体との差別化にもつながっていく有効な戦略ではないか。ぜひ、全国の都道府県、市区町村の首長の皆様におかれては、少しでも教育への投資を進めていただきたいと思う。財政が苦しい今こそ、持続可能なまちづくりとして何が重要なのかについて、首長のリーダーシップを大いに発揮していただくときである。そして、国の教育関係者も、教育に力を入れている未来志向の自治体は素晴らしい、立派な自治体である、と内外で表明し、自治体内で教育予算を増やそうとしている首長、自治体職員にエールを送り続けるべきである。

　気を付けるべきは、教育は投資であるが、言うまでもなく、その効果が出るまでには時間がかかるものであるということだ。昨今、教育の投資効果をすぐに求め、効果が出なければ予算削減だ、と短絡的に結論付ける方もいらっしゃるかもしれないが、すぐに出るような成果は長続きしない。これは教育に限らず、科学技術・イノベーションなどほかの分野にも当てはまることである。近視眼的にならず、20年後、30 年後のまちの発展のために、今、教育への投資が必要なのである。つまり、将来のまちの発展は、今の世代の責任であるとも言える。

（山田 哲也）

　2019 年 12 月の経済対策で措置することが決まった GIGA スクール構想により、情報教育の世界においては、かつてないほどのスピード感で ICT 端末と大容量高速ネットワークがセットで整備された。国公私立を問わず、小・中・高校全ての学校段階において、全般的に環境整備が進んだ。児童生徒数が比較的小規模な国で 1 人 1 台端末となっている例はいくつか聞いたことがあるが、日本ほどの規模の児童生徒数で 1 人に 1 台の ICT 端末が措置されたのは世界でも例のないことであり、GIGA スクール構想には各国も注目している。本来であれば、児童生徒 1 人につき 1 台の ICT 端末、というべきところ、「1 人 1 台端末」（正確には「1 人 1 台端末環境」）という表現が固有名詞のようにさまざまなところで使われていることからも、相当にインパクトのあった政策であったことがうかがえる。

　今では当たり前となった 1 人 1 台端末だが、ほんの数年前まで、それは遠い遠い目標だった。そのような状況から始まった GIGA スクール構想だったため、立ち上げ当初の強い決意と高い熱量は相当なものがあった。2019 年 12 月に出された文部科学大臣メッセージには、「Society 5.0 時代に生きる子供たちにとって、PC 端末は鉛筆やノートと並ぶマストアイテム」「1 人 1 台端末環境は、もはや令和の時代における学校の「スタンダード」であり、特別なことではありません」など、パワーワードが目白押しである。文部科学省の「GIGA スクール構想の実現について」というホームページに掲載されているので、ぜひ、ご一読をおすすめする。

　もちろん、GIGA スクール構想は万能ではない。GIGA スクール構想により、子供たちのコミュニケーションが失われた、という意見もある。しかし、忘れてはならないのは、GIGA 端末はあくまで「道具」であり、その「道具」を使う子供たちを教育するのは学校の教師をはじめとする大人だ、ということである。「コミュニケーション」についても、今後は対面のみならず、インターネット上も含めたコミュニケーション、ということになっていくであろう。デジタルとリアルをうまく融合させていくことが、Society5.0 時代に求められている児童生徒像であるとも言える。

　端末利活用の地域格差も大きな課題である。端末利活用のポイントは、端末そのものよりも（もはやデジタルインフラと言ってもよい）クラウド環境の利活用にあるが、これをうまく使うことで、学習指導要領に記載されている「主体的・対話的で深い学び」の実現に一歩近付くことが可能となる。そうなると、端末利活用の地域格差は、単にタイピングのテクニックやインターネット情報の検索能力の差だけではなく、最終的には「自分で考え、議論し、発信する」という教育格差につながる可能性もある。

　GIGA スクール構想は、利活用が始まってからまだ数年である。GIGA スクール

構想によって教育政策が全体的にどのくらい進んだのか、現時点で判断することは困難であるし、焦って結論を出すようなものでもない。一方で、部分的には明らかに大きな成果が出ている。教育関係者は、それらを対外的に強くアピールし、デジタル時代の将来を担う子供たちにとって、GIGAスクール構想は教育政策のゲームチェンジャーである、この政策を継続していくことが、我が国の将来のために極めて重要であるということを示していく必要がある。現場から声を張り上げ、その声を国に届けていく必要があるのだ。

　そんなGIGAスクール構想だが、ICT端末は思っている以上に早く劣化する。しっかり使っていれば、不具合が出てくるのはやむを得ないというか、むしろ当然のことであろう。ICT関係でいろいろと整備したもののうち、一番早く更新時期が来るのがGIGA端末ではないか。最初の整備のときは、関係者の血のにじむような御尽力の賜物だが、経済対策という「風」が吹いてくれた。次も「風」が吹いてくれるかは、国、地方自治体、学校、アカデミア、産業界がいかに連携し、一枚岩になれるか、にかかっている。口を開けていても端末は降ってこない。天は自ら助くる者を助く、ということわざもある。

　では、どうしたらいいか。

　とにかく、GIGAスクール構想に関わる全ての関係者が「1人1台端末環境を守り抜く」、そして、「GIGAスクール構想を前進させる」ことを強く決意し、その決意を心に秘めるだけでなく「見える化」していくことである。有言実行ということである。

　教育委員会・学校関係者は、ICT端末の活用により、授業がどのように改善したのか、どのように役に立っているのか、について声をあげていただくことが重要である。

　教育産業の方々は、現場に一番近い場所にいらっしゃる利点を生かし、GIGAスクール構想の導入後、教育現場が、子供たちがどのように変わっていったのか、について発信していただくことが重要である。

　そして、国の教育関係者は、現場の教育委員会、学校、教育産業の方々から聞こえてくる声、声なき声を虚心坦懐に聴いた上で、主役はあくまで子供たちであり、学校現場の教職員である、という前提のもと、それらを支えるために、教育環境の整備を進めていくことが重要である。

　その上で、GIGAスクール構想を全て地方財政措置で賄っていくのは、現時点では極めて困難であることは、自治体の実情を見れば明らかである。忘れてはならないのは、GIGAスクール構想は、国が主導する構想であるということだ。国の財政も決して楽ではないが、では、GIGAスクール構想を止めるのかというと、そのような判断は、前進した教育政策を後退させるに等しい判断であると言わざるを得な

い。まれに見る成功政策である GIGA スクール構想を持続的に進めていくために、当面、国費による補助も、今までと同様にしっかり考えていくべきである。

なお、本稿執筆現在、2023 年度補正予算が措置され、GIGA 端末の更新費用への国費措置が継続（どころか補助額を最大 55,000 円に増額し、各自治体の端末更新時期に柔軟に対応できる基金化も達成）されることになったのは、報道等されている通りである。文部科学省初等中等教育局をはじめとする関係者の皆様の血のにじむような尽力に心から敬意を表したい。

ただし、いつまでも「風」が吹いてくれるとは限らない。国の支援は当面続ける必要があると思うが、未来永劫続く保証はない。そのときになって、自治体が国の支援がないから GIGA スクール構想ができません、ということは、少なくとも子供を目の前にして言うことはできないのではないか。当面、国の補助を活用しつつ、どのようにしたら自分たちの自治体で計画的に GIGA スクール構想を持続・発展させられるのか、各自治体は真剣に検討する必要があると思う。いったん始まったこの GIGA スクール構想を止めるわけにはいかない。GIGA スクール構想は、前進あるのみであり、後退はあり得ないのだから。一歩一歩、少しずつでいいから、確実に前進していく必要がある。

教育 ICT、情報教育に関する産学官の力を結集し、何とかこの難局を乗り越えていただきたい。きっと乗り越えられると、筆者は固く信じている。

（山田 哲也）

●ICT支援員

　学校教育の ICT のサポート体制、といってまず思いつくのが、ICT 支援員という学校関係者は多いのではないか。

　学校内に ICT 機器が増えることで、授業改善のために使える手段が増える反面、機器の操作の習得や設置準備などの作業が必要になる。この作業を受け持っているのが教職員ということになると、教職員にとって ICT を使うことがかえって負担になってしまうだけでなく、本来、授業改善のために使うべき時間が削減されることになってしまう。そのようなネガティブなイメージを持ったまま ICT と向き合っても、授業改善は遠のくばかりだ。そこで、学校 ICT の専門家である「ICT 支援員」を各自治体に配置することが必要になってくる。

　具体的には、ICT 支援員は授業に参加し、ICT 端末操作に不慣れの児童生徒をサポートしたり、授業前に教師と打ち合わせし、授業の中でどのように ICT を使っていくかの助言を行ったりすることとされている。

　ICT 支援員の雇用形態は特段統一されておらず、地方自治体が ICT 支援員を直接採用（直採）することも、民間企業に委託し、当該企業が各学校に ICT 支援員を派遣することも可能である。

　ICT 支援員の配置のメリットは、何と言っても、授業をしている教室に教師とともに入り、教師・児童生徒が困っていることを直ちに解決してくれるという点であろう。授業時間は45分、50分と限られている。時間をかけて解決する余裕はない。そんなときに、パッと質問できてサッと解決できる ICT 支援員の存在は大きい。授業時間外は職員室にいることが多いので、授業中でなくても、また、教師に限らず職員も相談可能だ。

　では、ICT に慣れてきたら ICT 支援員は要らないかというと、決してそんなことはない。まず、ICT の世界は進行速度がとても速いので、ある機器に慣れたと思ったらその機器は陳腐化している可能性もある。常に新しい機器が出てくる世界では、機器のトラブルも絶えないであろう。また、ICT 支援員の醍醐味は、ICT を使った授業改善を教師とともに考えてくれることだ。授業改善に終わりはない。であれば、ICT 支援員の仕事がなくなるなどということもない。

　ICT 支援員の経費は地方財政措置がなされており、教育の ICT 化に向けた環境整備5か年計画に明示されている。しかし、それは4校に1名分である。つまり、地方財政措置で標準とされている水準であっても、各学校には1週間に1回しか来ない計算なのだ。充実した措置とは言い難い。ICT の利活用にはスピード感が重要である。もちろん、教師の悩みは ICT だけではない。次から次へとやってくる

課題。ICTだけにかかりっきりになるわけにはいかないのだ。だから、今、発生した問題は、今、解決したいのが教師の心情であろう。

このような状況下において、ICT支援員は、必ずや教職員の皆様の強力な援軍になってくれるであろう。

●GIGAスクール運営支援センター

ICT支援員が全ての学校にいたらいいのに、と思うときもあるが、それだけの地方財政措置が講じられていない現状にある。さらに申し上げれば、学校教育の現場に圧倒的に人材が不足している状況は十分理解しており、人材確保の対策は常に最優先でとる必要があるが、日本全体として人口減少が止まらない中、その不足分の全てを人材確保によりカバーすることも困難である。財源等は何でも使い、人材不足の分を少しでもカバーしていくという発想も大切だ。ICTのサポート体制も、ICT支援員がいないから諦める、ということではなく、リモートでのサポートも活用していく。それがGIGAスクール運営支援センターだ。よく考えれば、私たちが個人的にICT端末を使うとき、トラブルがあったらサポートセンターに連絡することが多い。電話口で、もしくはオンラインで、担当の方がいろいろと教えてくれると、実はあっさり解決することも多い。もちろん、それでも解決しないときは技術者を派遣してもらったり、当該ICT機器を送付するなどして対応することになるが、リモートでの対応により解決することも多く、トラブル対応の手間を削減することができる。また、GIGAスクール運営支援センターは、制度上、児童生徒の下校後（時間帯は各自治体と受託団体の契約状況によるが）に保護者から直接連絡することもできるし、夏休み、冬休みといった長期休暇時にも対応することが可能だ。

それだけではない。すでに（2）①（p.65）で記載している通り、GIGAスクール運営支援センターは単なる「ヘルプデスク」だけでなく、端末活用の日常化に向けたさまざまな機能もあわせ持つ「トータルサポートセンター」としての活用が可能だ。GIGAスクール運営支援センターは国の補助事業なので、上手に使っていただきたい。

●GIGAスクール構想のサポート体制のベストミックス

大切なことは、GIGAスクール構想のサポート体制はICT支援員だけでなく、GIGAスクール運営支援センターだけでもないということである。GIGAスクール構想のサポート体制は、ICT支援員、GIGAスクール運営支援センターのほか、学校における教育の情報化に向けて専門的な知見を持つ学校DX戦略アドバイザー（「ICT活用教育アドバイザー」から改称）もあり、それらをトータルで活用して

いくことが重要である。

　前述の通り、ICT 支援員の経費は地方財政措置がなされているが、人を増やすにも限界がある。ここは、既述のさまざまなサポート体制を組み合わせ、サポート体制のベストミックスを目指すことが重要である。

　特に地方には、クラウドを学校教育のインフラとして理解している ICT 人材がなかなかいないという大きな問題が存在するが、リモートでの活用も可能な GIGA スクール運営支援センターや（全額国費で措置されている）学校 DX 戦略アドバイザーをフル活用することにより、都市部と地方部の ICT 人材ギャップを少しでも埋めることが可能となる。

　これからの学校教育にとって、ICT 環境の整備は避けて通れない道である。子供たちの学びの環境を万全のものとするためにも、各自治体におかれては、ICT サポート体制の弛まない充実に努めていただきたい。

（山田 哲也）

短期・長期計画のある支援体制で学校の一員として GIGA スクールに臨む ICT 支援員

　GIGA スクール構想が始まって３年、文部科学省から出されている ICT 支援員の整備目標は「４校に１人」だったが、ICT 支援員は情報通信技術支援員として、学校教育法施行規則第 65 条の５に「情報通信技術支援員は、教育活動その他の学校運営における情報通信技術の活用に関する支援に従事する」として規定された。また、2023 年６月閣議決定された、教育振興基本計画ではさらなる増員を目指すことが書かれている。ICT 支援員は、これからの学校教育においてなくてはならない存在である。教師からも教育委員会からも、いないことは考えられないという声は多く、今や特別な日にやってくるゲストではない。ICT 活用は学校の日常であり、ICT 支援員はそれを支える学校の一員である。まだ ICT 支援員の整備がされていない自治体は今からでも導入することをおすすめしたい。これから検討する場合だけでなく、現在 ICT 支援員を入れているが活用が進まない場合や継続が厳しい場合も以下のことを改めて確認してほしい。

　ICT 支援員を効果的に導入するには以下のことが必要になる。

１．自治体の方針と契約内容のバランス

　まず、学校における課題を洗い出し、どんな支援が必要かを検討する。ICT が苦手な教師や子供へのサポートがほしい場合、教師や子供たちとの対話をなるべく増やし、学校での認知度・信頼度をあげる意味でも訪問頻度は高い方が望ましい。支援時間や装備・労働条件に対し、業務量・内容に無理がないか、関係者が自分ごととして考え計画し、運用開始後も機動的に調整する必要がある。賃金が低かったり、支援時間や回数が少なかったりすると、期待できる支援は当然限られてくる。そのバランスを考えて予算を見積ることがポイントである。安い何でも屋はよい結果を生まない。

２．どんな人材が必要かをイメージする

　地方では人材の募集に苦労しており、賃金をあげても人材が見つからない、どこで募集すればよいかがわからないという声がある。企業に委託してもその募集費用と期間は必要になる。直接雇用を検討するなら、地域で説明会や周囲に人材を確保している団体がないか調査することも必要であるため、自治体での自力の広報が必須である。

３．自治体に合わせたスキルアップや装備を視野に入れる

　ICT 活用を積極的に支援するには、ICT 支援員にも教師と同等以上の情報と研

修と装備が必要になる。GIGA端末で利用されるクラウドやアプリは多くが自治体ごとに特別に設計・導入しているため一般的ではない。訪問初期から学校で即戦力を期待するのであれば、端末やアプリの操作研修を契約に入れ、研修も勤務の一部として自治体に合わせたスキルアップを定期的に行うことが重要である。また自治体に合わせて育成した人材を単年度で交代させるのは非効率的である。複数年の継続契約を視野に入れることで教師の異動があっても安定した活用が期待できる。

４．学校への情報共有とICT支援員の報告義務

ICT支援員の可能な業務を言語化して、各教員に周知することが望ましい。学校任せにすると、先生は支援してもらうべきことがわからず、効果的な支援につながらない。ICT支援員には訪問時の報告書提出を義務とし、教育委員会は現状把握に役立てていただきたい。

GIGA初年度にはわからなかった、年間を通じて必要なICTに関する業務や、各教科・単元における具体的なICT活用のシーンも見えてきていると思う。

すでにICT支援員を導入しているなら、彼らの持つ情報を最大限に活用するために、教育委員会とICT支援側の情報共有の機会を作ることは必須である。

●ICT支援員の役割・そのために必要な準備

ICT支援員の業務には、授業支援・校務支援・環境整備支援・校内研修支援があるが、ICT支援の目的はどの業務においても以下のようなものである。

〇教師や児童生徒自身のICTスキルの向上と校内のICT機器・コンテンツ活用の促進
〇日常的にICTを快適に活用するために必須である、資産管理など継続的な環境整備
〇学校・教育委員会・企業間の情報の収集と、適切な共有（報告・提案など）

どれも支援側が独断で計画するのではなく、必ず自治体が主体的に方向性を決め、各学校でこれを踏まえて管理職や教師とICT支援員が対話しながら目標を設定して活動することが必要である。教師の異動が多い公立学校では、ICT支援員が複数年契約をすることで、年度の切り替え時期にこれまでの経緯を引き継ぐ役割になり、年次更新時に必ず起きる端末の移動や更新、リセット作業だけでなく、外部から異動してきた教師や新任の教師が現場のICT環境に早く慣れる意味でも、大きな効果を実感できる。

学校負担を減らすためには、ICT支援員が自主的に行動できることも重要である。教育委員会が「校内の誰もが」自由に安全にICTを使うために、安定して稼働させることができるインフラの管理体制を主体的に構築し、学校で行っている

ICT 関連の業務の中でも教員業務に関係のないものを撤廃し、残すのであればそれを ICT 支援員が自主的に取り組めるよう明示し、任せることである。これは、文部科学省が 2023 年 12 月末に公開した、「GIGA スクール構想の下での校務 DX 化チェックリスト」もとてもよい参考になる。この結果を見て、自分の自治体で取り組みやすいものや、できる環境があるものを選び、一つずつやってみることがよいだろう。なかなか動き出せない場合は、ぜひ ICT 支援員に、どのツールを使ったらそれが実現できるかを相談してみてほしい（QR コード参照）。

　また、学校管理職は ICT 支援員に授業や学校の活動を見て回ることを推奨し、よい活用事例をまとめてもらったり、教師向けに研修や相談の機会を設けたり、児童生徒が自発的に活用するのに役立つサービスやアプリなどを提案してもらうことも有効だろう。活用の主語をいち早く「子供」に転換するには、ICT 支援員は教師の ICT スキルも底上げすることが不可欠である。授業で日常的に使うものは、ICT 支援員が使う手順をできる限りシンプルに言語化、平準化して、教師自身ができるようにすることで、ICT に対する不安を取り除くことも重要なポイントになるだろう。

●あなたの住むまちと日本の未来を子供に託すために

　この先の未来で子供たちが力強く豊かに生きていくために ICT スキルは必要不可欠である。今の子供たちは、生まれたときから ICT に触れている。「ICT とのよい出会い」すなわち、なるべく早い段階で ICT には素晴らしい力があることを知り、それを使って自らの手で創造する体験が、彼らの未来に大きな影響を及ぼす。学校においてはこの出会いを継続して作ることが重要である。先生一人では荷が重いがそれを後押しし、伴走してくれる心強いパートナーとして、優秀な ICT 支援員を確保し、ともに歩んでいただきたい。

（五十嵐 晶子）

②通信回線速度

●GIGAスクール構想による学校ネットワークの整備

　GIGA スクール構想では、「１人１台端末と、高速大容量の通信ネットワークを一体的に整備することで、特別な支援を必要とする子供を含め、多様な子供たちを誰一人取り残すことなく、公正に個別最適化され、資質・能力が一層確実に育成できる教育 ICT 環境を実現する」（文部科学省「GIGA スクール構想の実現へ」）とあるように、クラウド活用を前提とした ICT 環境整備が行われた。クラウド活用が前提のため、端末からクラウドサービスまでのネットワークは非常に重要となる。そこで、「「GIGA スクール構想の実現」に向けた校内通信ネットワーク整備事業」として、校内 LAN 整備のための補助事業も新たに創設され、全国の学校に高速な校内ネットワーク環境が急速に整備されていったのである。

●学校ネットワークの現状と課題

　校内ネットワーク環境の整備により、現在の全国の学校のネットワークは高速なものとなっているのか。文部科学省が全国の小中学校から抽出し、インターネット接続速度の実測値を測定した結果（2022 年 ９ 月 １ 日時点）[※1]を図１に示す。本図は、直接接続及び集約接続の接続方式において、１人当たり２Mbps の帯域を確保しようとした場合に、同時利用率をどの程度まで許容できるかを示している。つまり、児童生徒の半分以上が同時に端末を活用する場合に、１人当たり２Mbps の帯域を確保できる学校数の割合は 40％未満となっているのである。

　また、図２は学校で発生している主な不具合事象をまとめたものであるが、学校で不具合が発生し、未解決となっていることがわかる。これらの不具合には必要な帯域が確保できていないこと以外の要因も含まれていることが推察される。

　なお、直接接続及び集約接続の概念図は図３の通りである。ローカルブレイクアウト型は、厳密にいえば直接接続型と異なる方式であるが、本稿においては、直接接続に含めるものとする。

　なぜ、高速な校内ネットワーク環境が整備されているにもかかわらず、このような結果となっているのか。この理由を説明するために、図４に学校のネットワークの概念図を示す。学校内は、学校設置者が自ら施工する箇所であり、校内 LAN 整備のための補助事業の対象となっていたのが、この部分である。学校外は、学校設置者が通信事業者及びプロバイダ（Internet Service Provider（ISP））と契約を締結することでサービスの提供を受けるものである。

図1　直接接続及び集約接続におけるインターネット接続速度の実測結果

〈直接接続（固定回線）における
　児童生徒端末からのインターネット接続速度の実測結果〉
◆通信速度ダウンロード（Mbps）の実測値から1人当たり2Mbpsを確保しよう
　とした場合の同時利用率（算出方法：実測値÷（2Mbps×児童生徒数））

※調査数　3,400校

学校規模	同時利用率（%）			
	10%未満	10%以上〜20%未満	20%以上〜50%未満	50%以上
〜400人	175（ 6.9%）	288（11.4%）	735（29.2%）	1321（52.4%）
401〜800人	294（41.4%）	221（31.1%）	185（26.1%）	10（ 1.4%）
801人〜	107（62.6%）	58（33.9%）	6（ 3.5%）	0（ 0.0%）
合計	576（16.9%）	567（16.7%）	926（27.2%）	1331（39.1%）

〈集約接続における児童生徒端末からのインターネット接続速度の実測結果〉
◆通信速度ダウンロード（Mbps）の実測値から1人当たり2Mbpsを確保しよう
　とした場合の同時利用率（算出方法：実測値÷（2Mbps×児童生徒数））

※調査数　1,430校

学校規模	同時利用率（%）			
	10%未満	10%以上〜20%未満	20%以上〜50%未満	50%以上
〜400人	96（ 9.1%）	154（14.5%）	303（28.6%）	506（47.8%）
401〜800人	144（48.0%）	87（29.0%）	64（21.3%）	5（ 1.7%）
801人〜	54（76.1%）	12（16.9%）	5（ 7.0%）	0（ 0.0%）
合計	294（20.6%）	253（17.7%）	372（26.0%）	511（35.7%）

※学校数の割合
※2022年9月1日時点の調査
※調査対象校：公立の小学校、中学校、義務教育学校、高等学校、中等教育学校及
　び特別支援学校
※2Mbps：遠隔授業の実施（テレビ会議）に必要な1人当たりの帯域

出典：文部科学省「校内通信ネットワーク環境整備等に関する調査結果（2023年2月）」をもとに作成

図2　学校で発生している主な不具合事象

ログインに時間がかかり、授業開始が遅れる。

288 (15.9%)
278 (15.3%)
1249 (68.8%)
単位：自治体等
■未発生　■解決済　■未解決

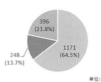

動画視聴時に、映像の乱れが発生したり、スムーズに再生できない。

396 (21.8%)
248 (13.7%)
1171 (64.5%)
単位：自治体等
■未発生　■解決済　■未解決

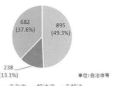

全校生徒が一斉に端末を利用するとネットワークに接続しにくくなる。

682 (37.6%)
895 (49.3%)
238 (13.1%)
単位：自治体等
■未発生　■解決済　■未解決

クラスで一斉にオンライン教材などを利用する際、一部の児童生徒が教材に接続できない状況が発生する。

531 (29.3%)
990 (54.5%)
294 (16.2%)
単位：自治体等
■未発生　■解決済　■未解決

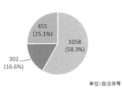

授業中に、まれにネットワークへの接続が切断される児童生徒がいる。

455 (25.1%)
1058 (58.3%)
302 (16.6%)
単位：自治体等
■未発生　■解決済　■未解決

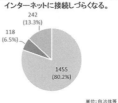

特定の時間帯に、いずれの端末からも、インターネットに接続しづらくなる。

242 (13.3%)
118 (6.5%)
1455 (80.2%)
単位：自治体等
■未発生　■解決済　■未解決

出典：文部科学省「校内通信ネットワーク環境整備等に関する調査結果（2023年2月）」より抜粋

図3　各接続方式の概念図

区分	直接接続型	集約接続型	ローカルブレイクアウト型
	インターネットに直接接続	庁舎やデータセンターに集約してインターネット接続	動画やWeb会議、アップデートなどの通信を、別回線によりブレイクアウト
イメージ	インターネット ISP／各学校	インターネット ISP／集約拠点／集約回線／各学校	インターネット ISP／集約拠点／集約回線／各学校
メリット	・ほかの学校の通信の影響を受けにくい ・ボトルネックになり得る集約回線や機器がない	・一元的にセキュリティ対策やトラフィック監視ができる	・動画やWeb会議などの大容量通信に別回線でブレイクアウトさせることで、通信負担の分散が可能
デメリット	・各学校で適切にセキュリティ対策を実施する必要がある	・通信を集約するためボトルネックが発生しやすい	・通信回線費用がほかの方法に比べ増となる

出典：新時代の学びにおける先端技術導入実証研究事業（多様な通信環境に関する実証）学習系ネットワークにおける通信環境最適化ガイドブックを参考に加除修正（2023年3月）

図4　学校ネットワークの概念図（直接接続の場合）

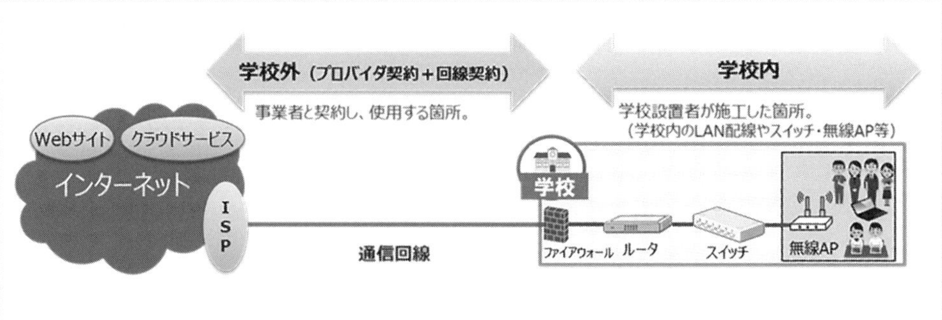

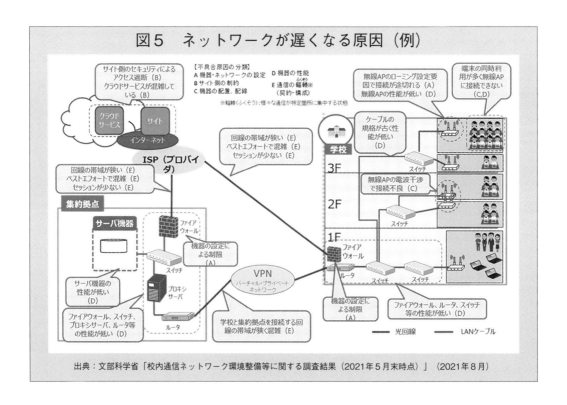

出典：筆者作成

図5　ネットワークが遅くなる原因（例）

出典：文部科学省「校内通信ネットワーク環境整備等に関する調査結果（2021年5月末時点）」（2021年8月）

　PC端末を使用する際には、教室にある無線AP（アクセスポイント）に接続するとWebサイトやクラウドサービスを利用することができるように感じられる。ところが、実態としては、学校内のネットワーク（無線AP、スイッチ等）を通り、さらにそこから学校外のネットワークを通り、最終的にWebサイトやクラウドサービスへとつながるといった経路になっている。したがって、この区間のいずれかに遅くなるポイントがあるとネットワークが遅くなるため、仮に学校内がどれだけ高速であっても、学校外が遅い場合には、その区間がボトルネックとなり、通信速度が高速なものとならないのである。

　そこで、ネットワークが遅くなる原因の例を図5に示す。たとえば、学校内では「機器性能が不足し、通信が遅くなる」「機器設定を誤り、通信が遅くなる」「無線APの干渉が起きて通信が遅くなる」、学校外では「端末活用に必要な帯域が不足し、通信が遅くなる」「通信帯域は十分であるが、セッション数不足により一部の端末の通信が遅くなる」といった原因が考えられる。

　つまり、当初施工した際の学校内ネットワーク環境の設計や設定等が適切でなかったことや、学校外のネットワーク部分の契約内容が適切ではなかったことが原因となり、前述の通信帯域の不足や不具合事象が発生しているのである。

●学校ネットワークにおける課題の解決策

　前節で述べた通り、ネットワークが遅くなる原因は多岐にわたるものである。そのため、各学校の状況に応じた通信ネットワーク環境の評価（ネットワークアセス

図6　学校のネットワーク対策の例

学校外	○回線帯域を増やす
	例：通信事業者が異なる回線を複数敷設、ベストエフォート型から帯域保証型に変更等
	○同時に接続できるセッション数を増やす
	例：動的IP（約1,000個）から固定IP（約6万個）へ変更
	※学校で必要となる帯域（Mbps）＝一人当たりの帯域（Mbps）×児童生徒数（人）×同時利用率（％）
	※学校で必要となるセッション数（本）＝一人当たりのセッション数（本）×児童生徒数（人）×同時利用率（％）
学校内	○ネットワークの配線を適切なものに変更する
	○機器設定を適切なものに変更する（セキュリティ設定や無線設定等）
	○十分な処理能力の機器へ交換や機器の増設をする

出典：筆者作成

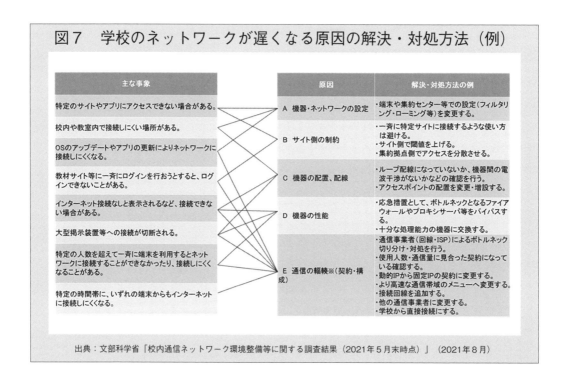

図7　学校のネットワークが遅くなる原因の解決・対処方法（例）

出典：文部科学省「校内通信ネットワーク環境整備等に関する調査結果（2021年5月末時点）」（2021年8月）

メント）を行い、現状の課題や顕在化していない課題を把握し、必要な対策を講ずることが、学校ネットワークにおける課題の解決策となる。必要な対策の例を図6に示す。たとえば、学校外であれば通信事業者と契約している内容を見直し、「回線帯域を増やす」「セッション数を増やす」といったことが有効である。また、学校内であれば、施工した内容を見直し、「配線の変更」「各種機器の設定変更や交換・増設」といったことが有効である。なお、詳細な事象と解決・対処方法の関係については、図7に示した通りである。

　以上のように、学校のネットワークは、学校外と学校内に区別でき、それぞれに対して原因の特定と適切な対策を講ずることで、学校のネットワークの課題を解決することができる。最新の学校のネットワークの改善についての情報[※2]は、文部科学省のホームページを参照いただきたい。

（新井 亮裕）

注

※1：文部科学省「通信ネットワーク環境の評価（アセスメント）の実施について（依頼）」（2023年）
※2：学校のネットワークの改善について（文部科学省ホームページ・QRコード参照）

（参考１）　我が国の固定系ブロードバンド契約者の総トラヒック

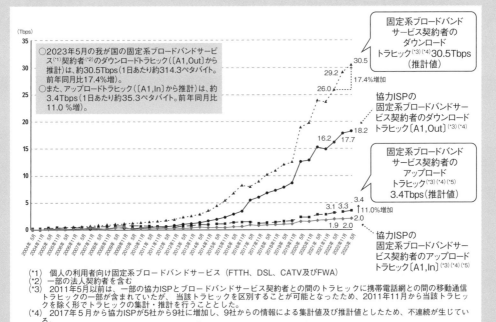

○2023年5月の我が国の固定系ブロードバンドサービス[*1]契約者[*2]のダウンロードトラヒック（[A1,Out]から推計）は、約30.5Tbps（1日あたり約314.3ペタバイト。前年同月比17.4%増）。
○また、アップロードトラヒック（[A1,In]から推計）は、約3.4Tbps（1日あたり約35.3ペタバイト。前年同月比11.0 %増）。

固定系ブロードバンドサービス契約者のダウンロードトラヒック[*3][*4]30.5Tbps（推計値）

17.4%増加

協力ISPの固定系ブロードバンドサービス契約者のダウンロードトラヒック[A1,Out][*3][*4]

固定系ブロードバンドサービス契約者のアップロードトラヒック[*3][*4][*5]3.4Tbps（推計値）

11.0%増加

協力ISPの固定系ブロードバンドサービス契約者のアップロードトラヒック[A1,In][*3][*4][*5]

(*1)　個人の利用者向け固定系ブロードバンドサービス（FTTH、DSL、CATV及びFWA）
(*2)　一部の法人契約者を含む
(*3)　2011年5月以前は、一部の協力ISPとブロードバンドサービス契約者との間のトラヒックに携帯電話網との間の移動通信トラヒックの一部が含まれていたが、当該トラヒックを区別することが可能となったため、2011年11月から当該トラヒックを除く形でトラヒックの集計・推計を行うこととした。
(*4)　2017年5月から協力ISPが5社から9社に増加し、9社からの情報による集計値及び推計値としたため、不連続が生じている。
(*5)　2017年5月から11月までの期間に、協力事業者の一部において計測方法を見直したため、不連続が生じている。

出典：総務省「我が国のインターネットにおけるトラヒックの集計結果（2023年5月分）」

（参考２）　ネットワーク混雑の原因（PPPoEの場合）

◆ネットワークの混雑を輻輳（ふくそう）といいます。
◆輻輳の原因は、フレッツ網内にある網終端装置という機械でユーザのトラフィックがあふれていることです。
◆この装置の料金は利用者のフレッツ利用料金にて賄われています。

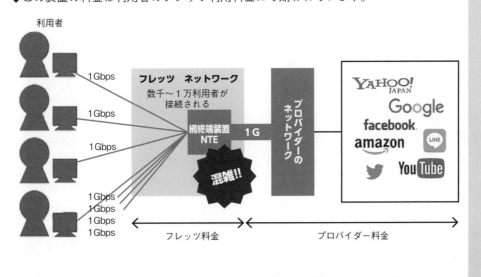

出典：総務省ネットワーク中立性に関する研究会（第4回／2018年12月11日）一般社団法人日本インターネットプロバイダー協会提出資料より抜粋

③ネットワーク共通基盤の整備

ソフト面

GIGA スクール構想により1人1台端末が実現したが、デジタル教科書・教材等のさまざまな学習ツールを活用して学習をより深く、効果的なものとしていくためには多くの学習ツールから得られる教育データを横串で効果的に活用するデジ

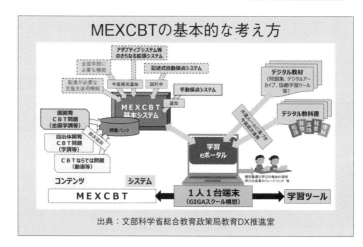

MEXCBTの基本的な考え方

出典：文部科学省総合教育政策局教育DX推進室

タル学習環境にすることが必要となる。

教育データを活用したデジタル学習環境においては何を可能とするべきであろうか。具体的なイメージは次のようなものが中心となる。

①多様な学習ツールがデータ連携を通じて負担なく便利に活用できること

②学習の記録をわかりやすく可視化することで、学びの振り返りやよりきめ細やかな指導を行うなど、学びの改善・充実につながること

③進学や転校があったり、自治体や学校でシステムに変更があったりしても、これまでの学びに関する情報や知見を引き続き生かして切れ目のない学びを実現できること

このような環境を実現するためのデータ連携の在り方はさまざまな方法が考えられるが、それぞれの主体が自由に取り組んでしまうと学習者が使うどのツールとも相互にデータ連携をする状況は実現できない。このため、どのような内容（スタディログ等）を、どのような接続方法でつなげるのかに関して関係者が守るべき共通の規格やルールが必要となる。これらの規格やルールにより、データの囲い込みを防いだり、さまざまな者が同時に同じようなシステムや規格を構築してしまういわゆる「車輪の再発明」を防いだり、サービス受益者がシステム購入等の選択肢を狭めないこと等につながっていく。

これらの規格やルールを制定するため、文部科学省を中心に多くのステークホルダーが議論して日本の初等中等教育で活用することを念頭に設計され、教育データ

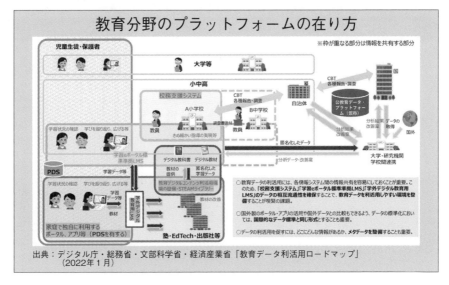

教育分野のプラットフォームの在り方

出典：デジタル庁・総務省・文部科学省・経済産業省「教育データ利活用ロードマップ」（2022年1月）

共通で守る規格やルールを定めるべき領域を「協調領域」、各学習eポータル事業者や学習ツール事業者等の創意工夫により独自に機能を開発する領域を「競争領域」と呼ぶ。これまで日本の学習環境においてはこの「協調領域」がほとんど設定されていなかったことが大きな課題であったが、学習eポータル標準の制定においては文部科学省事業の受託者としてICT CONNECT21が議論のハブとなり、研究者、事業者、学校関係者等100名を超えるステークホルダーが関わり公開の場で議論を行っていることが大きな特色となっている。また、学習eポータル標準モデルは2022年1月公表の「教育データ利活用ロードマップ」（デジタル庁・総務省・文部科学省・経済産業省）においてもデジタル学習環境の中核的な位置付けを明示されており、デジタル庁も2022年度から学習eポータル標準の実装とデータ連携の実証支援の事業を実施し、一体となった取組が進められている。

学習eポータルは、現在10社から提供されているほか、地方自治体による開発も検討されている。提供されるサービスと利用するユーザ（児童生徒と教職員）の数が増えれば増えるほどその利便性や価値が増すため、参加する人たちに相乗効果が生まれるエコシステムが早急に拡大していくことが望ましい。学習eポータル標準モデルに基づき、より多くの学習ツールがつながり、より多くのデータが活用されることによって、指導・学習をより豊かにしていくとともに、関係者間でのwin-winの関係の実現につなげていくことが求められる。

（桐生 崇）

参考

【学習eポータル関係のリンク】
・学習eポータル標準モデル　https://www.mext.go.jp/a_menu/other/data_00001.htm#eportal_model
・学習eポータルをハブとしたデジタル学習環境の紹介動画　https://youtu.be/WEUvz3BxXTo

学習者用デジタル教科書の整備実証実験結果を踏まえて

「令和の日本型学校教育」を構築し、全ての子供たちの可能性を引き出す、個別最適な学びと、協働的な学びを実現するためには、学校教育の基盤的なツールとしてICTは必要不可欠なものになっている。それを踏まえ推進された、GIGAスクール構想の下、学校現場では1人1台端末やネットワーク環境などが整備され、急速にICT環境が整っているが、一方でデジタル教科書については、表示速度の問題や煩雑なアカウント管理、不統一なUI（ユーザインタフェース）操作等のさまざまな課題が指摘されている。それらを踏まえ、一般社団法人エビデンス駆動型教育研究協議会では、2022年度に「デジタルコンテンツとしてのデジタル教科書の配信基盤の整備事業」を文部科学省から受託し、小学校、中学校、高等学校あわせて16校に対して、デジタル教材配信基盤を導入して実証研究を行った。この基盤は、教材配信システムのBookRollと学習ログを分析・利用する分析ツールのログパレからなり、各OSの標準ブラウザで稼働し、LMS（Learning Management System）や学習eポータルからID連携して起動する。教材配信システムは教材をPDF形式でアップロードすることで利用でき、標準的な教材ビューアの機能に加え、ページ移動、マーカー、クイズの解答等のログを収集する特徴を持つ。

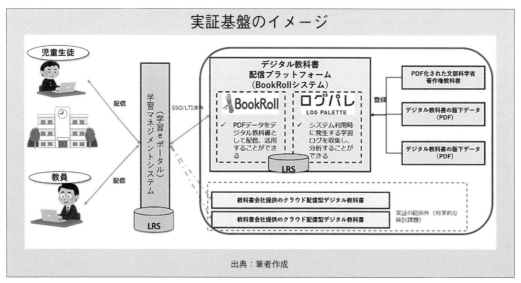

出典：筆者作成

現存する学習者用デジタル教科書がある意味リッチコンテンツだとすると、本事業はPDF教材の配信という簡易な方法により作成したビューア（BookRoll）に関し、必要最小限の機能の実用性を確認するもので、本実証では、一定の有用性を確認することができた。また、現存する学習者用デジタル教科書が有しない機能として学習ログの蓄積と「分析ツール」の有用性が示された。以下に、その具体的な実施結果と今後の課題を記載する。

●教科書コンテンツのデジタル化

　本実証では、アンケートを通じて半数以上の教師、児童生徒ともに総じて満足度や実用性を感じていると回答を得た。一方で、BookRoll に表示するために準備を進めた版下データを基にしたデジタルデータ（PDF）の配信においては、著作権法との関連もあり、PDF データをネットワークで配信するための著作権処理に時間を要した。今後、学校現場での運用を検討する場合においては、紙の教科書を学校に提供する際に、同時に PDF データを提供することで、ネットワークで配信可能にするなどの仕組みや制度を整備する必要があると考える。

●教科書紙面が掲載されたデジタル教材のクラウド配信

　標準的な機能（本文や図版の拡大・書き込み・ページめくり等）を搭載した BookRoll を用いて、各 OS の標準ブラウザ（Microsoft Edge, Google Chrome, Apple Safari）で閲覧できるクラウド環境が構築できることは、本実証で確認できた。また、以下で述べる学習 e ポータルを用いた ID 連携やシングルサインオン、学習ログデータの分析による教育・学習活動の支援などのメリットも大きい。

●ID・ライセンス管理／SSO（シングルサインオン）機能

　今後、デジタル教科書を学校に導入するに当たり、アカウントの登録・運営は大きな課題となる。この解決のために、学習 e ポータル上にある名簿情報とアプリケーションを、国際技術標準である LTI（Learning Tools Interoperability）に準じて連携させることにより、解消の一助となることも確認した。さらに、学習 e ポータルからデジタル教科書をシングルサインオンで起動することで、この学習ログを他のシステムのログと連携（名寄せ）することができる。一方で、教科書や教材へのアクセス管理（ライセンス管理）は、学校単位で行う方法や学習者単位で行う方法などが考えられる。将来的には、サブスクリプションモデルなど、アクセス管理の煩雑さを極力避ける方法で、教師や児童生徒が自由に複数の教科書や教材を利用できる管理方法も一つの選択肢として加えることが必要と考える。また、さらなる展開として、教師が作成した学習コンテンツを全国で共有できるようにするなど、活用方法の拡張も望まれる。

●データの二次利用と標準化

　本実証では、16 校の学習履歴データを xAPI（Experience API）に準じた形式で収集し、LRS（Learning Record Store）に保存する環境を構築した。分析に当たり、xAPI により統一された技術標準でデータ収集できたことにより、全ての学校に対して同一の分析方法で効率的に分析することができ、各校における分析にとどまる

ことなく、学校を横断した分析や、関連ツールを横断した分析も可能となった。今後は、xAPI 形式の活動情報の標準化を行い、全国の学校に導入が広がれば、さらに大規模かつ詳細な分析（自治体単位、国全体単位など）が可能になると考えられる。

●関係法令との関連：個人情報保護について

　教科書の PDF 版を本基盤のようなシステムで配信することは、搭載するのは誰か、配信するのは誰かによって、著作権処理の必要性やその後の手続きが大きく異なる。本事業においては、学校教育の目的や方法、利用者（教師と児童生徒に限る）、著作権者の利益を不当に害さない等の要素に鑑みて、事業者による教科書の PDF 搭載を「軽微利用」に該当すると判断することは妥当性を欠くと考えられ、著作権者等の許諾のために多大な時間と労力を要した。このため、この仕組みの実現には、教科書事業者との調整や、教科書制度に関する現行法の理解を要することに留意が必要である。

●学習履歴及び分析ツール

　本実証では、短期間ではあったものの、学習履歴及び分析ツールを用いたデータの利活用は、教師にとって授業をさらに効果的に設計できる手段であることを確認できた。また、学びにおける教育データの利活用は過去に例のない取組であることから、「事例を共有するサイトの構築」「教師の研修（ビデオ教材の開発）」「エビデンスの抽出と共有」といった啓蒙活動ならびに発信、トレーニングなどの取組の推進が重要である。

●おわりに

　教科書は、学校教育において重要なリソースである。GIGA スクール構想によって１人１台の情報端末が配布されたが、デジタル教科書は、依然として普及せず、今も多くの紙の教科書を持ち歩いているのが現状である。さらに、教育改善に資するデータの利活用も考慮されていない。今後は、子供たちのことを何よりも第一に考えて、デジタル教科書の普及と教育データの利活用を一体となって推進するためのデジタル学習社会情報基盤の構築が急務である。

（緒方 広明）

個人情報・プライバシー保護

　自治体・学校において教育データの利活用が進む中で、「データの安全管理に不安がある」「在学時のデータの卒業後の取り扱いはどうなっているのか」「本人の望まないかたちでのデータ利用はないのか」等の心配の声も寄せられている。

　教育データの利活用の際にそもそも前提として確実に押さえておかなければいけないものが、個人情報とプライバシーの保護等のデータの安全・安心の確保である。ただ、この点がハードルになるからといって「データ利活用をやらない方がよい」という方向に過度に持っていく必要はない。個人情報の保護に関する法律（以下、個人情報保護法という）も保護だけを目的としているのではなく、個人情報の有用性と個人の権利や利益を守ることの両立を目的としている。教育データに関しても、個人情報の適正な取り扱いやプライバシーの保護を前提とした上で、子供一人ひとりの力を最大限に引き出すためのきめ細かい支援等が可能となる教育データ利活用を図る、いわば「教育データの利活用」と「安全・安心」の両立を実現する考え方が重要である。

　一方、個人情報やプライバシーの保護に関して、何が法令に抵触するかわかりづらく全てがグレーゾーンに見えてしまう状況では自治体や学校側も不安で利活用は難しい。やってよいこと、やってはいけないこと、議論がさらに必要なことに分類して示していくことで安心して利活用できるようになる。

　このような状況を受け、文部科学省においては、2022年4月から約1年にわたり「教育データの利活用に関する有識者会議」において弁護士等の個人情報保護の専門家を交えて議論を行い、2023年3月に学校等で個人情報、プライバシー等の保護の対応を行う際に参考となる「教育データの利活用に係る留意事項（第1版）」を公表した（https://www.mext.go.jp/a_menu/other/data_00007.htm）。

　この留意事項には、初等中等教育段階の公立学校の教職員、教育委員会の職員等が児童生徒の教育データ（デジタルデータ）を取り扱う際に留意すべきポイントがまとめてある。内容は、教育データの利活用はなぜ必要なのかという目的に関することから始まり、①教育データを利活用する際に気を付けることについて、個人情報の適正な取り扱い、プライバシーの保護、セキュリティ対策の3つの観点から、図等を交えながら解説をしている総論編

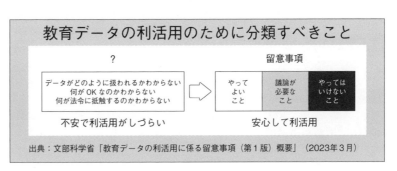

出典：文部科学省「教育データの利活用に係る留意事項（第1版）概要」（2023年3月）

と、②教育委員会・学校からよく寄せられる質問と回答を掲載している Q&A 編の構成となっている。「第1版」となっていることからわかるように、今後も適宜更新することが想定されている。

　具体的な個人情報に関する制度等はこの留意事項を参照いただきたいが、個人情報保護法令以外に考慮しておくべきことを2つあげておきたい。

　一つは、プライバシーの保護である。個人情報保護法に準拠して対応していても十分ではないことに留意が必要である。つまり、個人情報保護法を遵守するのみならず、各主体の自律的な取組と連携・協力、プライバシー影響評価の手法を用いることや、個人データの取り扱いに関する責任者を設置すること等によるデータガバナンス体制の構築等が必要となる。その際、事後の対処療法的な対応ではなく、個人の権利利益の保護を事業等の設計段階で組み込み、事後の改修等費用の増嵩や信用毀損等の事態を事前に予防する観点から、全体を通じて計画的にプライバシー保護の取組を実施する「プライバシー・バイ・デザイン（Privacy by Design）」の考え方が重要となる（参考：個人情報保護委員会　個人情報等の適正な取扱いに関する政策の基本原則「7．個人情報等の取扱いに関する透明性と信頼性」）。

　もう一つは、科学技術の社会実装に際しての倫理的・法的・社会的課題（ELSI：Ethical, Legal and Social Issues）の考え方である。ELSI の論点の例としては、「過去の問題行動がすべて記録蓄積されていくと、たとえそこから成長を見せていても、その児童・生徒のことを適切に評価できなくなるのではないか？」「成績の可視化が序列化を助長しないか？」等がある[※1]。これらの課題は教育データの利活用が進むにつれて出てきた新たな課題であり、諸外国においても苦慮しながら取り組んでおり、現時点で決まった解があるわけではないことが多い。

　データ利活用と個人情報・プライバシーの関係は、教育分野だけではなく、国際的にも大きな課題となっている論点であり、取り扱いが定まっていない部分も多い。今後、新たな課題や論点についての議論が深まっていくことが想定されており、文部科学省は最新の議論を踏まえて留意事項を更新し、各自治体や学校において安心して教育データの利活用に取り組める環境整備に努めていく予定である。教育委員会・学校においては、安全・安心に教育データを利活用いただく際の参考として、必要な場面に応じて本留意事項等の関連資料を参照いただき、各地域における最適解を検討いただければ幸いである。

（桐生　崇）

注

※1：文部科学省・教育データの利活用に関する有識者会議（第13回）会議資料　滋賀大学　加納教授提出資料（EdTechのELSI論点101）」　https://www.mext.go.jp/kaigisiryo/content/20221011-mxt_syoto01-202318_2-12.pdf

共通基盤～ツールの共有化～

　2020年9月、日本学術会議教育データ利活用分科会は、「教育のデジタル化を踏まえた学習データ[※1]の利活用に関する提言―エビデンスに基づく教育に向けて―」という提言を公開した[※2]。その後、新型コロナウイルスの影響により、GIGAスクール構想を前倒しで実施、1人1台の情報端末が配布され、学校にはさまざまな学習支援システムが導入された。これを利用することで、大量の学習データが蓄積される。このデータの利活用によって、学校現場において教育効果を高め、教師の負担を軽減しようとするのがラーニングアナリティクスである[※3]。しかしながら、教育データの標準化を行い、複数ツールの教育データを集約してデータを活用したり、それを匿名化して、各自治体や国全体で、政策立案や研究に利用するまでには至っていない。そのための課題を以下にまとめる。

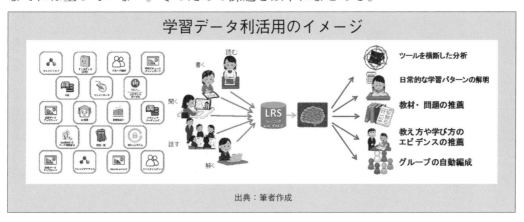

出典：筆者作成

●教育データの学校・自治体への集約

　学校にシステムを導入することによって蓄積される教育データは、そのシステムを提供する特定の企業だけが利用するのではなく、学校や自治体にデータを集約して利活用すべきである。段階的に、そのデータは自治体や国全体でも共有活用すべきと思われる。しかしながら、現在は、教育データを利用するのは、学習支援システムを提供する企業だけであり、その企業内で情報を囲い込もうという動きはまだまだ多く、システムを利用する学校にはデータが提供されない例もある。したがって、まず、学校や自治体に教育データを集約して、一次利用し、それを匿名加工して二次利用できるようにするべきであろう。

●教育データ標準化の推進

　複数のツールが提供する教育データを統合して分析するためには、各ツールが提供するデータの書式や内容がバラバラでは分析できない。したがって、教育データ

の共有や適切な分析のためには、フォーマットや意味を統一するだけではなく、具体的にどのような項目や内容をどのように記録するかを規定する必要がある。文部科学省は教育データ標準として、教育データを主体情報、内容情報、活動情報に区分して順次策定が進められているが、どのような学習活動を行ったのかに関する活動情報については、標準化はまだなされていない。活動情報の標準的な技術規格として xAPI や Caliper 等の利用が進んでいるが、これらをもとに標準化を行い、学習者や教師・学校にサービスを提供する企業がこの標準化に準拠して教育データを学校に提供するようにすべきであろう。特に、デジタル教科書・教材やドリルでの活動情報の標準化を行い、共有することは重要であろう。

●教育のエコシステムを実現するための基盤システムの整備

個人の特定の知識・技能を伸ばすためのデジタルドリルや、より高次な能力の向上につなげるためのアンケートを伴うサービスなどが急速に普及しているが、適切な利用許可のもとで安全・安心してデータが収集される仕組みが実装され、適切な手続きを踏んだ教育関係の研究者・企業などが利活用できるような社会基盤を早急に整備すべきである。たとえば、教育ソフトウェアが保存するログについて、標準化された標準ログと独自ログに分け、標準ログについては学校 LRS に集めて学校教育の改善につなげる一方で、学校 LRS におけるログのうち教育的に意義があるものは（場合によっては本人や保護者の了承を経て）学校ログとして教育機関やアプリが自由に使えるようにするべきであろう。

●デジタル教科書・教材の配信基盤の整備

日本では、数十年前からデジタル教科書の学校への導入が試みられているが、いまだに紙の教科書が日常的に利用されているのが現状である。その一つの原因は、多くのデジタル教科書のビューアが乱立している状況であり、ユーザ認証やユーザインタフェースの統一などの問題がある。デジタル教科書・教材の整備においては、何よりもまず、教師や学習者の利便性を第一に考えるべきである。ビューアや配信システムについては、さまざまな規格を乱立させず、標準化を行って統一の方向性を目指すことは、利用時の負担の面でも、独自システムのメンテナンスに伴うコストの面でも、ログデータの書式統一性の面でも重要である。また、紙の教科書とデジタル教科書の間における著作権の扱いや、教科書検定の在り方、デジタル教科書・教材の配信方法など、さまざまな問題を統合的に早急に解決しつつ、日々の教室内で行われている教育・学習活動の改善に素早く生かせるよう、ほかのシステムの教育データともデータ統合（名寄せ）して活用できる仕組みを早急に構築すべきである。

●教育データ収集／活用のための国全体で統一したルール作り

　大学ICT推進協議会（AXIES）は、前述の提言が公開されたことを踏まえて、大学等の高等教育機関による学習データの利活用を図るため、「教育・学習データ利活用ポリシー」のひな型を策定し公開しているが、初等中等教育においても、データの利活用を促進するために統一的なポリシーの策定が早急に必要とされる。初等中等教育における学習データは原則として学校などの各教育機関で管理することが望ましいが、現実的には地方自治体や教育委員会等の支援が必要になることも考えられる。学習データの管理者が、個人情報保護法や条例などに基づく適切な取り扱いができるよう、ポリシーを策定する必要がある。

●教育データの二次利用の推進

　国や自治体における教育政策の効果のフィードバック、政策立案への活用、また研究利用のために教育データを共有し二次利用することのできる枠組みを構築することは重要である。現状は、国立教育政策研究所教育データサイエンスセンターが提供する公教育データプラットフォームや教育データ分析コンテストなどで教育データを提供するなど、進展は限定的であるが、これらはスモールステップで着実に進めることが求められる。

●事例やエビデンスの共有

　教育現場においては、データやエビデンスに基づく教育は、まだまだ試行錯誤で行われているのが現状であり、事例が少ない状況である。したがって、失敗例も含め、より多くの事例を共有し、エビデンスを簡便に参照できる枠組みを構築することが望まれる。

（緒方 広明）

注

※1：学習データは、学習者の学習活動のデータを意味し、教育データは教師の教育活動のデータと学習データを含むものである。
※2：日本学術会議教育データ利活用分科会「教育のデジタル化を踏まえた学習データの利活用に関する提言―エビデンスに基づく教育に向けて―」（2020年）　https://www.scj.go.jp/ja/info/kohyo/kohyo-24-t299-1-abstract.html
※3：緒方広明、江口悦弘『学びを変えるラーニングアナリティクス：データとAIがもたらす教育改革』日経BP（2023年）

ファーストGIGA整備の課題事例から学ぶ〜無線LAN編〜

　本稿では、第１期GIGAスクール構想下において発生した無線LANに関する課題事例を紹介することで、今後の整備や環境の改善時の参考となることを目的とする。

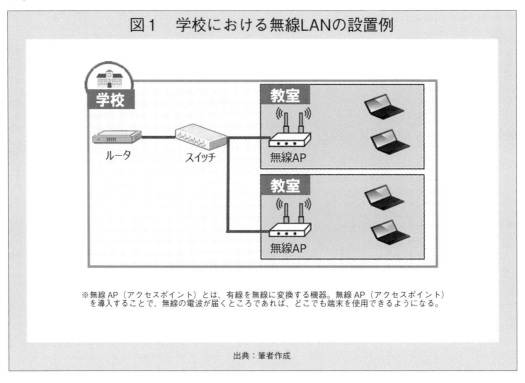

図１　学校における無線LANの設置例

※無線AP（アクセスポイント）とは、有線を無線に変換する機器。無線AP（アクセスポイント）を導入することで、無線の電波が届くところであれば、どこでも端末を使用できるようになる。

出典：筆者作成

　まず、事例を紹介する前に、無線LANについて簡単に説明する。無線LANとは、無線通信を利用して通信を行うものであり、著名な規格としてIEEE802.11（登録商標Wi-Fi）がある。現在の学校の教室で使われている無線LANは、この規格が使われている。学校の教室における無線LANの設置例を図１に示す。ネットワークは、ルータからスイッチを経由し、各教室まで有線で接続される。端末を有線で接続し、ネットワークを使用することも理論上可能ではあるが、学校における教室レイアウトや運用を考えると現実的ではない。そこで、無線AP（アクセスポイント）が電波を送受信することで、端末はその電波を介してネットワークに無線で接続できるようになる。つまり、無線APが発した電波を受け取ることができる場所であれば、端末はネットワークにどこからでも接続できるようになるのである。

　無線LANには、電波で通信をするという特性もあり、通信速度の低下や通信の安定さに課題がある。また、電波は目に見えないため、発生する不具合事象に対して、問題の切り分けを行うことが難しいという側面もある。そこで、トラブルを未

然に防ぐことやトラブルが発生した際の対策検討の参考となるように、第1期整備時にあった代表的な課題事例について紹介する。

事例1　電波強度が弱い

（事　象）教室の中であっても電波が届きにくく、ネットワークが不安定な箇所が
　　　　　ある。

（原　因）無線APから電波を発しているため、建物の構造や電波の周波数による
　　　　　影響を受けるものではあるが、無線APの設置位置や電波送信出力が適
　　　　　切ではない。また、工事時に電波強度の確認の検査を行っていなかっ
　　　　　た。

（対　策）無線強度を測定するソフトウェアを活用し、各教室の複数個所で電波強
　　　　　度を測定し、ヒートマップを作図する。また、部屋内の無線APから最
　　　　　も離れたところで1分間程度電波強度を測定し、電波強度が常に高い数
　　　　　値であることを確認する。これらの結果をもとに、無線APの追加設置
　　　　　や設置場所変更、無線APの設定変更等を行う。

（その他）無線APの送信出力を最大にしてしまうと、無線の電波干渉が起こって
　　　　　しまう可能性があるため、適切な設計が重要である。ただし、無線AP
　　　　　が電波干渉を防ぐ機能を有している機種もある。

事例2　無線APが適切に切り替わらない

（事　象）教室を移動したあとなどに、ネットワークが不安定になる。

（原　因）端末が、遠くの教室の無線APから発せられる電波をつなぎ続けたた
　　　　　め、電波強度が弱く通信速度も遅くなっていた。

（対　策）全ての無線APを同一のSSID・セキュリティとし、ローミングが行える
　　　　　ように設定する等、電波圏内にある複数の無線APの中から最も適切な
　　　　　無線APに切り替わるようにする。

事例3　電波干渉

（事　象）毎日一定の時間帯にネットワークが不安定になる。

（原　因）学校では2.4GHz帯の無線LANしか使用しておらず、近くの道路を走る
　　　　　バスから発せられた無線LANと干渉していた。

（対　策）2.4GHz帯を利用する電波は、さまざまな機器から電波が発せられてお
　　　　　り、それらの電波による干渉が起こり得る。そのため、5GHz帯もあわ
　　　　　せて活用し、バンドステアリング機能等を活用することで、混雑してい
　　　　　ない周波数帯へ自動で振り分けを行う。

（その他）「電子レンジ」「スマートフォンのテザリング」「モバイルWi-Fiルータ」「Bluetooth機器」「気象レーダー」等が原因となる事例もある。

　事例４　機器の性能不足

（事　象）隣の教室と同時に端末を利用するとネットワークが不安定になる。

（原　因）無線APが廊下に設置してあり、２クラスで一つの無線APを使う設計となっていた。しかしながら、無線APの機器の性能が低く、２クラス分の端末を同時に接続させることには耐えられないものであった。

（対　策）１クラスに１台の無線APを設置することで、負荷を分散する。もしくは、既存の無線APをより高機能なものに置換する。

（その他）カタログスペック上の同時接続可能台数には、明確な基準がないため、接続することはできるが、実用には耐えられないというケースがあり得ることに留意が必要である。

　以上、課題事例を紹介したが、このほかにも課題となる事例はある。そこで、各学校の状況に応じた通信ネットワーク環境の評価（ネットワークアセスメント）を行い、現状の課題や顕在化していない課題を把握し、必要な対策を講ずることが重要である。

（新井 亮裕）

2部

GIGAスクールの
端末活用事例

通信環境などの情報の見方

　以下の通信環境などの情報は各事例の特性に鑑み、記載項目（内容）が異なることをご了承いただきたい。

事例自治体・学校・企業等の名称。
執筆者の所属と一致しない場合もある

（例）

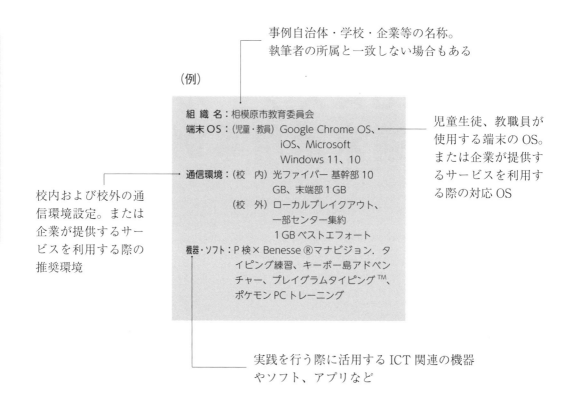

組 織 名：相模原市教育委員会
端末 OS：(児童・教員) Google Chrome OS、
　　　　　　iOS、Microsoft
　　　　　　Windows 11、10
通信環境：(校　内) 光ファイバー 基幹部 10
　　　　　　GB、末端部 1 GB
　　　　　(校　外) ローカルブレイクアウト、
　　　　　　一部センター集約
　　　　　　1 GB ベストエフォート
機器・ソフト：P 検× Benesse ®マナビジョン、タ
　　　　　　イピング練習、キーボー島アドベン
　　　　　　チャー、プレイグラムタイピング ™、
　　　　　　ポケモン PC トレーニング

児童生徒、教職員が
使用する端末の OS。
または企業が提供す
るサービスを利用す
る際の対応 OS

校内および校外の通
信環境設定。または
企業が提供するサー
ビスを利用する際の
推奨環境

実践を行う際に活用する ICT 関連の機器
やソフト、アプリなど

文字入力アプリ等の活用

国立教育政策研究所教育課程研究センター研究開発部教育課程調査官
文部科学省初等中等教育局教育課程課教科調査官／情報教育振興室教科調査官
渡邊 茂一

情報端末を活用する上で、キーボード入力は必須の技能である。そのため、GIGAスクール構想の１人１台端末の仕様ではキーボードが必須であり、全ての端末に一体型、外付け型を問わず、キーボードが備え付けられている。また文部科学省で行われている小中高校生を対象とした情報活用能力調査でも、毎回キーボード入力の調査が行われている。

キーボード入力の練習は、小学校の第３学年以降で想定される場合がほとんどである。その理由として、入力に必要なローマ字の学習が国語科第３学年に設定されていることがあげられる。

しかし、小学校１年生段階からGIGA端末を活用するためには、セキュリティのことを考えると、個別に用意された、ログインに必要なIDやパスワードを児童自身が入力する必要がある。また、右下の写真はある小学校第３学年の授業中の端末である。共同編集中の画面には、びっしりと文字が書き込まれた付箋が45分の授業時間の中で次々に現れ、それをもとに児童は議論を交わしていた。これだけの情報量を扱う小学校３年生とは、どのような思考をしているのだろう、と驚きを感じるとともに、GIGA端末による質の高い学習、いわゆる令和の日本型学校教育の到来を感じた。そこで、このような学習を下支えするキーボード入力技能を向上させる、文字入力アプリ等の活用について紹介する。

共同編集する小学校３年生の様子

キーボード入力技能の向上の手立てとして、授業時間外の文字入力アプリ等を活用した練習と、学習活動を通した練習が考えられる。

2部 GIGAスクールの端末活用事例

→ 文字入力アプリ等を活用した練習

　キーボード入力の練習では、ローマ字が読めることはもちろん、正しいホームポジションや、小さな「やゆよ」の入力方法など、細かな技能の指導が求められ、一斉指導が難しい。そこで役に立つのが、文字入力アプリ等である。GIGA 端末ではクラウド利用が標準となったため、最近では Web ブラウザ上で動作するものが多い。

　各学校では、対象となる学年、利用時間や形態、児童生徒の実態に応じたモチベーションの持続といった条件を鑑みて、利用するサービスを決めている。以下に、Web ブラウザで動作し、無料で利用できる文字入力アプリ等の例を掲載する（動作環境は各サービスページ上で要確認）。

○P 検 × Benesse® マナビジョン . タイピング練習（日本語編）（ベネッセ、登録不要）

https://manabi-gakushu.benesse.ne.jp/gakushu/typing/nihongonyuryoku.html

○キーボー島アドベンチャー（スズキ教育ソフト、登録の必要あり）

https://kb-kentei.net/

○プレイグラムタイピング™（株式会社 Preferred Networks、無料）

https://typing.playgram.jp/

○ポケモン PC トレーニング（一般財団法人ポケモン・ウィズ・ユー財団、無料）

https://pc.pokemon-foundation.or.jp/

　これらの活用として、休み時間や端末を持ち帰った家などで地道なトレーニングを行うことと、イベントを設け、トレーニングで習得した技能を発揮させることとを組み合わせ、モチベーションを持続させながら練習する方法が多い。

　具体的には、学年ごとに目標の文字数などを設定し、月ごとに学校内検定の時間を設け自主練習の成果を発揮させる、設定した文字数以上に到達した児童は表彰しその一覧を掲示する、といった事例がある。

校長室に掲示された表彰児童

→ 学習活動を通した習得

　授業外での練習の成果を、学習活動の中で、意図的にキーボードを使う時間を設けて発揮させることで、キーボード入力技能の向上を実感させる取組が考えられる。

　国語で説明文をキーボード入力で書かせ推敲させる、社会や理科のレポートをコンピュータで作成するよう指定する、授業の振り返りの記載をキーボード入力させるなど、各教科の授業での活用、特に長い文章を書く場面や、図表を同時に使う場合での利用が考えられる。さらに、帰りの学級活動での一言日誌は必ずキーボード入力にするなど、毎日地道に入力に慣れていく、といった取組の事例も多い。

　なお、特に低学年児童への具体的な指導の工夫は、合同会社かんがえる（https://www.thinkrana.com/）の Web 記事「低学年からはじめるキーボード（https://www.thinkrana.com/post/keyboard）」を参考にするとよい。GIGA スクールで多数の学校に導入された Chromebook の多くが英小文字表記のみのキーボードになっている点に着目し、キーボードに英大文字を示す教材を提供するなど、学校現場を支える ICT 支援員ならではの細やかな情報が掲載されていて、大変参考になる。

　令和の日本型学校教育を目指すためには、基本となるキーボード入力技能は必須である。学習で我慢強く端末を活用することはもちろん、紹介した事例を参考に、児童生徒が楽しく、実感を持ってキーボード入力ができるようになるよう、支援してほしい。

組 織 名：相模原市教育委員会
端末 OS：（児童・教員）Google Chrome OS、
　　　　　　　　　 iOS、Microsoft
　　　　　　　　　 Windows 11、10
通信環境：（校　内）光ファイバー 基幹部
　　　　　　　　　 10GB、末端部 1 GB
　　　　　　（校　外）ローカルブレイクアウト、
　　　　　　　　　 一部センター集約
　　　　　　　　　 1 GB ベストエフォート
機器・ソフト：P 検× Benesse ®マナビジョン. タイピング練習、キーボー島アドベンチャー、プレイグラムタイピング™、ポケモン PC トレーニング

▎引用▶
・相模原市　2021年10月22日 さがみはらGIGA通信 第３号
・相模原市　2022年３月９日 さがみはらGIGA通信 第９号
・相模原市のGIGAスクール構想（QRコード参照）

クラウド環境を活用した情報共有と同時共同編集

愛知県春日井市教育委員会教育研究所教育 DX 推進専門官
水谷 年孝

　GIGA スクール構想で整備された 1 人 1 台端末と 1 人 1 アカウントでのクラウド環境は、いろいろな情報の共有が容易にでき、さらに同時共同編集等も可能であるが、ほとんどの教職員にとって、これまでに活用したことがない新たな環境である。そのため、この環境をいきなり授業で活用をすることはなかなか難しいことである。教職員自身が、この環境のよさを理解して授業での活用イメージを持つためには、まずは、教職員自身が日常の校務や研修での活用を積み重ねることが重要である。そこで、これまでであれば、まとまった時間を確保して、一度にいろいろな活用方法を学ぶ研修を設定してきたが、全員が集まる会議などで少し時間を確保し、図 1 のように情報共有や同時共同編集の短時間の実習を何度も行い、容易に情報を共有できることや同時共同編集ができることを体感してもらった。この研修を通して、同時共同編集と情報共有のよさを体感し、授業でどのような活用ができるか、そのイメージをつかむことができた。

　このような活用は、校内だけではなく、学校間でもさらに効果を発揮する。特に校長間での情報共有には有効である。なお、校長自身がこの新たなクラウド環境を活用し、そのよさをまず体験することは、授業活用の推進のためにもとても重要な

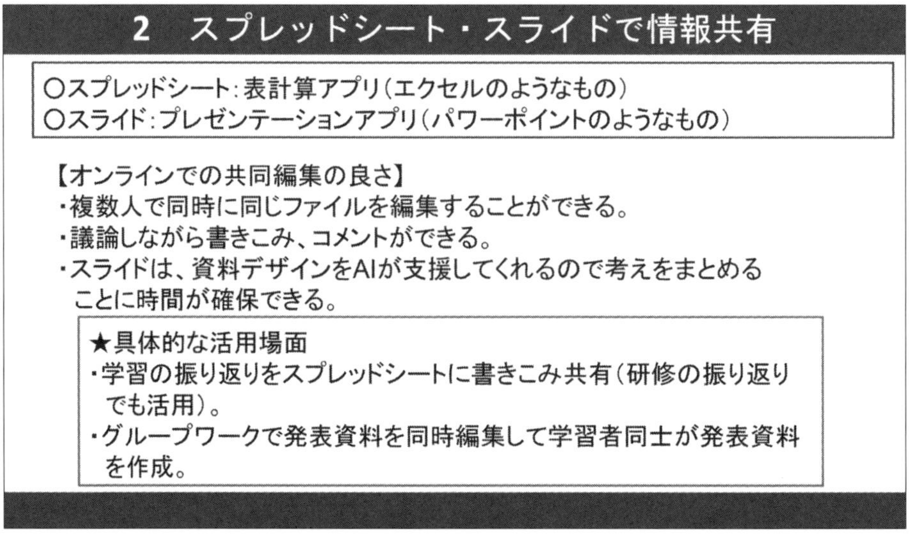

2　スプレッドシート・スライドで情報共有

○スプレッドシート：表計算アプリ（エクセルのようなもの）
○スライド：プレゼンテーションアプリ（パワーポイントのようなもの）

【オンラインでの共同編集の良さ】
・複数人で同時に同じファイルを編集することができる。
・議論しながら書きこみ、コメントができる。
・スライドは、資料デザインをAIが支援してくれるので考えをまとめる
　ことに時間が確保できる。

★具体的な活用場面
・学習の振り返りをスプレッドシートに書きこみ共有（研修の振り返り
　でも活用）。
・グループワークで発表資料を同時編集して学習者同士が発表資料
　を作成。

図1　情報共有・同時共同編集についての研修内容

【運動会代替案調査】 ☆
ファイル　編集　表示　挿入　表示形式　データ　ツール　アドオン　ヘルプ

100% ▼ ¥ % .0 .00 123▼ デフォルト... ▼ 11 ▼ B I S A ◇ 田 ⊞ ▼ ≡ ▼ ± ▼ ⊢ ▼ ▽ ▼ …

fx | №

	№	学校名	代替企画実施の有無	実施時期	企画の概要	感染症対策	来校保護者の
2	1		有	１０月３０日（金）	文化祭と併せて東中祭とし、午前中に各学年１時間で実施。レク的な種目を行う。	運動場で応援者はマスクをして実施。競技は密を避ける種目で実施	検討中
3	2		有	１０月２２日（木）	学校祭として、鑑賞活動、創作活動、体育的活動をローテーションで実施	日頃の感染対策の徹底。学年ごとにローテーションで密集しないよう工夫	来賓・保護者の来校は
4	3		有	１０月２８日（水）	学年ごとに２時間で４種目（綱引き・障害物R・8の	日頃の感染症対策。学年ごとに分ける。保護者の	保護者の来校はなし。
5	4		有りと言えば有り	10月22日（木）	文化祭を学校祭として実施。その中で全校ドッジボール大会を運動場で実施する。	日常の感染症対策のみ。	保護者の来校はなし。
6	5		有	１０月２２日（木）	学年ごと２時間５種目	日頃の感染症対策。学年ごとに分ける。	保護者の来校なし
7	6		有	１０月８日（木）	１５のレクリエーション種目を、体育館・武道場、空き教室、グラウンドで行う。	日頃の対策＋競技会場を分散させた	保護者来校の予定なし
8	7		有	10月20日2年 21日1年 22日3年	学年ごとに知多フェスティバルを行う。午前文科系、午後学年レク（運動系を含む様々なゲーム形式のレク）	日常の感染症対策	保護者の来校なし

図2　校長間でのクラウドを活用した情報共有

【学びの記録】3章・二次方程式｜301 ☆
ファイル　編集　表示　挿入　表示形式　データ　ツール　拡張機能　ヘルプ

↺ ↻ ⎙ ⎘ 100% ▼ ¥ % .0 .00 123 デフォ... ▼ － 10 ＋ B I S A ◇ 田 ⊞ ▼ ⋮

B35:B41 ▼ | fx 解の公式を知り、どうやって計算するかを理解する。

	№	【1】目標の設定 今日の学習の目標	【6】学習の振り返り 今日の学習を振り返って、できるようになったことや学んだこと、改善点をまとめましょう。	【7】自己評価 今日の学習の目標に対する満足度	【目標】140文字程度
57	28				0
59	29	二次方程式の解の公式を覚え、利用できるようになる	二次方程式の解の公式を覚え、利用して問題を解くことが出来た。また、二次方程式の解の公式を使って問題を解いた時に、√の中の数が9の場合など√を外せる数だった場合、外すのを忘れずに解くことが大切だと思った。また、公式を覚えるためには問題をたくさん解いて量をこなすことが大切だと思った。	【A】とても	140
61	30	二次方程式の解の公式の使い方を知り、それを使って解けるようにする	今回は前回やった解き方を基に、二次方程式の解の公式を覚え、問題を解くことができた。√の中を先に簡単にしてしまって、約分できなかったりしてミスをしてしまったので、問題集などを使って、復習していきたいと思います	【A】とても	103
63	31	因数分解を利用の考え方を使って、2次方程式を解けるようにする。	今まで使ってきた因数分解の公式を思い出し、2次方程式の解をだすことができた。ただ、二次方程式の公式を使った問題の復習をしたところ、すこし手間取ってしまったので、公式をすぐに使えるようにしたい。		96

図3　授業の振り返りでの活用例

ことである。図2は、その一例である。図2のように Google スプレッドシートを活用した情報共有では、各校長が入力すれば一瞬で情報を共有することができ、集約を待たずに判断材料として使うことができる。これは、従来以上に校長間の情報共有が必要だったコロナ禍での学校経営では大変有効であった。当然、このかたちでの情報共有が現在も継続されている。

　このような活用を日常の校務で繰り返していくことで、クラウド環境の基本的な活用に慣れていき、授業での活用のハードルは徐々に下がっていく。ここでは、2つの活用例を紹介する。

　図3は、Google スプレッドシートを活用して生徒の授業の振り返りを共有した例である。従来は、各自がノートに授業の振り返りを書いていた。学級全員の振り返りを把握するためには、授業後にノートを集めるしかなかった。しかし、このよ

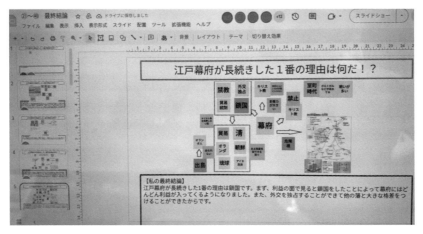

図4 授業のまとめの共有での活用例

うに Google スプレッドシートに入力させることで、授業中に容易に把握することができるようになり、必要に応じてすぐにフォローをすることが可能になった。さらに、従来は時間の関係で数人に発表させることしかできなかったが、このような方法により、全員の振り返りを学級全体で共有ができるようになった。

　図4は、Google スライドを活用して各自の授業のまとめを共有した例である。1人1スライドで同時に授業のまとめを作成していくが、各自のスライドは、左側のスライド一覧でいつでも参照することができる。従来であれば、完成後に提出された段階で初めて見ることができたが、途中の段階でも共有されているので、教師はアドバイスがしやすくなった。さらに、生徒間でも自由に見ることができるので、教師からのアドバイスだけでなく、途中での他者参照によって、自由に生徒間で情報を共有することができるようになっている。これにより、各自が必要な情報を取り入れて、よりよいものを作ることが可能になった。

　このように、GIGA スクール構想の標準仕様のクラウドアプリだけの活用でも、従来の授業ではできなかったことが可能になった。

組 織 名：春日井市教育委員会
端末 OS：(児童生徒) Google Chrome OS
　　　　　(教職員) Google Chrome OS、
　　　　　Microsoft Windows 10
通信環境：(校　内) 有線 LAN・Cat6A
　　　　　(校　外) センター集約／ IGB 帯域保証光ファイバー専用線／外部接続 20G
機器・ソフト：実物投影機・プロジェクター（全教室に常設）、インクジェット複合機（2クラスに1台）、校務支援システム EDUCOM マネージャー C4th、Qubene（キュビナ）など

GIGA端末の持ち帰りで実現する「シームレス」な教育

茨城県つくば市立みどりの学園義務教育学校教頭
中村 めぐみ

→ 学ぶ意欲を止めないための学習者用端末の持ち帰り

　つくば市は、持ち帰り学習を促進することで、「つくばシームレス教育」（"いつでもどこでもどんなときでも学びを止めない"）を目指している。この「つくばシームレス教育」の発端は、2020年の新型コロナウィルスによる休校の際、児童生徒の学びを止めないためにさまざまな施策を行ったことから始まっている。このときに、つくば市が最も重要視したのが学びを止めないことと、児童生徒同士と教師とのつながりを絶やさないこと、つまりコミュニケーションを止めないことであった。この思いを実現させるには、学習者用端末を家庭に持ち帰り、クラウド環境をフル活用した取組は必然であった。どのように持ち帰りを実現したかというと、全ての学校で同じように持ち帰ることができるようつくば市教育委員会として「持ち帰り学習の手引き」を用意するのと同時に以下の環境を整えた。

・Wi-Fi環境：W-Fiルータの支援、将来的には家庭で整備してもらえるよう啓発
・セキュリティ：OS設定による保護と夜間のインターネット使用制限
・情報モラル：情報モラル教育をカリキュラム化
・端末設定：持ち帰り学習の手引き（図1）、Wi-Fi接続マニュアル、持ち帰り用のACアダプターの提供

　このことにより、全ての児童生徒が端末を持ち帰り休校中でもクラウド環境を駆使した「オンライン学習」を毎日実施し、学ぶ意欲を維持し続けることができた。また、つくば市の「オンライン学習」はインタラクティブであることを重視しているた

図1　持ち帰り学習の手引き

め、Teams や協働学習支援システム「STUDYNOTE」を通して、教師と児童生徒、児童生徒同士がコミュニケーションを図りながらつながりを体感できる学びを実施することができた。一方、学習者用端末を持ち帰ることで顕在化する問題も多くあった。特に、持ち帰りによる紛失や故障、不具合については最も課題になる点であることから対応をフロー化し、学習者用端末にかかる貸し出し要項やルールを策定した。また、不具合については Microsoft Forms で集約し、QA や FAQ にして発信したり学校に持ってくれば ICT 支援員が対応したりすることのできる体制を整えた。このように、休校により始まった学習者用端末の利活用はつくば市の GIGA スクール構想の実現において土台となり、現在の持ち帰り運用につながっている。現在、学習者用端末の持ち帰りについては、学校以外のどんな場面であっても「学びたい」という探究心を止めないことを最重要目的に掲げて運用をしている。図2のように、学校の授業での気付きを家庭学習で追究し、その情報をもとに次の授業で探究し、さらに問いを深めるために学校外の学びの機会を求めていくことができるように、学習者用端末をいつでもどこでも使えるように持ち帰るのが「つくばシームレス教育」なのである。

図2　家庭における端末利活用

→ 学習者用端末持ち帰りのよさを生かした取組

　学習者用端末持ち帰りのよさを生かした取組の一つがデジタル連絡帳である。つくば市は Microsoft 365 を導入していることから、協働学習支援アプリとして Teams を常時活用し、さまざまな場面で情報共有をしている。近年、この Teams を利用してデジタル連絡帳を実施する学校が増えてきた。図3のように Teams に明日の時間割や連絡をアップしておけば、連絡帳を書く時間が削減され各教科の連絡なども一括して共有できる。そして、教師からの押印の代わりに教師からのデジタルスタンプもフィードバックされる。つまり、端末を持ち帰っていれば、連絡帳はいらなくなる。これも持ち帰りを促進する一つの方策といえる。

　もう一つは、つくば市が主催する科学体験イベントで「つくばちびっ子博士」デジタルスタンプラリーである。これは、市内の科学研究施設を見学して回り、スタンプを集めるイベントであるが、これらを今年度（2023 年度）デジタル化したのだ。

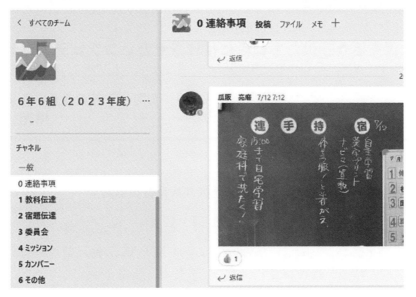

図3　デジタル連絡帳

持ち帰った学習者用端末を使って施設に貼ってある二次元コードを読み取ることで
クラウドにデジタルスタンプが集まっていく仕組みで、ただスタンプが集まるだけ
でなく、研究施設で得た情報や画像をクラウドに保存しておき、レポートを書く際
に使用することもできる。このように、学習者用端末を持ち帰ることによるメリッ
トを誰もが体感できるような仕組みをつくることも端末活用を推進していく方策の
一つといえる。

　今後、学習者用端末を当たり前のよう
に持ち帰ることが広がることによって、
いろいろな課題も解決でき、新しい学び
のかたちも増えていくことを期待した
い。

組 織 名：つくば市立みどりの学園
　　　　　義務教育学校
端末OS：(児童生徒) Microsoft Windows 10
通信環境：(校　内) 光ファイバー1GB
機器・ソフト：大型提示装置、Microsoft Teams
　　　　　　など

実践編

次世代を担う子供たちに身に付けさせたいコンピテンシー

佐賀県多久市長／全国 ICT 教育首長協議会会長
横尾 俊彦

→ ICT教育に取り組んだきっかけと全国ICT教育首長協議会

　私が ICT 教育に積極的に取り組もうと考えたのは、2011 年頃のことである。海外の教育事情を視察した際に、海外の学校では ICT や 21 世紀型スキルの育成を取り入れた教育が積極的に行われていることを知り、衝撃を受けたのである。

　「日本は、この先大丈夫か」と、強烈な危機感を覚えた。

　そのような折、2015 年 11 月に、つくば市で、ICT 教育を積極的に推進あるいは取り入れようとする自治体が集まって「首長によるシンポジウム」が開催された。とても有意義な会で、1 回限りのイベントで終わらせてはもったいないと考え、都心への電車の中でも熱論を継続し、翌年の 2016 年に「全国 ICT 教育首長協議会」を立ち上げた。設立趣旨は、「子供たちの未来に必要な 21 世紀型スキルの育成のための教育を最先端の ICT を活用して行うこと」、「ICT の活用により、各個人が自分のペースで学習が習得できる個別最適化を図ること」など、教育の可能性をもっと広げていきたいとの思いを根底に据えた。

　その実現のためには、ICT 教育機器の整備、ネットワークの高速化、ICT 教育を推進する人材確保、教職員のモチベーションを高める工夫などが必要である。

　しかし、これらの実現には、膨大な予算を要し、自治体単独で容易に実現できるものではなかった。

　そこで、協議会をつくり、政府に提言することを考えた。毎年、「全国 ICT 教育首長サミット」を開催し、ICT 教育に関する今日的課題を協議し、そこでまとめたものを文部科学大臣に提言してきた（図 1）。さらに、GIGA スクール構想実現に向けても奔走してきた。そして、2022 年、実際に GIGA スクールが始動できた際にはありがたく感じるとともに、「ようやくここまで来た」と実感し、さらなる尽力を誓った。たとえば、2023 年度は当時の永岡桂子文部科学大臣に、次の内容を提言をした（図 2）。

図 1　永岡桂子文部科学大臣への提言

提言　GIGAスクール構想の加速について

「世界最先端IT国家創造宣言」が閣議決定され、文部科学省では、「2020年代に向けた教育の情報化に関する懇談会」が開催されるなど、各自治体に対して、教育のICT化と人材育成が求められています。その実現には、教育委員会だけでなく、まちづくりに責任をもつ首長の役割が大きくなっています。

そこで、ICT教育の重要性を認識する自治体の首長が集い、Society5.0時代の教育に必要なICT機器の整備および制度改革の推進を目的とし、平成28年に「全国ICT教育首長協議会」を設立しました。本協議会では、これまで、文部科学大臣に児童生徒1人1台端末導入の提言を行うなど、GIGAスクール構想実現の一翼を担ってまいりました。

GIGA端末の整備が全国的に進み、ようやく新しい学びが始まりましたが、数年後には、GIGA端末更新が迫っています。そこで、さらに全国で教育DXが推進され、Society5.0時代に日本が世界のリーダーとして活躍できるような人材を育成するために、次の提言をおこなうものであります。

記

GIGAスクール構想の下で整備された1人1台端末について、多くの自治体で耐用年数が迫っている。必要な端末更新が地方交付税頼みとなれば、GIGAスクール構想以前の格差が生じることは明らかである。そうなれば、折角生まれつつある教育DXの流れが多くの地域でストップするばかりか、デジタル田園都市国家構想や子どもデータ連携といった政権の重要施策の推進に逆行することとなりかねない。また、我が国で不足する今後のデジタル人材の中長期的な供給にも支障をきたしかねない。

国策として始めた世界も注目する教育DXの流れを不可逆のものとするためにも、GIGA端末更新に係る経費は、整備時と同様の割合で国費措置すべきである。例えば、2／3台分は国費、1／3台分は地方交付税。その際、先行して整備を進めてきた先進自治体が取りこぼされることのないようにお願いしたい。

以上について、2024年度「骨太の方針」への明確な記載と実行を提言するものである。

図2　永岡桂子文部科学大臣への提言

→ 多久市のICT教育

多久市は、佐賀県のほぼ中央部に位置する。1708年に時の領主・多久茂文公の立志で創建された孔子廟（多久聖廟）を擁する文教都市である。孔子廟の御縁から論語教育に力を入れている。子供たちは「論語かるた」に興じつつ論語の章句を覚え、小学校高学年時期には論語の100の章句を暗唱できるようになる。市内で高校生や若い社会人も、すらすら唱えるのを取材した某テレビ局の取材スタッフが驚かれたほどである。市内の学校は、7小学校・3中学校であったが、2013年に日本

一の小中一貫教育導入を目指す再編統廃合（10校を3校に）を経て、2017年より義務教育学校3校を配置し、教育の振興を図っている。

→ ICTは「I CREATE TOMORROW」未来創造を担う人材を育てる

ICTとは「Information and Communication Technology」の略であるが、私自身は「ICTはI CREATE TOMORROW」を提唱し、合言葉にしている。その意味合いに込めたのは「僕が、私が、未来を創る」である。子供たちが将来、課題に直面し、それを乗り越え、未来創造する基本的な力としてICTを習得する、好きなことや大事なことを伸ばしていけることもICT教育の個別最適化で可能と考える。

多久市では、2009年に大型提示装置(電子黒板)の全教室導入など、2018年度以前より、さまざまな取組を行っている。市の財政は豊かでないため、民間企業の実証実験プロジェクトに参入してコンピュータ導入も行った。2018年からは、総務省の予算を活用し、本格的にICT教育に取り組んだ。①限られた予算を有効に活用する、②市長や教育長

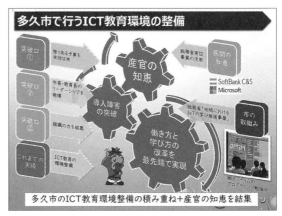

図3　多久市で行うICT教育環境の整備

がしっかりリーダーシップを発揮する、③チーム力を高めながら行う、を心掛け、コンピュータ導入だけでなく通信環境整備も重要なのでシステム全体の構築を図るなど、官民の知恵を生かしながら、導入や運用の障害を突破してきた（図3）。

具体的には、教職員のICT苦手意識克服のためのICT支援員は2009年から全学校（当初10校）に配置した。また、フルクラウド化を進め、学力向上のための個別最適化のみならず、教職員の働き方改革にも活用した。教職員の中には、自宅で介護や子育てを必要とする先生もあり、クラウド活用により、残業することなく、自宅で主体的に時間を有効活用して仕事をすることができるようにした。教職員の月平均残業時間が、最近（2023年度）では、23.8時間程度になっている。

児童生徒用の端末は、持ち帰りを前提とし、端末の管理よりも有効に活用することに重点を置いた。ソフト面では、タブレットドリルやデジタル教科書を導入し、活用する。大型提示装置やデジタル教科書、動画コンテンツを活用することで、魅力ある授業づくりに努めている。そして、児童

図4　遠隔学習の様子

生徒の習熟の速さに対応したり、誤答傾向に応じたりしたデジタル教材を導入し、個別最適化した学びを実現している。子供たちの発案で、市長室と教室をスカイプでつなぎ、児童生徒のプレゼンをもとにディスカッションするという協働的な学びも行った。さらに、学校間遠隔学習や教育支援センターとの連携もオンラインで実施するなど、学校の枠を超えた学びも図っている（図４）。

→ 成果を励みにさらなる充実向上を推進

　これらの取組により日本ICT教育アワード総務大臣賞を受賞した。また、日経の「ICT教育ランキング・義務教育学校部門」で２年連続全国トップに輝いた。
　このように「仁・義・礼・智・信」を重んじ、歴史の波を越えてきた論語の教えに学ぶ教育と、ICT教育を充実させつつ、それを生かした感性やスキルの向上を育みながら、自己肯定感に満ち、自分の生き方を創造できる児童生徒を育成していけるよう、行政の市長部局と教育委員会が一体となって取り組んでいる。
　ともに未来創造を目指す心一つで、お互いに切磋琢磨し、気付いた人が勇気を持って、何事も始めることが肝心である。ここは皆でしっかり頑張りましょう。

組 織 名：多久市
端末OS：(児童生徒) Windows
　　　　　(教職員) Windows
通信環境：(校　内) 光回線１G、全室 Wi-Fi
機器・ソフト：大型提示装置

KEY STORY KEY STORY

　一部の学級や学校で実験的にICT教育を行うのではなく、自治体内全ての学校で、全ての児童生徒がICT教育を享受するために機器を整備するには、多額の予算が必要となります。国から端末の費用が賄えるとしても、地域の教育の実情に応じて、大型提示装置や高速ネットワーク、教育用ソフトウェア、ICT支援員など自治体の支出もかなりあります。
　そうした予算を獲得するためには、首長の理解とリーダーシップが重要です。また、教育は「まちづくり」の施策としても大変重要となっています。しかし、自治体の中には、ICT教育に関する正確な情報が首長まで届かず、なかなかGIGA端末の活用が進んでいない事例がみられます。全国ICT教育首長協議会は、先進的にICT教育に取り組んでいる自治体ばかりではなく、これから推進していこうとする自治体のための協議会ですので、GIGA端末の活用や整備に取り組みたいと考えている自治体の皆様は、そうした活動に参加してみるのもよいかもしれません。

（毛利）

実践編

GIGA スクール構想によって踏み出せた一歩
~データ利活用の考え方を教育村・学校村に~

埼玉県戸田市教育委員会教育長

戸ヶ﨑 勤

　GIGA スクール構想による１人１台端末の整備によってさまざまなチャレンジ、課題解決が可能になったと考えているが、ここでは特にデータ利活用の文脈でその有用性を本市の実践を紹介しながら述べてみたいと思う。

　学校現場には、私が教鞭をとっていた頃から今現在まで、変わらず横たわっている課題がある。一つは、3K（経験、勘、気合い）のみで互いに納得してしまい教師の個人的力量に依存した判断や対応を行うのではなく、できるだけ客観的かつ合理的な判断を組織的に行えるようにする必要があることである。警察の科学捜査や医師の血液等の検査結果に基づく診察のように、教育も、科学的視点やデータサイエンスの手法等を取り入れながらアカウンタビリティを確保することが求められるはずである。

　もう一つは、つづける、つなげる、つかう、という３つの「つ」を可能にする環境整備と意識の浸透である。教育は、花火をあげるより「続ける」ことが難しい。学校で新しく特別な取組がなされるとき、ほとんどその裏側には教師の多大な努力（負担）が必ずあり、重要な取組を継続させるためには、その負担をできるだけ軽減できる環境が必須となる。また、学校の内外ともに「つながり」が弱く、成果等が個人や学年など一部で完結する場合が多い。そうではなく、外部との連携も含めて学校が組織としてさまざまな課題や問題に取り組むために、重要な情報やうまくいった事例の共有などを積極的に行う姿勢とそれを可能にする環境が必要である。さらに問題なのは、優れた教育実践やデータ等を「使う」ことが少なく、そして多くは年度が替わるとリセットされ、効率性や生産性が低くなりがちなことである。教師は、まだまだデータを活用することに対する有用感を感じておらず、その実践に多くの労力がかかるということであればなおさら食指が動かない。まず使ってみようと思える環境が必要となる。

　こういった問題意識があるからこそ、教育長就任時から貫いている教育改革のコンセプト４つのうちに「3K からの脱却」そして「授業や教室を科学する」という２点を掲げ、GIGA スクール構想に先駆けて 2016 年度から順次端末の整備（GIGA スクール構想前におよそ３学級につき１学級分の台数）を進めてきた。その当時でも、端末が整備されたことによりアンケートのデジタル化が可能になり、実施や集

当面の取組の方向性

	現状・課題		当面の方向性
1	✓ 教師の経験と勘と気合い（3K）のみによる教育から脱却し、客観的な根拠に基づく教育に転換する必要。 ✓ 子供たちが主体的に自らの考えを外化したり、学びのプロセスを共有したりする中で、子供も教師もリフレクションが深まる気付きを多く得ることが必要。	**授業を科学する**	➢ 引き続き、アクティブ・ラーニング（AL）指導用ルーブリック・戸田市版SAMRモデルの活用と児童の変容の見取りによる、主体的・対話的で深い学びの実現に向けたデータ駆動型の授業研究を推進。 ➢ 全ての教師の指導改善に繋げられるよう、多角的な視点からの匠の技の可視化やAL指導用ルーブリックの更なる改善について取り組む。
2	✓ 様々な生徒指導上の課題は早期発見・早期対応が不可欠であるが、教師や保護者などの気付きや観察だけでは限界がある。 ✓ 不登校が子供達の学力面・情意面にどのような影響を及ぼしているか、客観的に把握する必要。	**生徒指導を科学する**	➢ 教育総合データベースにより、子供達の不登校等のSOSの早期発見・対応を試行することで、積極的な生徒指導を補強。 ➢ 専門家による不登校対策ラボラトリー「ぱれっとラボ」において、本市の不登校対策・支援に関する調査・研究・評価を実施。
3	✓ 子供の社会経済的背景等の困難を考慮した学級・学校単位での学力等の伸び、学校の理解度や信頼度などを可視化・定量化する必要。 ✓ 教師にとってのAL指導用ルーブリックのような、学校管理職にとって学校経営を自己・他者評価するような視点が必要。	**学級・学校経営を科学する**	➢ 教育総合データベースの「学校カルテ」機能や学校訪問におけるデータの利活用等を通じて、学級・学校経営を科学する取組を推進。 ➢ アセスメント・ファシリテーション能力を含めた学校経営の視点を示したルーブリックの作成について検討。

当面の取組の方向性

計にかかる時間が大幅に短縮され、アンケートの実施回数を増やすことができるなど、データ取得の簡易化に寄与したといえる。しかし、GIGA スクール構想によって実現した環境は、先述した課題を解決するための土台として、より大きく着実な一歩であったと実感している。

　具体的にどのような実践があるかについて、一つの例として、戸田市教育委員会で 15 年以上行っている「授業がわかる調査」の分析と活用があげられる。授業がわかる調査は「授業がわかりますか」「授業が楽しいですか」という質問に、教科ごとに 5 件法で回答する児童生徒向けのアンケート調査だが、シンプルであるがゆえに児童生徒にとっても回答しやすく、教師にとってわかりやすいアセスメントである。1 人 1 台端末が整備される前は、Google Forms で得られた回答を市教育委員会が集計し学校にフィードバックを行うという政策レベルのデータ活用にとどまっていたが、現在では学校現場で Web アンケート調査を行うことが浸透し、自律的な活用が進んでいる。測定の頻度を高め、学級別に目標を立てたり分析したりして、学級担任レベルで授業改善に生かしているようである。

　このような現場でのデータ利活用は、個々の児童生徒を見取るための参考として大いに役立つものであるし、頻度高くデータをとることで、日々の実践に生かしやすくなり、教師の行動変容に寄与しやすくなると思われる。教師自身が学級の状況

戸田市教育政策シンクタンク　教育総合データベース

①**誰一人取り残されない、子供達一人一人に応じた支援**の実現
　（子供達のSOSの早期発見・支援等）

②**EBPM（EIPP）**の推進（行政課題特定の精緻化や施策の効果測定等）

③新たな**知見の創出**
　（匠の技の可視化、学校カルテによる学校現場へのフィードバック等）

④関係機関の**連携促進**（教育委員会と福祉部局等との連携等）

〇教育委員会及び市長部局に分散している**子供に関わるデータ**について、**教育分野を軸にした「教育総合データベース」を整備**する。

〇併せて、**データの標準化**や**データフォーマットのオープン化**等により、他自治体においても導入しやすい基盤となることを目指す。

令和4年度デジタル庁実証事業・令和5年度こども家庭庁実証事業の実施団体に採択

＜今後の検討課題＞
- ✓ 具体的活用イメージ、データ項目・IDの整理
- ✓ 個人情報の保護措置、倫理面での配慮
- ✓ 効果的・効率的な活用の在り方
- ✓ 整備すべきシステムの在り方
- ✓ データリテラシーの育成
- ✓ 学校におけるデータ活用の可能性

戸田市教育政策シンクタンク　教育総合データベース

を子供目線で可視化し、そのデータを参照しながら自分の行動を改善していくという取組は、特別なことではなく日常的・普遍的なものであるべきであり、それを可能にしたのがGIGAスクール構想といってよい。

　その他、実証段階ではあるが「子供のSOS（小さな変化）の早期発見・支援」のためのデータ利活用も進めている。たとえば、11月に不登校（または傾向）が発現した児童生徒がいたとしたら、それが顕在化する前の4月から10月までの生活状況や各種調査、アンケート等で、何か特徴がみられるのではないか。そうしたデータを組み合わせて分析することで不登校傾向の発現を予測できないか、分析結果も含めてデータを一元的にチェックできる環境を整えることで、早めにフォローすべき子供を発見できないか、そして学校等でのプッシュ型支援につなげられないか、そういったことをねらいとしたものである。2022年度中の実証において、このユースケースに関してはデータベースシステムの構築や、一定程度の予測精度を持ったモデルの構築、データを活用した学校現場における子供の支援などを行ったが、さまざまな課題も明らかになった。やはり特に感じたのは、こういった仕組みを持続可能で有効なものにするためには、データの取得から集計、可視化、活用まで、いかに人的コストがかからない仕組みにできるかという点が重要になるということである。

　その点、GIGAスクール構想によって普段使いするようになった端末は、取組の基盤としてマストアイテムであり、デイリーのデータ取得と児童生徒へのフィード

バック（本市において児童生徒自身へのフィードバックやその活用はまだ途上だが）の役割を果たす。その中の一つでわかりやすいのは、心と体の健康観察アプリケーションの回答結果だろうか。こちらは毎日児童生徒に入力してもらい、その日の心身の調子や相談したいことがあるかどうかを聞くアセスメントとなっていて、実証校では回答結果が気になる児童生徒には即時的に対応している。その結果、4月から5月にかけて「相談したい」件数は大きく減ったという成果が出た。

ここで紹介した本市の事例はまだまだ発展途上だが、1人1台端末の環境であれば比較的取り組みやすいものだと思う。今後さまざまなテクノロジーの発展に伴い、端末を活用したさらなるサービスの展開も予想される。誰一人取り残されない教育の実現のために、端末を活用した教育の可能性を模索し、来るべき将来に備えておきたいものである。

> 組 織 名：戸田市教育委員会
> 端末OS：（児童生徒）Chrome OS
> 　　　　　（教職員）Windows 11 Education
> 　　　　　　　　　　64ビット（9月以降）
> 通信環境：（校　内）広域イーサネットサービス
> 　　　　　　　　　　（ビジネスイーサワイド）
> 　　　　　（校　外）センター集約、1社専有型
> 　　　　　　　　　　回線1G×4L
> 機器・ソフト：ミライシード、ロイロノート、ジャストスマイルドリル
> 　　　　　全校で黒板のホワイトボード化及び電子黒板機能付きプロジェクターの導入

KEY STORY

戸田市の先進的ICT教育の成功の理由として、教育CIOとしての戸ヶ﨑教育長のリーダーシップがあげられます。教育CIOの役割とは、文部科学省「学校のICT化のサポート体制の在り方に関する検討会」資料によると、

①学校のICT環境の整備（業務の効率化と質的改善、首長部局との連携等）

②情報化による授業改善と情報教育の充実（先進的実践事例の調査・研究・普及等）

③情報公開・広報・公聴（情報化指標の公開、学校の広報と説明責任の実行等）

④人材育成・活用（ICT活用指導力の調査・分析、管理職研修の実施等）

⑤リスクマネジメント（情報セキュリティ・ポリシーの策定・運用・改善等）

と述べられていますが、まさに、戸ヶ﨑教育長をモデルにしたのではないかというほどの活躍なのです。戸ヶ﨑教育長を見習うべき点は、教育の今日的課題への対応に追われるのではなく、20年30年後の社会の姿を見据え、常に新しい教育にチャレンジしている点です。しかも孤軍奮闘するのではなく、校長にそのビジョンを伝え、若手教師とは、授業改善について語り合うなど、トップダウンとボトムアップの両面からアプローチしています。こうした取組により、先進的モデル校だけが行うのではなく、市内全校への取組に広がっています。

今回、データ利活用について述べられていますが、これは、1校でできるものではなく、自治体をあげて取り組まなければ成功しない事例です。ぜひ、全国の教育委員会でも、こうした組織の在り方を参考にしてほしいと思います。　　　　　　　　　　（毛利）

実践編

ICTとスクールバスを活用したハイブリット型交流で小規模校のハンデを克服

富山県氷見市長
林 正之

氷見市は、富山県の北西、能登半島の東側基部に位置する人口約4万4,000人の都市である。「世界で最も美しい湾クラブ」に加盟する富山湾越しにそびえる3,000メートル級の立山連峰の美しい景観は市のシンボルとなっている。

また、全国ブランドの「ひみ寒ぶり」をはじめ、最高級黒毛和牛の「氷見牛」や梅で日本初の農林水産省の地理的表示（GI）保護制度の登録を受けた「氷見稲積梅」、日本三大手延べうどんの「氷見うどん」など、里海里山からの恵みを生かした豊かな食文化が根付いている。

2021年2月には、将来にわたり伝統的な農林水産業が受け継がれる地域として「氷見の持続可能な定置網漁業」が富山県で初めて日本農業遺産に認定され、2023

氷見漁港に並ぶ「ひみ寒ぶり」

氷見沖の定置網

年5月には、本市が提案していた「美しい海と山がつなぐ"食都氷見"〜人 自然 食 文化で輝く交流のまち〜」が「SDGs未来都市」に選定されるなど、先人から受け継いだ歴史や文化、環境などの「氷見らしさ」を次の世代へと引き継ぐさまざまなプロジェクトが動き始めている。

本市の現在の児童生徒数は約2,500人で、学校数は、小学校9校、中学校4校、義務教育学校1校となっており、比較的小規模の学校が多い状況となっている。各学校では、地域の特性を生かした教育活動を工夫して行っているところであるが、

これらの学校の教育活動をより高めるためにICTを活用した取組を積極的に進めている。

2011年度には全小学校での大型提示装置（電子黒板）の設置、2015年度にはモデル校区でのタブレットPCの導入、2017年度には全ての小中学校の普通教室全クラスでの電子黒板の設置と全ての小中学校の1クラス分のタブレットPCの配置などを行い、それらを活用した写真や動画の撮影やプレゼンテーション資料の作成、プログラミング学習など、さまざまな取組を実施してきた。

2020年度には、「GIGAスクール構想」に基づく児童生徒1人1台のタブレットPCと高速ネットワーク環境の整備が完了した。コロナ禍の影響で直接訪問できない老人ホームの高齢者とのオンライン交流や、他市の学校との互いの特徴や共通点、相違点などを学ぶ2校の遠隔交流学習などをICTの双方向性を生かして実施した。

2021年度には、同一中学校区の小規模校の灘浦小学校、海峰小学校、上庄小学校の3校において、ICTを活用した遠隔合同授業を開始した。

まず、操作に慣れるため、3校合同で週2回程度、朝の会や帰りの会でクイズ大会などを行った。その後、国語や英語、算数などの授業では、電子黒板に他校のクラスが映し出され、リアルタイムで児童が意見を交換するとともに、個人のタブレットPCをオンライン会議のアプリ「Teams」などでつなぎ、離れていても、ICTを活用して対話や議論を重ねたり、多様な考えに触れたりすることが可能となった。

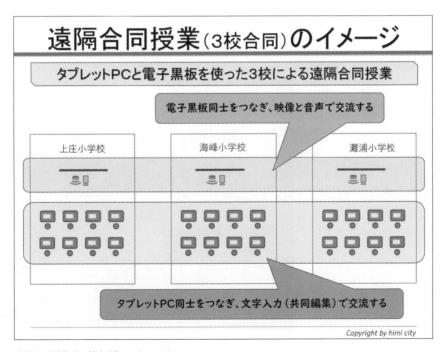

遠隔合同授業（3校合同）のイメージ

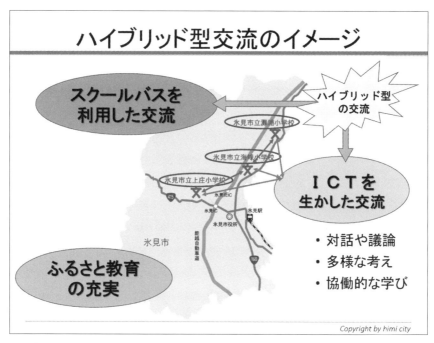

ハイブリッド型交流のイメージ

　また、このモニター越しの交流を行う遠隔合同授業と並行し、スクールバスを活用して３校の児童が実際に会って一緒にふるさと学習を進めるとともに、合同で宿泊学習や校外学習を実施するなど、ハイブリッド型の交流を積極的に行っている。

　この３校による多様で活発な交流は、中学校入学への不安をなくし、「中１ギャップ」の解消につながるものであるとともに、小規模校のよさを生かしながら、地域に学校を残していくことができる一つの方策であると考えている。

　こうしたICT環境を生かした本市独自の取組が、2022年度の第5回日本ICT教育アワード（全国ICT教育首長協議会主催）において最高賞の一つである総務大臣賞を受賞した。

　本賞は、全国的にGIGAスクール構想が推進されている中、教育分野での積極的なICT環境整備などにより、地域創生や学校活性化につながる優れた取組を

日本ICT教育アワード表彰式（国光あやの総務大臣政務官（右）から表彰を受けた筆者（左））

行った自治体を表彰するものであり、これまでの本市における積極的な ICT 活用が、クラス替えができず友達関係が固定化するなどの小規模校のハンデを克服した活動として高く評価されたものと大変うれしく思っている。

　今回の受賞を励みに、これまでの取組を継続、充実させていくことで、地域で学び、ふるさとを根っこにして考え、氷見市を誇りに思う児童生徒の育成につなげていく。このことが第 3 期氷見市教育振興基本計画の基本理念の「ふるさと氷見を愛し　次代を担う人づくり」を体現していくことになると考えている。

　今後も ICT 等の先端技術を活用し、ふるさと教育の充実に努め、人口が減少しても幸せに暮らしていけるまちづくりを目指していきたい。

組 織 名：氷見市
端末 OS：（児童生徒）Microsoft Windows 10、11
　　　　　（教職員）Microsoft Windows 10、11
通信環境：（校　内）1 Gbps
　　　　　（校　外）フレッツ光、CATV 光、ローカルブレイクアウト
機器・ソフト：大型提示装置、ラインズ e ライブラリ、YouTube、プログラミングソフト等

2部 GIGAスクールの端末活用事例

KEY STORY

　児童生徒数の減少は、氷見市だけに限らず、全国的に深刻な問題です。本実践で述べられているように、小規模校では、一緒に学ぶ友達が固定化することで、表現力を発揮する場が少なかったり、協働して学ぶ機会が少なかったりします。

　その解決のために、遠隔学習が行われています。今回の実践で素晴らしい点は、遠隔学習を日常的に行っていることです。朝の会、帰りの会、そして、学習。そうすることで、まるで、同じ教室で学んでいるようになりました。子供たちにとって、遠隔学習は特別な学習ではなく、普段の学習になっていったことでしょう。小規模校のデメリットを見事に乗り越えた事例です。

　他県の例もご紹介したいと思います。中学校の小規模校では、全ての教科の先生が配置できないときがあります。兼務発令を受け、車で複数の学校を行ったり来たりするのでは大変です。そこで、教科担当のいない学校にテレビ会議で授業を行う試みが行われています。このときに、2 クラスで合同授業を行えば、先生の持ち時間も減らすことができます。働き方改革にもつながりますね。

　氷見市がこうした実践を行うことができるのも、市長の大きなリーダーシップあってこそなのです。教育はもちろん教育長を中心とした教育委員会が担っていますが、多額の予算が必要である ICT 教育を推進するためには、首長の理解とリーダーシップが不可欠です。氷見市の本実践は、林市長自らが熱くプレゼンしたものです。

（毛利）

〈問題発見解決力：小〉

PBL に GIGA 端末は欠かせないツール
～小学校第 4 学年の課題研究における個別最適な学びの実現を目指して～

茨城県取手市立取手西小学校教頭
大村 千博

（1）端末活用入門編

　生成 AI 等の出現で、時代はさらに急速に変化し、ますます予測不能になってきている。そのような時代を子供たちが生き抜き、一人ひとりが多様で幸せな人生を送るためには、課題解決力や思考力育成が急務の課題である。

　総合的な学習の時間等で行われる探究的な学習や課題研究の探究の過程を繰り返し経験させることを通して、課題解決力や思考力を育むことができる。その探究の過程を通した学習活動（PBL）において、GIGA 端末は欠かせないツールとなっている。子供たちが身近な事物・現象から「なぜだろう？」「不思議だな」と感じた小さな芽である課題を、予想や仮説を立てながら、「どうしたら解決できるだろうか？」と主体的に方法を考え、実験・観察、調査等を経て解決するという学びも、1 人 1 台の GIGA 端末導入により、「一部の子供たちが活躍する学習活動」ではなく、「誰一人取り残されない学習活動」へと大きく変容した。

　本校は、SDGs 達成に向け、身近な問題や地球規模の課題を自分事として捉え、課題解決を通して、自分の思いや考えを豊かに表現できる児童の育成を目指し、GIGA 端末を「文房具」として活用した教育を実践している。2022 年度、第 4 学年の総合的な学習の時間では食品ロスや地球環境問題をテーマとして扱い、グループ活動を行った。その中の一つのグループにおける課題研究を中心に、個別最適な学びの実現を目指した GIGA 端末活用実践を報告する。

➡ 課題研究内容（2022年 6 ～ 9 月までの間・小学校 4 年生 3 名が実施）

○研究タイトル：「SDGs 資源循環型社会を目指して～給食生ゴミリサイクル堆肥の可能性を探る～」
○研究内容：本校に導入されている生ゴミ処理機からできた給食残渣堆肥の適切な活用方法を導き出すこと。
○児童の変容：3 カ月間の実験・観察を通して、児童は自由研究の面白さに気付くとともに、課題解決能力や思考力が向上していた。

→ 課題研究の進め方とGIGA端末活用

①課題設定

　地域や学校、身近な自然事象から「なぜだろう？」「不思議だな」と感じる気付きがあるように、GIGA 端末のインターネットを活用して情報を収集させた。Web サイト、オンライン図書館などのリソースを使い、個に応じた興味・関心のあるテーマに関する情報を集めさせた。

　児童は Web 上や書籍に給食残渣堆肥の適切な使い方の情報がないと気付き、適切な活用方法を導き出すことを課題に設定した。

②予想・仮説の設定

　設定した課題が児童にとって、ワクワクするものであり、主体的に研究に取り組めるためには、予想や予想の理由・仮説を立てることが大切である。そのことを伝えるために、GIGA 端末のインターネットを活用して、NHK for School の番組「フライデーモーニング・スクール【理科】＃２　予想をうまく立てるには？」を視聴させた。わからないときには動画を停止させて考える時間をとることなどを助言し、児童各自のペースで視聴することができた。

③実験方法の立案

　準備物と具体的実験方法を実験ノート（野帳）に記録していくと同時に、GIGA端末に入っている Word で入力していった。入力データは、Teams のファイルに保存し、児童３名で共有し、誰もが入力・更新ができるようにした。

　実験方法等でわからないことや質問があり、助言等が必要となったため、児童はGIGA 端末でいばらきサイエンスキッズ育成事業の「オンライン科学自由研究相談会」に接続し、植物の専門家である大学教授に相談することができた。自分の端末で、学校では関わることのできない専門家に相談したり、情報収集ができたりすることは画期的である。

④観察・実験の実施

　植物の成長の結果を GIGA 端末のカメラ機能で撮影・録画をし、高さや葉の大きさを Excel に記録していった。実験結果データなど大切な情報はTeams のファイルに共有・保存し、いつでも誰でも取り出すことができた。

⑤実験結果の分析と考察

　児童が Excel を用い、計測データか

GIGA端末カメラ機能での撮影

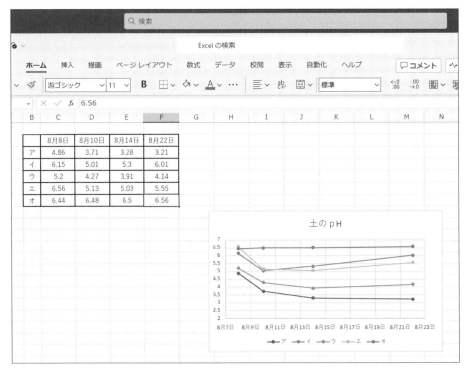

Teams上の結果の共有データ

ら表やグラフを作成することで、情報を整理したり、深く分析したりすることができた。さらに、Teams の会議機能で、必要に応じてメンバーでつながり、分析結果を児童同士が情報共有したり協議したりし、協働的な学びを通して情報の再構築を図ることができた。

⑥まとめ・表現

　GIGA 端末を使って、研究のまとめをクラウド上データの Word で行ったため、児童が効率的に協働して作業を進めることができた。誤字、脱字や内容の修正だけでなく、教師のチェックも容易であった。端末導入前は、手書きの作業だったため、間違えると書き直しに多くの時間がかかっていた。それがないため、児童は考えることや内容を深めることに力を注げるようになり、課題解決能力や思考力をさらに高めることができると考える。

　さらに、ポスターを PowerPoint で作成した。小学生でも容易にポスターが作成できるように、Teams のファイルにポスターのテンプレートを３種類ほど入れた。それらを活用して、児童はポスターを作成していったが、最終的に独自に色やデザインを変えたものが完成した。

　校内のみならず、校外でプレゼンテーションを行ったり、市長の前で GIGA 端末によるプレゼンテーションを行ったりする機会に恵まれ、児童の表現力やプレゼンテーション力が向上した。

以上のことから、課題研究でのGIGA端末活用は、児童が主体的に学び、課題解決能力や思考力を育むための手段として大変効果的であり、個別最適な学びの実現につながった。学校におけるPBLにGIGA端末は不可欠であり、児童の興味・関心・キャリア形成の方向性等に応じた学びの場へ変革し、コミュニケーションの範囲が広がり、より多様な学びの機会の提供に寄与すると考えられる。

組 織 名：取手市立取手西小学校
端末OS：(児童生徒) Microsoft Windows OS
　　　　　(教職員) Microsoft Windows OS
通信環境：(校　内) GIGA系…フレッツ光回線
　　　　　　　　　　校務系…フレッツ光回線
　　　　　　　　　　VPN プライオ
機器・ソフト：Lenovo（Windows タブレット）
　　　　　　　Microsoft 365

KEY STORY

　調べたことを、コンピュータでまとめただけなら、模造紙やレポート用紙にまとめても変わりないと考える人がいるかもしれません。この実践では簡単にしか触れていませんが、調査した写真やまとめたデータを「クラウド」に保存し、グループで共有していることが重要なのです。

　まず、情報をデジタル化しているので、データの修正や付け足しが容易です。これまで行ってきた模造紙でのまとめでは、それぞれの児童生徒が分担場所を決め、書き込みます。いったん書き込むと修正はとても難しくなります。しかし、データなら、友達と考えを共有化できるので、再考した考えを簡単に修正することが可能です。

　また、模造紙にまとめた文字の大きさは、近くで見てもらうために書くので、大勢の人の前で発表するときには字や図が小さくて見えません。しかし、クラウドにあるデータなら、端末で見せることもできれば、大スクリーンに投影することもできます。さらに、インターネットに掲載すれば全世界の人が閲覧することもできるのです。校外でプレゼンしたり、市長にプレゼンできたのも「クラウドデータ」ならではでしょう。しかも、データですから場所をとることはありません。来年度、学習する児童生徒の参考資料として残しておけば、資料の共有化が図られるだけでなく、毎年同じ学習を繰り返すのではなく、学習が年々深化していくことでしょう。もしかしたら、大学の研究を超える学習を小中学生が行う日も近いかもしれませんね。

（毛利）

ICT で生徒に眠る好奇心と主体性を呼び覚ます

株式会社 Inspire High 代表取締役

杉浦 太一

→ AI台頭で世界中が気付いた「問い」を生み出す重要性

　2022 年末、OpenAI による ChatGPT の登場が世界を驚かせた。AI が人の仕事を代替するようになる未来を、多くの人がリアルに想像できるようになった出来事だった。この生成 AI をどのように人間社会、特に教育現場で活用していくべきかはいまだ着地していないが、今後の教育においては、「答えを生み出す力の育成」だけでなく「問いを生み出す力の育成」がますます重要になってくるという点では教育関係者のほとんどが合意するところではないだろうか。こうした新たな学びを牽引していく旗手として、近年本格始動した探究学習であるが、学校現場では実践の状況にかなりの違い、開きがあるのが現状だ。特に、多くの学校で教師の悩みになっているのが「課題の設定」や「問いの発見」。これまでの唯一解を導くための教育手法をもってして、生徒一人ひとりに眠る問いを引き出すことは困難である。むしろ、クラスの生徒の数だけある「問い」を教師一人で引き出せると考える方がナンセンスであろう。

→ 多様な生き方を見て、自分の中に眠る「問い」を発見する

世界中の大人と「答えのない問い」を考える

問いを生み出す。その初めの一歩を、どうしたら踏み出せるのか。その課題に対して筆者が提供しているEdTechプログラム「Inspire High（インスパイア・ハイ）」が提示する一つの答えは、「世界中で活躍する多様な大人＝ロールモデルの姿を見せる」ということである。台湾のデジタル大臣オードリー・タン氏、マサイ族の長老、詩人の谷川俊太郎氏、19歳でホームレス支援団体を立ち上げた川口加奈氏など、さまざまな問いや課題と向き合って社会で生きる大人たちの生き方や価値観を知るプログラムを届けている。どの大人の生き方が、どの生徒の好奇心や学びに向かう力に火を付けるのかはわからない。であれば、多様な生き方や価値観をたくさん提示する。当然、そうした多様な大人を学校ごとに招聘するのは困難である。その課題をICTの力を活用して打破し、全国に届けているのがInspire Highだ。「こんな風にも生きられるのか」「こんなかっこいいことを自分もしてみたい」そうした気付きが、一人ひとりの問いや課題を生み出し、将来の人生につながる学びがスタートしていく。

➡ 探究学習やキャリア学習を「評価のための学び」にしない

　教師からは探究的な学びや観点別評価の評価方法について悩んでいるという声を聞くことも多い。Inspire Highのプログラムでは、ガイド（ゲストとなる大人）が提示する「答えのない問い」に対して生徒が自分の考えを提出する「アウトプット」の時間がある。そしてそれをお互いに「フィードバック」する時間がある。このフィー

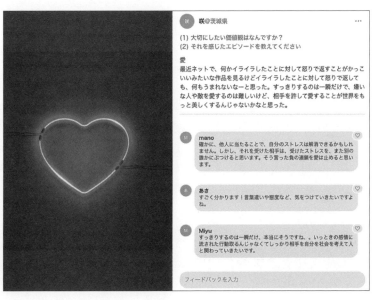

生徒によるアウトプットとフィードバック

ドバックは、同じプログラムを体験した全国の中高生が相互に Inspire High のプロダクト上で送り合う仕組みだ。ここで大切にしているのは、教師（縦）からの「評価のための学び」ではなく、同世代（横）からの「ピアな学び合い」。同世代で相互にコメントを送り合うことで自己肯定感や共感性を高める設計を行っている。これが実現できるのも、ICT 環境あってこそだ。実際の評価については、教師だけが閲覧できる管理画面で生徒ごとにいかにプログラムに関わったかどうかを確認することができる。

実践例：探究学習、不登校児童生徒支援、ICT活用

　Inspire High を活用する全国の学校の事例をいくつか紹介させていただく。まず、長野県の県立高校での取組だ。長野県教育委員会と Inspire High は連携協定を締結しており、県内の公立高校の ICT 活用を促すプログラムの一つとして採択いただいている。教師の専門分野である既存教科を ICT に変えていくことは抵抗感もあるが、探究やキャリアといった比較的自由度がきく分野においては ICT を導入しやすいという学校も多い。特に長野県坂城高等学校では探究学習で活用した教師が、国語や公共など自分の教科でも教科横断的な学びとして Inspire High を活用する動きが生まれてきている。次に、探究学習の先進校として常連の私立札幌新陽高等学校。同校では、「アントレプレナーシップ」や「性の多様性」など、探究学習を進める上で軸となるキーワードがありながらも、生徒の自主性を重んじながら探究活動を強く推進しており、Inspire High は、それぞれのテーマに合わせて年間のカリキュラムの中で活用いただいている。最後にあげるのは熊本市教育委員会との不登校児童・生徒支援オンラインクラスでの活用だ。不登校状態にある児童生徒に対して、学力だけでなく、自分らしい進路をつくるための学びも充実させていくために自宅から参加できる学びとして活用されている。

どんな生徒にも眠る好奇心を ICTの力で呼び覚ます

　このように、Inspire High の導入校は実に多様だ。進学校と呼ばれる私立校、大学附属の高校、進路多様校と呼ばれる公立校、そして不登校児童生徒支援クラスなど、実に幅広い。これは筆者も予想していなかったのだが、この多

GIGAスクール構想で広がった学びの可能性

様さこそが、いかにこれまでの教育や学校選びが学力や偏差値という尺度でしか序列されてこなかったかを表しているのではないだろうか。本来どんな生徒にも眠っている好奇心を呼び覚まし、他者や社会とつながりたいという想いを学校教育の現場で実らせていくためにも、探究学習や進路教育においてICTを存分に活用していく必要があるだろう。

組 織 名：株式会社 Inspire High
端末OS：（生徒・教員）Mac OS、Microsoft Windows OS、iOS、Android OS
通信環境：（校内・校外）インターネット環境
機器・ソフト：Web ブラウザ利用（Internet Explorer 以外対応）

これまで、多くの教師が、一人ひとりに応じた教材を用意し、それでも対応できない児童生徒に対しては、授業中支援したり、提出されたノートに赤ペンで丁寧に指導したりしてきました。それでも全ての児童生徒に対応できず、悩んでいる教師を多く見てきました。

本実践は、そうした手法そのものが、これからの教育に対応できないことを気付かせるものです。児童生徒の価値観や夢は、教師が押し付けるものではなく、教師は、児童生徒一人ひとりが心の中に秘めている夢や可能性を引き出すための機会を提供し、その実現のために応援していく存在になることが大切であると思います。

本実践での「Inspire High」の活用はとても魅力的です。しかし、教師が使うコンテンツを一つに指定して学習すれば、これまでの一斉授業と変わらないものとなってしまいます。これからの社会で活躍していくために必要な能力とは何なのかを考えた授業の組み立てが大切になってくるでしょう。また、こうした考え方は、教師が全ての教材を用意しなければよい教育ができないという考えを再考させ、働き方改革にもつながるのではないかと思います。

文部科学省 StuDX Style では、「GIGA スクール特別講座～ GIGA は国境を越える！～」を収録し、世界の紹介を行っています。こうしたコンテンツなども活用しながら、「どんな生徒にも眠る好奇心を ICT の力で呼び覚ます」学習を展開してください。

（毛利）

実践編

GIGA 端末でまちづくりの当事者意識を育てる
～ジュニア ICT リーダーの取組を通じて～

大分県玖珠町教育委員会教育長

梶原 敏明

→ 地域の課題は可能性でもある

　豊かな大自然に囲まれた大分県玖珠町にも少子高齢化・生産年齢人口の減少など さまざまな「地域課題」の波が押し寄せている。しかしながら、私たちはこれら取 り巻く環境や課題を玖珠町固有の地域資源（リソース）であるとポジティブに捉え、 「だからこそ何ができるか」を常に考えている。これまでの紙や鉛筆といったツー ルに加え、Chromebook という新たな武器（ツール）を手にした私たちは、ピンチ をチャンスにという姿勢で新しいことに挑戦していく決意を新たにした。

→ 玖珠町ジュニアICTリーダー事業の立ち上げ

　社会の在り方が劇的に変わる「Society5.0」時代の未来を担っていくのは今の子 供たちである。2050 年には、我が国の生産年齢人口が現在の約３／４にまで減少 するといわれる中にあって、目の前の子供たちはまちづくりの主人公であり、まさ に当事者。しかしながら、その子供たちは自分の生まれ育った町について知ってい るようでよく知らない。彼らの話にじっくり耳を傾けてみると「ショッピングモー ルがない」「大型書店がない」「ファストフード店がない」「遊ぶところがない」な どないない尽くしのオンパレード。一方で豊かな自然も見慣れた光景であり、価値 あるものといった意識は非常に薄いのが実態であった。

　子供たちに自分の故郷（玖珠町）を誇り に思う気持ちを涵養することは、まちづく りの当事者として主体的に社会と関わって いく上で、非常に大切なことである。そこ で、子供ならではの自由な発想で玖珠町の 魅力を発見し、まちづくりに参画してほし いと願い、2021 年 11 月に玖珠町ジュニア ICT リーダー事業をスタートさせた。

玖珠町ジュニアICTリーダー研修

（１）端末活用入門編

→ GIGA端末をまちづくりや人材育成のツールに

ジュニア ICT リーダー事業のねらいは大きく以下の 4 点である。

・自分の考えを表現する力の育成
・仲間と協働する力の育成
・郷土愛の育成
・将来に役立つ ICT スキルの育成

これらのねらいを達成させるため、玖珠町教育委員会ホームページ

小学生が作成したサイト（私の玖珠町お気に入りスポット）

内の専用サイトに編集権限を与え、まちづくりの当事者として玖珠町の魅力を PR してもらうことを参加者への最終ミッションとした。また、Google for Education の専任講師による講習を受講し一定のスキルを身に付ければ、ジュニア ICT リーダーとして認定し、認定証とバッジ（通し番号入り）を授与した。2021 年度は小 5 〜中 3 までの 54 名、2022 年度は 17 名を認定。子供を子供扱いせず、公式の仕事を任せることでリーダーとしての責任感が芽生え、真剣にまちづくりのことを考えるようになった。

玖珠町のホームページ内の専用サイトに各自が作成した玖珠町紹介がアップされ、お気に入り観光スポット・グルメ・歴史遺産など思い思いに作られたページはリーダーたちの玖珠町に対する熱い思いが込められたサイトとなっている。

また、アンデルセンの故郷デンマークの小学校とオンライン交流をした町内小学校では、小学生リーダーが積極的に活躍し、機器操作はもちろんのこと、ブレイクアウトルームではコーディネーター役を率先して務めた。さらに、大分県教育委員会が主催する「1 人 1 台端末を活用した小・中学生プレゼンテーションコンテスト」において、中学生の部で優勝するなど、リーダーが町内外で自分に自信を持って活躍している。普段の授業でも、ミニ先生として友達をサポートしたり、時には教師をサポートする存在へと成長した。端末の使い方を子供から学び、よりよい授業をつくりあげようとする教師の姿がそこにはあった。

→ 全国ジュニアICTリーダーサミット開催

玖珠町で産声をあげたジュニア ICT リーダー事業の取組は、口コミで全国の教育委員会関係者のもとへと届き、多くの問い合わせをいただいた。今では、全国で 16 自治体（2023 年 6 月末現在）がこのジュニア ICT リーダー事業に取り組んでいる。とりわけ山梨県甲府市とは、自治体規模が違う中にあって常に情報共有・連携

2部 GIGAスクールの端末活用事例

を行ってきた。その中で、お互いの取組を知ったリーダーの中から、「みんなで交流をしたい！」という声があがり、サミット開催の機運が一気に高まった。そこで、2022年12月に玖珠町と甲府市とが共催するかたちで、全国の志を同じく

全国ジュニアICTリーダーサミットの様子

する自治体に声を掛け「全国ジュニア ICT リーダーサミット」をオンラインで開催し、お互いの我がまち自慢をプレゼンし交流した。実行委員は玖珠町と甲府市の中学生。本番に向けての打ち合わせも、事前に２回オンラインで実施。しかも、昼休みの隙間時間。あとは全て専用の Google Classroom 内のやりとりで終了。私たち大人は、その環境を整えただけで、企画段階から全て子供たちが考え、役割分担をして実行した。

　このサミットは、①全国誰でも希望者は参加 OK、②耳だけ参加 OK、③チャット OK、④途中入退室 OK、としたので、当日は全国各地から 100 名以上の参加者があり、オンラインの強みが随所に発揮されたサミットとなった。玖珠町、甲府市、岡山市の子供たちがふるさと自慢のプレゼンを行い、画面越しやチャットで全国の仲間が生き生きと意見交換をしたりディスカッションする姿に、サミット成功の手応えと今後のさらなる可能性を実感した。

　本サミット開催に当たって、文部科学省の武藤久慶氏には、多忙な中にもかかわらず出張先の四国から、わざわざ時間を割いてオンラインでメッセージをいただき、Google for Education の方々には、アイスブレイクを含め全面的なバックアップをいただいた。この場を借りて、関係各位に心から感謝申し上げる次第である。

　サミットの最後には、中学生実行委員が自ら作成した「サミット宣言（案）」を読みあげて提案し、参加者のオンライン画面中の挙手機能により、賛成多数で宣言が採択された。参加者の事後アンケートでは、肯定的満足度がなんと 100％。「もっと多くのみんなとつながりたい」「次回は世界各国の子供たちと話をしてみたい」「初対面なのにどんどん発言していてすごいと思った」など、

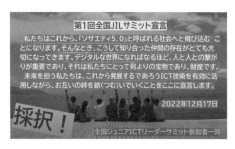

採択された第１回全国JILサミット宣言

うれしい感想がたくさん寄せられた。また、全国の教育委員会関係者の傍聴参加が多かったのも、本サミットの特徴であった。実際に、このサミットの傍聴がきっかけとなり 2023 年度から新規でジュニア ICT リーダー事業を開始した自治体も多いと聞いている。子供も大人も多くの化学反応が起きたサミットとなった。

　おかげで、今では町内のどの小中学校へ、いつ学校訪問をしても GIGA 端末を活用しているのが当たり前の光景となっている。それは、教師たちも同じである。

　生成 AI の教育活用について議論がなされている現在、数年先のことも全く予測不可能な世界に入っていると言っても過言ではない。将来、サミットに参加したジュニア ICT リーダーたちが「ジュニア」ではなくなったとき、胸を張って ICT リーダーとして仲間と協働しながらまちづくりへ参画している姿を想像し、これからも未来を担う子供たちの人材育成に全力を注いでいきたい。

組 織 名：玖珠町教育委員会
端末 OS：（児童生徒）Google Chrome OS
　　　　　（教職員）Google Chrome OS
通信環境：（校　内）光ファイバー 1 GB
　　　　　（校　外）エル・ネット／専用線／
　　　　　　　　　　ローカルブレイクアウト／LTE
機器・ソフト：大型提示装置、デジタルサイネージ、Google Workspace for Education Plus

KEY STORY

　これまでの学習は、教室内で完結するものが多くありました。協力して調べる人が学級の友達。まとめたことを発表する相手は授業の教師か学級の友達であることがほとんどでした。評価は授業を担当する教師が行い、児童生徒は、何のために学習しているのかという意義を見付けられないこともあったのではないでしょうか。この実践では、ふるさと自慢をテレビ会議を使って全国の小中学生同士で行おうという試みです。全国 100 人以上、さまざまな地域から参加したというから驚きです。きっとこうした機会を子供たちも待ち望んでいたのでしょう。自分が調べたり考えた内容を全国の人に聞いてもらえるということは、たとえ通知表に反映されなくても本当に評価されたという自己肯定感につながると思います。こうした学びこそが、生涯にわたって学び続ける力につながることが期待できます。

　こうした学習をするときの注意点として、発表する児童生徒はよいとして、クラスや学年で行う場合、聞いているだけの児童生徒をどうするかということです。発表する児童生徒の資料は、一人で作るのではなく、クラウドを活用して共同編集したり、意見を出し合ったりして、当事者意識を持って参加できるようにしたいものです。また、形式的なものにし過ぎないで、聞くだけでも、途中入退室可など今回のようにハードルを下げることも重要です。

　現在では、画面に自動翻訳のテロップを表示できるテレビ会議システムもあります。こうしたものを上手に使って、世界中の人とつながる日も遠くないかもしれません。

（毛利）

テクストとコンテクスト

灘中学校・灘高等学校教諭
井上 志音

→ はじめに

　GIGA スクールにおけるメディアリテラシー教育の在り方を、灘中学校での国語科授業をもとに提示する。具体的には、国語の検定済教科書を一つのメディアと位置付け、文章教材で述べられた主張を多面的に分析できるよう構想した実践例を示す。

→ 実践の背景及び方法

（１）メディアリテラシーと批判的思 考^{クリティカル・シンキング}

　実社会でメディアリテラシーの重要性が高まっている背景には、テクノロジーの技術革新と AI 開発の発展に伴い、人間の知識観が変わってきたことがあげられる。ソーシャルメディアが複雑化・多様化する現代社会においては、メディア上の知識を固定的なものと捉え、むやみに吸収することを是とするのではなく、それらを常に変化するものとして捉え、多角的・多面的に吟味し、対話や行動に移していく力が不可欠になってくる。中等教育の国語科授業においても、教科書に書かれた知識自体を所与のものとして教授したり獲得させたりすることを最終目標とするのではなく、生徒が教科書内で示された知識の存立自体を分析し、主体的に新たな知識を創造していく力を育むことまでもが求められるようになってきた。

　こうした構成主義的な知識観を理解するために必要になってくるのが批判的思考^{クリティカル・シンキング}である。「批判的」といっても、対象を非難したり揚げ足をとったりするわけではなく、ここでは肯定や否定といった判断を下す前に、一歩立ち止まって考える姿勢や態度を意味する。国語科の授業の場合、学校で使用している検定済教科書を一つのメディアとして位置付け、そこに書かれた知識をじっくり分析・評価していく。述べられた知識や主張を鵜呑みにするのでなく、問いの力で妥当性を考え、自分たちの手で新しい知識を創造していくことを目指す試みである。

　授業の構想に当たっては、まず灘校の特色を最大限に生かすことを念頭に置いた。灘校は中高６年間の「担任持ち上がり制」を採用しているため、授業は教師個々

のカリキュラム・教育方法で自由に進めることができる。今回、批判的思考[クリティカル・シンキング]の教育方法として、国際バカロレア（以下、IB：International Baccalaureate という）のコア「知の理論（以下、TOK：Theory of Knowledge という）」を採用した。

（2）「知の理論（TOK）」
　IB における「TOK」とは、「学際的な観点から個々の学問分野の知識体系を吟味して、理性的な考え方と客観的精神を養い」、さらには「言語・文化・伝統の多様性を認識し国際理解を深めて、偏見や偏狭な考え方を正し、論理的思考力を育成」するものである。実際の TOK では、「知識に関する問い」「知識の枠組み」をもとに、「知識の領域（歴史・人間科学・自然科学・数学・芸術）」におけるそれぞれの知識の性質や、「知る」という人間の営み自体を探究し、展示とプレゼンテーションによって発表していく。現在、この TOK は「総合的な探究の時間」との読み替えも認められており、国内の探究学習とも親和性が高い。

➡ 授業の概要

（1）基本情報
　日　　時：2023 年 6 月
　場　　所：灘中学校
　対　　象：第 2 学年　183 名

（2）単元名
「〈信頼〉は構成するもの？されるもの？」
　教　　材：太宰治『走れメロス』（東京書籍「国語 2」所収）
　　　　　　論語「学而」「為政」「顔淵」（東京書籍「新編言語文化」所収）

（3）単元の目標
　①実社会に存在する〈信頼〉というイデオロギーについて理解を図る。
　②問いを通じて自分の立場を明確にし、他者と対話して多様な意見を共有する。
　③筆者や登場人物の主張を分析し、筋道立てて書く。
　④文章の構成や筆者の論点を正確につかみ、その妥当性をクリティカルに読む。
　⑤観念を理解するためのコンテクストや情報を端末で探す。

（4）単元のねらい
　『メロス』では主人公メロスと友人セリヌンティウスとの間の友情や信頼が描か

れ、『論語』の「顔淵」では為政者にとっての信義の重要性が説かれている。現在にも存在する、こうした身の回りの〈信頼〉という観念は歴史的・社会的にどのように作り出されてきたのだろうか。〈信頼〉を主題としたこれらの教材は、書かれていることを相対化し、自分の身に引き寄せて考えることを不得手とする中学生の課題克服を図る上で効果的である。

（5）GIGAスクールで授業を行う際の利点

現代文は、書き手の言語による、個々の知識体系の集積と考えることができるが、そこに書かれた知識は実のところ書き手による一面的なもので、歴史的な大きな流れから見ると、その妥当性や普遍性は限定的であることも少なくない。しかしながら、そうしたことを検証するための情報（主に教材を取り巻くコンテクスト）の収集は教科書や国語便覧だけでは不十分である。GIGA スクールにおいては、そうした情報の不足を手持ちの端末で「検索」して補うことができる。また、本校は Google for Education を導入しているので、集めて整理した情報や成果物を Google Classroom で「共有」することもできる。

『メロス』や『論語』の中で書かれたイデオロギーとしての〈信頼〉とはどのようなもので、自分たちの持つ信頼観とどのようにつながっているのか。私たちの持っている価値観は他文化から眺めるとどこまで確からしいといえるのか。今回の授業は、教室や教科書という枠組みを超えた、幅

灘校図書館を活用した中学校1年生探究基礎

広い情報リソースの中から学習者自身による内省的な振り返りを促し、個々の学習者の持つ批判的思考_{クリティカル・シンキング}を伸ばすことが求められるが、こうした取組は GIGA スクールであればこそできることである。

→ おわりに

教科書の文章は、専門家による多種多様な知識で満ちあふれている。一つひとつの権威ある言説を前に、学習者はどのように教科書というメディアと向き合っていくべきなのか。さまざまな知識をありのまま直視して概念化し、そこに主体的に問

いを立て、また別の実社会の状況に戻して再考・吟味していく。IBの「TOK」の視点や考え方には、それぞれの学校の文脈の中でどのようにメディアリテラシーを育んでいけばいいのかという課題を解決するためのヒントが隠されている。

ソーシャルメディアが進展した社会で生き抜くためには、自らが信じ込んでいる観念やイデオロギーを相対化し、自らの考えの偏りを突き詰めていくような姿勢が重要になってくる。幅広いコンテクストをもとに、書かれた知見を多角的にメタ認知していく現代文の学習を通して、生涯にわたって知識を更新・創造し続けていく学習者の育成を目指したい。こうした授業の構想は現行の学習指導要領の理念にもつながるものと考えている。

組 織 名：灘中学校・灘高等学校
端末 OS：（児童生徒）Microsoft Windows 10
　　　　　（教職員）Microsoft Windows 10
通信環境：（校　内）有線 1 〜 10GB
　　　　　（校　外）1 GB × 5本、FTTM
機器・ソフト：黒板投影型プロジェクター
　　　　　　Microsoft 365 Education for
　　　　　　Faculty、Google for Education

参考文献
・キャロル・犬飼・ディクソン、森岡朋美、井上志音、田原誠、山口えりか編集・制作『「知の理論」をひもとく』ふくろう出版、2018年
・坂本旬、山脇岳志編著『メディアリテラシー——吟味思考（クリティカルシンキング）を育む』時事通信社、2021年

KEY STORY

本実践では、「教科書に書かれた知識自体を所与のものとして教授したり獲得させたりすることを最終目標とするのではなく、生徒が教科書内で示された知識の存立自体を分析し、主体的に新たな知識を創造していく力を育むことまでもが求められる」とあります。まさにこうした学習によって「新たな知識が生まれる」のでしょう。今回、「批判的思考」が取りあげられていますが、そのためには、他者の考えをよく知ることが大切になります。GIGA端末を活用し、それぞれの意見をクラウドの共有フォルダーに入れることで、教師を介することなく、他者の意見を主体的に閲覧することができるなど、思考の可視化を図ることができます。

つくば市では、2012年度から市内全小中学校で、ICTを活用した21世紀型スキルの育成を図っています。これは、つくば7C学習と呼ばれ、協働力（Cooperation）、言語活用力（Communication）、思考・判断力（Critical thinking）、プログラミング的思考（Computational thinking）、知識・理解力（Comprehension）、創造力（Creativity）、市民性（社会性）（Citizenship）を育成するというものです。こうした力を身に付けるための学習には、ICTが欠かせません。教師が全てを教えるという、これまでの一斉授業から、児童生徒が主体的に「新たな知識」を獲得していく学習の転換にGIGA端末を活用してみてはいかがでしょうか。

（毛利）

高校の GIGA スクール構想の現状と展望
～情報Ⅰを核にした取組～

神奈川県立希望ケ丘高等学校校長
柴田 功

➡ はじめに

　GIGA スクール環境で学んできた中学生を受け入れるかたちで、2022 年度から
は、高校でも生徒１人１台端末を活用した授業が行われるようになった。しかし、
その進捗状況は地域間、学校間で大きな格差が生まれており、現時点では、全ての
高校生が GIGA スクール環境で学習しているとはいえない状況にある。こうした
中、同じタイミングで必履修科目「情報Ⅰ」がスタートし、GIGA スクール構想と
一体的に推進することが期待されている。本稿では、高校の GIGA スクール構想
の現状と展望を本校の事例を踏まえて紹介する。

➡ 高校のGIGAスクール構想

　2018 年に閣議決定された「第３期教育振興基本計画」では 2022 年度までに「学
習者用コンピューターを３クラスに１クラス分程度整備」することが目標として示
されていたが、令和に入ると「個別最適な学びと協働的な学びの一体的な充実」に
向けた GIGA スクール構想によって高校でも生徒１人１台端末の整備が求められ
た。さらに、コロナ禍においてオンラインを活用した学びを早期に実現できるよう
にと、生徒１人１台端末整備のスケジュールは前倒しになり、国の補助のスキーム
が義務教育と異なる高校は、各自治体によって１人１台端末整備の対応が異なるこ
とになり、保護者負担か自治体負担かに分かれてしまった（表１）。

整備費用	自治体負担	保護者負担	
機種	指定	指定（BYAD）	指定なし（BYOD）
メリット	保護者負担なし	機種統一、教師が安心	生徒が端末を選べる
	全生徒平等	経済格差が見えない	保護者負担を減らせる
デメリット	財政的負担	生徒が端末を選べない	機種が不統一
	年度末更新	保護者負担増の恐れ	経済格差が顕れる

表1　端末整備の費用負担者による特徴

さらに、保護者負担の場合でも、学校が機種を指定する BYAD（Bring Your Assigned Device）と機種を指定しない BYOD（Bring Your Own Device）に分かれており、本県は保護者負担の BYOD としたため、機種や OS が統一されていない端末で授業を行い、クラウドサービスや Web 上で動くアプリに限定して学習活動を行っている。BYOD の場合は、生徒は自分の端末に愛着を持っており、自宅でクラウド上の学習課題に取り組んだり、部活動等でも活用したりしている。

▶ 高校の共通必履修科目「情報Ⅰ」

　2018 年に新しい学習指導要領が公示され、情報科の必履修科目「情報Ⅰ」と選択科目「情報Ⅱ」の内容が明らかになった。本県では、授業力向上に向けて、県教育委員会が全ての情報科の教師を対象に研修を行った。また、神奈川県高等学校教科研究会情報部会では「情報科実践事例報告会」などのオンラインイベントを企画し、「情報Ⅰ」の授業づくりに向けた情報共有を進めてきた。また、前任校では校内組織を立ち上げ、育みたい生徒像をイメージしながら教育課程編成に取り組んだ。生徒の問題発見・解決能力や情報活用能力の育成は全ての教科の学習基盤となるという考えから、「情報Ⅰ」は 1 学年に設置し、そこで身に付けた資質・能力を全ての教科等に活用していくという位置付けにした。

　文部科学省のスーパーサイエンスハイスクール（SSH）に指定されている現任校の場合、教育課程編成の特例が認められており、本校では「総合的な探究の時間」と「情報Ⅰ」の代替となる学校設定科目を設置していたが、2023 年度入学生からは「情報Ⅰ」を他の科目で代替することなくしっかりと 2 単位設置し、さらに 3 学年に自由選択科目「情報Ⅱ」を設置した。

▶ 授業改善の延長線上のGIGAスクール構想

　本校で 1 人 1 台端末の活用が進んだのは、組織的な授業改善の取組があったからだといえる。年度当初に「主体的・対話的で深い学びの実現」を学校全体で取り組む授業改善のテーマとし、校長による全教師の授業観察を行うことにした。授業者には事前に「授業観察シート」といったメモを渡し、校長は授業観察を通じて優れた点、改善できそうな点を記録し、授業観察後には授業者と校長で振り返りを行った。こうした内容を職員会議で示し、授業改善の方向性と 1 人 1 台端末の活用イメージを具体的に共有することができた（表 2）。

　教師が板書した内容を生徒がノートに写すような授業スタイルだけでは、1 人 1 台端末の活用が入り込む余地はない。教師が開かれた問いを発し、生徒に自分の考

えを発言させたり、インターネットを含めた情報源を使って考えをスライドにまとめさせたりする学習活動が行われるようになると１人１台端末は当たり前の文房具になっていく。本校の場合は、学校のホームページ内の「校長通信」をほぼ毎日更新し、その中で、１人１台端末を活用している授業の様子などの写真とコメントを掲載している（現在は、上鶴間高等学校ホームページで掲載。https://www.pen-kanagawa.ed.jp/kamitsuruma-h/kochotusin/index.html）。

	毎時、アンケートフォームで生徒に振り返りを入力させ、生徒の状況を把握している
	アンケートフォームを使って生徒全員の意見を収集、提示して導入に活用している
	付箋紙の代わりにホワイトボードアプリで生徒の考えを共有させ、発表させている
	１人１台端末を活用して、１グループ４人のメンバー内で順番に画面を見せ合いながら発表を行っている
	発展問題やその解答、解説などをクラウドに掲載し、主体的に学べるようにしている
	クラウドに教材プリントや解説動画を掲載し、各自が繰り返し学べるようにしている

表２　校長から授業者へのコメント（抜粋）

⊕ 高校のGIGAスクールで何を目指すのか

　本校の場合、ほとんどの生徒がスマートフォンを所有しており、学習ツールの一つとして、授業中の使用を認めている。その結果、動画の視聴やアンケートの回答などの簡単な利用については、１人１台端末を使わずにスマートフォンで済んでしまうことが多い。しかし、レポートやスライド作成、デジタルポートフォリオの作成などアウトプットする学習活動を充実させれば１人１台端末の活用は必須になる。本校では日々の学習成果をクラウドに蓄積、整理して教科ごとにまとめ、デジタルポートフォリオを作ることを学習活動の中心にしていくことにした。その取組を推進する役割を担う科目が「情報Ｉ」であり、情報デザインやプログラミング、データ活用などの各単元で、絵コンテやラフスケッチ、マップ図、フローチャート等の学習途中の成果物等を Web 形式のデジタルポートフォリオにまとめていく計

画である。また、この数カ月間で ChatGPT などの生成 AI が急速に身近になったが、生成 AI を学習プロセスのどの段階でどのように活用したのかについても記録していくことが望ましい。こうした新しいツールの活用は１学年の「情報Ｉ」で身に付けておくことが重要であり、「情報Ｉ」が学校全体でデジタルポートフォリオを推進する際の中心になっていくといえる。

１人１台端末を「文房具」として使う生徒たち

→ まとめ

　令和になってからのわずか数年で、コロナ禍におけるオンライン授業を経験し、GIGAスクール環境が整い、情報Ⅰが共通テスト科目に決定し、生成AIが急速に身近になるなど劇的な変化が起こっている。学校はこうした変化を受け止め、柔軟に対応していく必要がある。不易な取組に流行を取り入れて、新たな不易にしていくことが重要であり、学校現場が自己調整していく必要がある。そこには、教師一人ひとりのチャレンジを支える校長のリーダーシップが極めて重要であり、その相似形といえる生徒一人ひとりのチャレンジを支える教師の授業力向上につながっていくと思われる。

> 組 織 名：神奈川県立希望ケ丘高等学校
> 端末OS：（児童生徒）Microsoft Windows ほか
> 　　　　　（教職員）Microsoft Windows ほか
> 通信環境：（校　内）ベストエフォート2 Gbps
> 機器・ソフト：推奨端末は Surface Go3、
> 　　　　　　 Microsoft 365 及び Google
> 　　　　　　 Workspace

KEY STORY

　2025年度大学入学共通テストから「情報」が新設されます。市町村教育委員会や小中学校の先生方にとっては、「これは大学入試のことなので、小中学校は関係ない」とお考えになっているかもしれません。

　それは、大きな間違いです。新学習指導要領では、小学校段階でのプログラミング教育が位置付けられています。すなわち、小学校のうちから発達段階に応じて、プログラミングなどのICTスキルを身に付けておくことが求められています。

　高校に入学してプログラミングを初めて行った生徒と小学校のうちからプログラミングに触れてきている生徒では、あまりにも差が大きくなりすぎてしまいます。プログラミング教育は、先生方にとってあまり経験のないものです。学校間格差がないように、市町村教育委員会単位等で推進してほしいと思います。

　また、今回の事例のように、何か新しいことを行うときには、校長のリーダーシップがとても重要です。しかし、執筆者の校長先生のように、GIGAスクールに関して先生方に対してアドバイスできる校長はあまりいないでしょう。アドバイスできなくてもよいのです。校長は、これからの世の中がどうなっていくのか、そして、そのために子供たちはどのような力を身に付けていかなければならないのかという世の中の風を敏感に感じ取り、先生方とともにチャレンジしていく気持ちさえあればよいのです。日本の先生方はとても優秀です。教育委員会や管理職がそうした気風になれば、きっと先生方も失敗を恐れず、プログラミングやGIGA端末の活用に積極的に取り組んでくれるはずです。文部科学省では、「StuDX Style」というホームページでGIGA端末の活用方法やプログラミング教育についてたくさん事例を紹介しています。ぜひ、参考にしてください。

（毛利）

〈思考・判断力：小〉

思考の可視化・手助けとなる１人１台端末の活用

茨城県つくば市立みどりの学園義務教育学校教諭
千葉 健太郎

→ 難易度別ワークシートとデジタル教科書を活用した個別最適な学び

　第６学年算数「円の面積」の授業で、円の求積公式を導く学習に取り組んだ。これまでの習得状況や理解力の差を踏まえ難易度別に複数のワークシートを用意し、子供たちが自ら選択し課題に取り組めるよう準備した。GIGA スクール構想により１人１台端末は整備されているが、課題の内容や方法に応じてワークシートを使った思考の時間も大切にしている。しかし、このような場面こそ１人１台端末は思考する際の手助けとなってくれる。今回の学習では、円を分割し、平行四辺形や長方形に等積変形できることから円の求積公式を導いていった。その際、デジタル教科書の円を分割して平行四辺形や長方形を作る動画が、底辺（横）と高さ（縦）は円のどこの長さと等しくなるかを理解するヒントとなった。子供たちが１人１台端末に入っているデジタル教科書の動画コンテンツを使うことで、子供たち自身が見たいタイミングで動画を確認しながら課題に向かうことができた。このように、難易度別ワークシートを準備することとデジタル教科書を活用することにより「児童一人ひとりの理解力や個性に応じて最適に学習課題を解決できることを目的とした、次世代の学びのスタイル」を実現している（図１）。

図１　難易度別学習と拡大掲示

→ 一人ひとりの考えを可視化・共有するためのExcel共同編集やCanva等を活用した個別最適な学び

　つくば市では、学習者用端末に Microsoft 365 を導入していることから Teams での情報共有や Excel 共同編集が日常的に活用されている。また、最近では、Web 上で使えるプレゼンテーションアプリ Canva や情報の共有がしやすい Padlet など

の活用も進めている。これらの活用に共通しているよさは、児童一人ひとりが意見を書き込むことで瞬時に意見や調べたことを共有することができることだ。瞬時に意見や考えを共有できることにより、学習課題につまずいてしまった児童も、多様な意見を見てヒントにすることができ、自分のペースで自分の解答を見出していくことができる。

　実際に算数では、「データの活用」の授業でデータやグラフから気付いたことをExcel共同編集へ書き込み共有すること（図2）や、「正多角形と円」の授業で円周の長さが直径の長さの何倍になっているか、身の回りにある円のかたちをした物を実際にはかって調べた際、各グループが調べた物をExcel共同編集でまとめ、そこから円周と直径の関係を見付けていくというような活用をした。そのほかにも、道徳の学習では、Canvaを活用し、登場人物2人の思いについて考えた際、自分はどちらの人物の考えに近いか、相手に向けて投げかけたい言葉とともに投稿させた。GIGAスクール構想により整備された1人1台端末は、一人ひとりの思考を可視化しすぐ共有することを実現してくれた。

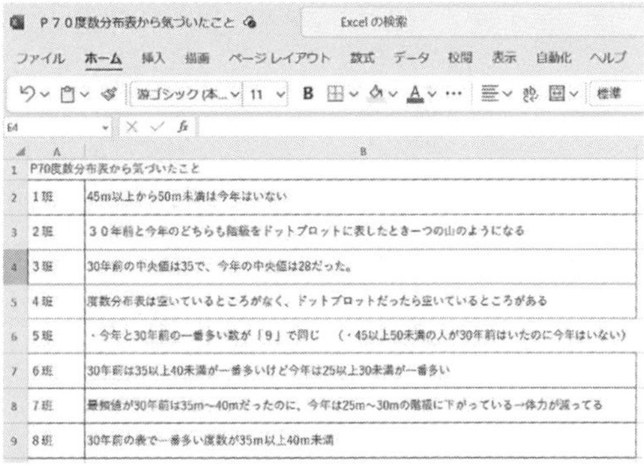

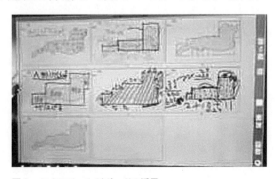

図2　算数でのExcel共同編集の活用

→ STUDYNOTE 10を活用した画面共有

　一人ひとりの考えを視覚的に捉えて協働学習ができる支援システムとして、つくば市ではSTUDYNOTE 10を導入している。STUDYNOTE 10のエクスチェンジボード機能は、Excel共同編集やTeamsのように、児童一人ひとりの意見を瞬時に共有することができるほか、ストローク再生機能を活用すれば子供が書いた漢字の筆順を一画ずつ確認できたり、思考の過程を分解して知ることができる。また、似た考え同士を色分けしたり、比較したい考えを選択して拡大表示したりすることも可能である。図3のように、考えさせたい図形やデータを事前に載せた上で書き込ませることや白紙の状態から子供たちに考えを書かせることが可能になっている。そのほかにも、タッチアナライザーというアンケート

図3　エクスチェンジボードの活用

機能も活用している。たとえば、道徳の授業前と後での気持ちの変化や自分は登場人物のどの立場に近い考えか投票するなどの使い方である。子供たちの操作は容易で、結果について全体で共有することもできる。STUDYNOTE 10 は、簡単な操作や手書きのしやすさなどから、特に低学年での使用が多くなっている。

→ 子供たちの理解力や疑問を生かすためのMicrosoft Formsの活用

みどりの学園第6学年では、Microsoft Forms や Excel 共同編集を活用した授業の振り返りを実施している。振り返りは、子供たちにとって「見通しをもつこと」や「学んだことを確認し、次へつなげること」などの役割を果たしている。Microsoft Forms や Excel 共同編集を活用することで、教師側はノートを集めることとなく、いつでも子供たちの理解度や疑問に思っていることを確認でき、次の時間の授業に生かすことができる。図4のように、私はMicrosoft Forms を使って、毎時間「分かるようになったこと」「参考になった友達の意見」「新たに生まれた疑問」の3点について振り返りをするよう促している。そうすることで、理解力に合わせて次の時間にフォローをしたり、新たに生まれた疑問をもとに次の時間の課題を設定したりすることができるようになった。ただ、現在の振り返りの方法では、教師側しか見ることができない。今後は Power Automate を使ってExcel 上にデータを転記し、子供たち自身も自分の振り返りをいつでも確認したり、友達の振り返りを共有したりできるようにしていきたい。

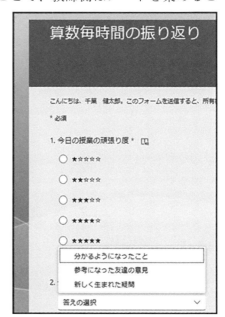

図4　Microsoft Formsを活用した振り返りの実施

私は、これから GIGA スクール環境を効果的に活用し次世代の学びのスタイルを実現していくということは、いろいろな理解力や考えをもった多様な子供たちがみんな一斉に同じ学び方をするのではなく、同じ課題に取り組む中でも一人ひとりの学びに寄り添えることが大切だと考える。そのような学び方が GIGA スクール構想で整備された1人1台端末を活用することで可能になった。私自身も、はじめは1人1台端末を活用することに苦手意識があり、使うことが目的になってしまっていないか心配になることもあった。しかし、自分なりに克服しようと同僚の先生方に

相談すると使い方を教えてくれたり、教職員間でも Teams で授業内での活用の仕方を共有してくれたりしたことで、まずはうまくいかなくても使ってみることが大切であると気付いた。これからも、子供たちとともに使い方について学んでいく姿勢も大切にしていきたい。

組 織 名：	つくば市立みどりの学園 義務教育学校
端末 OS：	(児童生徒) Microsoft Windows 10
通信環境：	(校　内) 光ファイバー1GB
機器・ソフト：	大型提示装置、Microsoft Teams など

「思考の可視化」は、以前から授業で行われてきました。それが挙手です。「わかった人は手をあげて」と教師が言うと、児童生徒が手をあげて発表したり、黒板に考えを書いたりします。すなわち、思考の可視化です。しかし、これまでの授業では、せっかくよい考えを思い付いたのに手をあげなかったり、全員発表させようと考えると、それだけで授業が終わってしまったりという課題がありました。

しかし、GIGA 端末に「考えを書き込んでください」というと、これまで手をあげなかった児童生徒もどんどん書き込みます。そして、みんなの書き込んだデータを大型提示装置に表示して、「この考えを発表してください」というと、今まで発表したことがない児童生徒でも発表できるようになります。とても不思議なのですが、多くの先生方がそうおっしゃいます。きっと、以前の授業でも、本当は自分の考えたことを発表したいと思っている児童生徒は多かったのかもしれません。ICT を使った学習では背中を押されてできるようになるのかもしれません。

「思考の可視化」で大切なことは、「正解」「不正解」を見付けるために行うのではないということです。各児童生徒が考えた多様な考え、創造的な考えをみんなで共有することが重要なのです。自分とは違う意見に共感したり、友達の創造的なアイデアを褒め合ったりして、新たな考えを生み出していくことが重要だと思います。

そのためには、学習課題が重要になります。

答えが一つしかない課題で思考の可視化をすると「私は合っていた」「私は間違っていた」という答え合わせになってしまい学習の意味がなくなってしまいます。

答えがいく通りもあったり、モラルジレンマのように正解がなかったりする課題であれば、みんなの思考を可視化することで、さらに考えが深まっていくでしょう。

（毛利）

実践編

未来を切り拓く児童生徒を育むつくば市のICT教育

茨城県つくば市教育委員会教育長
森田 充

つくば市のICT教育の始まりは1978年にさかのぼる。筑波大学と新治郡桜村（当時）との共同研究により、クラスルームCAI（コンピュータによる個別学習）を桜村立竹園東小学校で実施した。すでにこのとき、目指していたのは「一人一人に適した学習の個別化を図りつつも、児童・生徒が互いに対話をしな

桜村立竹園東小学校でのクラスルームCAIの様子

がら学ぶこと」だった。この研究は桜村全体に発展し、1987年の市町村合併によるつくば市発足後も受け継がれていった。1995年には、通商産業省と文部省によるネットワーク利用環境提供事業として「100校プロジェクト」が始動した。教育支援システム「STUDYNOTE」（以下、スタディノートという）を生かし、研究テーマを設定して、学校間の壁をなくしたつくば市内全校による協働学習が実現した。あのとき、他校とつながって学びを深めることができた子供たちの喜びにあふれた笑顔は今でも忘れられない。

それから40年の間に、診断補充型学習システム（旧チャレンジングスタディ、現インタラクティブスタディ）を発展させたり、学習の成果発表の場としてプレゼンテーションコンテストを開催したり、プログラミング学習を先行的に市内全ての学校で実施したりしてきた。つくば市のICT教育は、常に一人ひとりの子供たちの幸せのために、時代とともに柔軟に変化し、絶えず進化しながら進めてきた。このように、つくば市では、GIGAスクール構想以前から、ICTを効果的に活用することを通して、一人ひとりの学びの個別化と協働化をよりよく融合させた学びを展開することを目指していたのである。

現在、GIGAスクール構想の実現に向けて、1人1台の学習者用端末及び高速ネットワーク・クラウド活用等が整備され、それらを活用して、主体的な学び・協働的

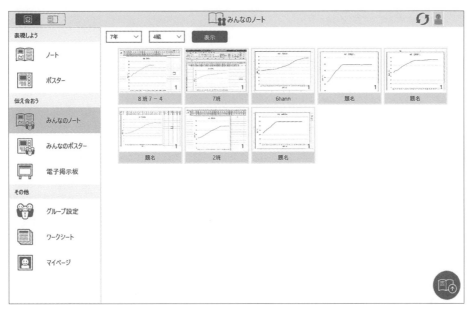

STUDYNOTEで学びを共有し比較

な学びを実現することで、40年以上も前から描いてきた「一人一人に適した学習の個別化を図りつつも、児童・生徒が互いに対話をしながら学ぶこと（当時、このことを「未来の教室」と呼んでいた）」が、全ての学校で実現できる環境となった。

実際にどのような学びが展開されているのか、紹介する。

つくば市では、2012年度に文部科学省の教育課程特例校の

STUDYNOTEを活用して学びを共有する生徒

指定を受け、9年間を貫く次世代カリキュラムとして「つくばスタイル科」を創設した。つくばスタイル科での学びは、教科の学習や日々の身近な生活から得た気付きから①課題を発見し、②情報を集め、③整理・分析し、④考えたことを発信し、⑤次の課題を見付けるといった「課題解決型学習」の流れで構成される。

「私たちの未来の街」をテーマに学習した学校の様子である。生徒Aは、プログラミング教材マインクラフトを使って、誰もが楽しめるユニバーサルデザインを取り入れた公園をデザインしたり、人気の本がわかる検索機を図書館に設置したり、学校に安全に登校できたことを保護者に知らせる安全アプリを導入したりして、理

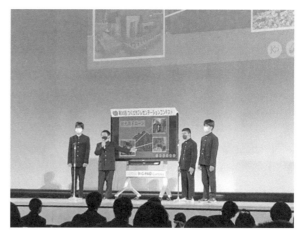

つくば市プレゼンテーションコンテスト

想とする未来の街をつくった。生徒Bは、ドローンを使ってよりよい街づくりができるのではないかと、「ドローンによる荷物配達」を考案した。ドローンに、赤外線カメラを搭載することにより、自宅や会社に人がいるかいないかを事前に調べることができ、人がいる場所へ、AIによる最短ルートで効率よく配送することができるようになり、不在届を置いて再配達をするような時間のロスを防ぐことができるようにしたそうだ。2人の生徒は、それぞれに異なる教材を使って未来の街づくりを考えているが、スタディノートの掲示板機能を使って互いの意見を共有した。共有することで、アイデアを評価し合ったり、自分では考えなかった視点で意見を出し合ったりして、新たなアイデアを創出し、互いの学習物を結び付けて、より理想に近い街の案をつくることができた。GIGAスクール構想の実現に向けた学習者用端末の整備によって、子供たちのこのような交流による学びは、学校だけでなく、家庭や公民館等、いつでもどこでも行えるようになった。そして、学びの深まりにつながっている。まさに「未来の教室」が実現していると感じる。

　また、考えたことを発信するときに、多様な他者と関わり、実社会へ実現性のある提案ができることを目指し、広く発表の場を持つことができるように意識している。発信は学校内にとどまらず、各学校の優れたプレゼンテーションについては、年に1回開催しているつくば市プレゼンテーションコンテストで発表し合うことで、市内の児童生徒同士のレベルアップを図っている。学習者用端末の活用が始まってからは、子供たちのプレゼンテーションの機会が増え、スキル向上への意識が高まっている。ある生徒は、自分のプレゼンテーションを動画に撮影し、自分自身で視聴することによってより改善し、修正を重ねたという。また別の生徒は、発表原稿を友達と共有し、その友達から質問や感想をもらい、よりよい発表ができるように準備したという。子供たち自身が工夫を重ねたことにより、プレゼンテーションコンテストでは、聞く人に自分の伝えたいことを理解してもらうということを意識して、話す順序や声の強弱、話すスピードの変化、身振り手振り、表情などにも工夫が見られ、何より子供たちは、以前にも増して堂々と、そして生き生きと発表していた。

　つくば市のICT教育の原点は、学習の個別化と協働化を図ることであった。子

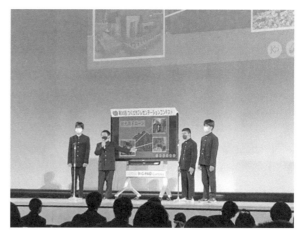

供たち一人ひとりの興味・関心や特性・適性・思考の仕方は千差万別であり、一つの学習方法だけでは十分に満足できる学びを実現することはできない。子供にとって、最もワクワクする学びは、自分の興味関心の入り口から、世界を広げ、どうすれば解決できるかについて思いをめぐらせ、多様な他者と協働しながら解決していく学びである。このような一人ひとりの個に応じた学びを実現するために、ICTは必要不可欠といえる。

　つくば市では、子供たちが生き生きと学びに向かう姿の中に、いつもICTがあった。今後も、子供たち自身が、自分の問いを興味・関心に合わせて、他者と協働し、自分で調整しながらよりよく探究し解決できる、そんな学びを進められるように支援したい。そしてICTのもたらす、よりよい学びから、一人ひとりが幸せな人生を送ることができるような教育を実現していきたい。

組 織 名：つくば市教育委員会
端末OS：（児童生徒）Microsoft Windows
　　　　　（教職員）Microsoft Windows
通信環境：（校　内）ローカルブレイクアウト
機器・ソフト：STUDYNOTE

KEY STORY KEY STORY

　学習指導要領では、主体的・対話的で深い学びの実現に向けた授業改善のためには、児童生徒の発達の段階を考慮し、言語能力、情報活用能力、問題発見・解決能力等の学習の基盤となる資質・能力を育成していくことができるよう、各教科等の特質を生かし、教科等横断的な視点から教育課程の編成を図るものとされており、その充実を図ることが必要といわれています。問題発見解決学習では、頭の中に知識をインプットするだけでは不十分で、他者にアウトプットして初めて学習したことが有効となります。昔から日本人は発表が苦手と言われてきましたが、世界で多文化社会や情報化が進んでいく中、問題発見解決学習の成果としてのプレゼンテーション力の向上を図ることはとても重要です。端末を使って数人にプレゼンするだけでなく、大型提示装置を使って多くの人に向かって発表することで、プレゼン力が高まります。その際、気を付けたいことは、自分の資料を提示している大型提示装置の画面の近く、あるいは、画面の中に入ってプレゼンすることが重要です。海外の企業のトップの方が、ステージの中心に立って、画面の真ん中でプレゼンする様子をテレビで見かけたことがあるでしょう。画面の内容と話し手の熱意ある表情が一体化することで、聞き手に内容が伝わるのです。教師が教室にある大型提示装置を使うときに、わざと離れた場所で話をする先生をときどき見かけます。教師も児童生徒もぜひ、自信を持って自分のプレゼン画面の中に入って発表してほしいものです。そうすることで、Society5.0時代の世界の人々の中でも、堂々と意見を述べることができる人になれるはずです。

（毛利）

実践編

AI 型教材を用いた自由進度学習で個別最適な学びを実現する

学校法人東明館学園　東明館中学校・高等学校校長
神野 元基

GIGA スクール構想による１人１台端末整備に伴って、ソフトウェアとして大きく普及したものの一つが AI 型（AI を搭載した）教材である。現在では導入から丸２年を経過する学校も出てきており、日々さまざまな工夫のもとに学校現場で活用がなされている。本稿ではそうした AI 型教材を活用した先進的授業の一例として、宮崎県宮崎市における実践事例についてお伝えする。

まずは今回取り上げる AI 型教材の Qubena（キュビナ）について簡単に触れておきたい。AI 型教材の一つである Qubena は、AI が児童生徒それぞれのつまずきを判断して学年や単元をさかのぼり問題を出題し理解を促す機能と、児童生徒の定着度を判断しそれぞれに合ったタイミングで復習問題を出題し定着を促す機能の大きく分けて２つの機能を搭載している AI 型教材である。教師向けには Qubena に対応した QubenaManager（キュビナマネージャー）という管理機能を提供しており、児童生徒の解答状況や習熟状況がリアルタイムに確認でき子供たちへの声掛け等に利用できるほか、Qubena に搭載されている問題の中から教師自らが問題を選択しテストや宿題等として配信ができるワークブック機能を備えているのが特徴である。2023 年 7 月現在、小学校 1 年生～中学校 3 年生の 5 教科（国数英理社）における学習指導要領の単元をカバー、約 7.5 万問の問題を搭載しており、全国 170 以上の自治体、公立私立小中学校で 2,300 校以上、100 万人以上の児童生徒に日々活用されている。2021 年 4 月のサービス開始から 2 年で子供たちに解かれた問題の総数は 15 億問を突破し、学校現場の中で最も活用されているソフトウェアの一つといえるだろう。

宮崎市では、「宮崎市版『未来の教室』の実現」に向けた取組の一環として、1 年間の検証期間を経て 2021 年 4 月より、Qubena を市内全 72 校の小中学校へ正式導入した。市内の青島小学校では高学年を中心に個に応じた学びを提供すべく、Qubena を活用して "自由進度学習" の考え方を取り入れている。自由進度学習とは、学習者が自ら授業の進度を自由に決められる自己調整学習の手法の一つ。従来の一斉指導では授業のペースを教師側がコントロールするため、理解がゆっくりな

（１）端末活用入門編

児童生徒は理解不足に陥りやすく、一方で理解が早かったり、すでに学習内容をわかっている児童生徒は物足りなさを感じやすい構造となっていた。それが自由進度学習であれば、自分のペースで常に適切な負荷の問題と向き合えるため、上記のような課題を解決できる。この自由進度学習という手法自体は真新しいものではないが、これまでは教師が多様な学習教材を準備する必要があり、また学習者には一定の自己調整力が必要であったため、実施のハードルが高かった。しかしながら、学習者の理解度に合わせて個別最適な問題を出題するAI型教材であるQubenaを用いることで、容易にそれが行えるようになった。加えて、本校では進度を自身で決められるだけでなく、学習をする際に「何を使って学習するか（教科書、Qubena、ドリル／ワーク、教師が準備したプリント等）」と「誰と学習するか（一人で、友達と一緒に、教師に聞きながら等）」も自身で決定できるようになっており、従来の自由進度学習よりも自己で調整できる範囲を広げているのも大きな特徴だ。

実際の授業の進め方はこうだ（表1）。まず「導入」「展開」「終末」の展開を決め、子供たちに今日の学びのめあてをきちんと立てさせる。

	内容	時間	学習活動	
導入	ミニレッスン	10分	・学習内容についての説明 ・必要に応じて、前時の振り返りや理解が十分でなかったところの補足	
展開	自由進度学習	25分	・学習計画表の確認、目標の設定 ・自分の選んだ学習方法で学習する	
			何を使って	誰と
			・教科書 ・Qubena ・ドリル、ワーク ・教師が準備したプリント	・一人で ・友達と一緒に ・教師に聞きながら
終末	振り返り	10分	・取り組んだ課題の丸付け ・学習の振り返り ・まとめ	

表1　授業の進め方の例

導入のミニレッスンでは、教科書の単元計画に従って、本時の学習内容の大まかな説明を行う。従来は、1コマ45分の時間をかけて、学習課題の提示→個人思考→集団思考→まとめと順を追って理解させていく内容を、重点を絞って10分程度で伝える。あらかじめ資料にまとめた本時の内容を、子供たちと対話しながらテレビや黒板に提示して説明するイメージだ。このミニレッスンの目的は、学習内容の「理解」ではなく、学ぶ対象の「認識」としている。何を学ぶのかの認識合わせが

児童とできれば、その後は児童主体で学習が進んでいくのだ。

学習履歴画面

次に展開の部分の自由進度学習では、前述したように最初に何を使ってどのように学ぶのかという学習方法と、自分の目標を定める。単元の始めに学習計画表を配り各自計画を立てるので、それをもとにその日の達成目標を決める。これによって従来のような全員が同じめあて（目標）になることはなく児童毎にめあてが決められる。実際に自由進度学習を行っている様子をみると、教科書、Qubena、市販の問題集、教師が準備したプリントなど、自由に自分に合うものを選んで学習が行われている。大部分の児童が自分に合った問題が出題されるQubenaを選ぶが、ほかの教材と組み合わせて学習することも多くある。また、一人ひとりが黙々と学んでいるわけではなく、友達と一緒にグループを作って学ぶ児童、席を離れて友達に聞きに行く児童、教師を呼ぶ児童など、授業自体はにぎやかな雰囲気で進んでいる。

終末の10分間は振り返りの時間で、一番大事にしている時間だ。児童は自分が取り組んだ課題の丸付けをしたあと、自分の学習を振り返る。目標が達成できたかどうかということも重要になるが、それ以上に今日は自分がどんなことを学んだかや、どこを特に間違えていたのかという間違いの分析を行うようにしている。

こうした自由進度学習の取組から副次的に学習の効率があがり、教科書通り進めるとかかる授業時数の約8割の時間で単元を終えることができるようになっており、本校ではこの自由進度学習によって創出された2割の時間を活用して、応用的な内容についてグループディスカッションなどを通して思考を深める活動に充てている。

今回の実践における自由進度学習ではAI型教材を導入したことによって、子供たち個々に合わせた出題がなされるため、子供たち自身での進度決定の難易度を下げることができ、これらを繰り返していくことで自己調整力が養われるよう促すことができてい

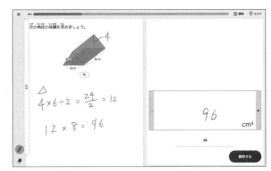

算数の問題では途中式を書きながら解答する

る。また、「何を使って学習するか」と「誰と学習するか」についてまでコントロール権を子供たちに渡しているところが、単純な自由進度学習からさらに先に行くかたちとなっているところだろう。こうした取組はチャレンジングではあるが、適切な AI 型教材が導入されていれば試行することは可能であるため、ぜひ全国の学校でも実践を進めてもらいたい。今後さらに目指すべき姿としては、自由進度学習の取組から副次的に創出された授業時間においても、子供たちごとに「何を学ぶのか」について自身で選択できるかたちとし、教科の枠組みを越えた個別最適な学びを実現していくことだろう。

組 織 名：宮崎県宮崎市立小中学校
端末 OS：（児童生徒）iPad OS
　　　　　（教職員）iPad OS
通信環境：（校　内）Wi-Fi、LTE
　　　　　（校　外）Wi-Fi、LTE
※ Wi-Fi モデル約 31,000 台、LTE モデル約 3,000 台
機器・ソフト：PROGRAMMING ZEMI、Keynote、
　　　　　　 Numbers ほか 25 のアプリケーションのインストールを許可

KEY STORY

GIGA 端末が導入され、一人ひとりの進度に応じた学習ができる環境が整いました。その活用の一つが AI 型教材です。AI 型教材は、これまで教師が作成していたプリント教材と比較すると次のようなよい点があります。

①問題数が比較にならないくらい多い

　一般的に教師が自作するプリントは、受け持っているクラスの平均的な学習習熟度の児童生徒を想定して作成します。そのため、習熟度の速い児童生徒は物足りなく感じ、逆に、習熟度のゆっくりな児童生徒は、理解できないということが起こりました。そのため、そうした児童生徒に対応するため、一つの授業で数種類のプリントを用意する教師もいるなど、教師の残業が増える原因ともなっていました。

　プリントは紙面が限られているため、児童生徒の習熟度に応じた問題を掲載することができませんが、AI 型教材では、一人ひとりの習熟度に応じた問題を無限に掲載することができます。

②習熟度に応じた問題が提示される

　AI 型教材では、習熟度が速い児童生徒は、これまでの学習のように、すでに理解している内容を何度も繰り返してやらされるなど授業に飽きてしまうことはなく、どんどん発展的な学習にチャレンジできるようになっています。また、習熟度がゆっくりな児童生徒は、基礎的な問題を何度も繰り返して行ったり、ヒントを参照したりして、自分のペースで学習を進めることができます。

　このように、教師の負担を減らすだけでなく、児童生徒一人ひとりの習熟度に応じた学習が展開できる AI 型教材が活用されています。

　また、GIGA 端末が導入されたことで、学習の場が、授業中だけでなく、休み時間、放課後などの隙間時間、家庭での学習などに広がっています。　　　　　　　（毛利）

実践編

「読む」「考える」「書く」ことの支援ツール

東京学芸大学附属小金井小学校教諭
鈴木 秀樹

→ デジタル教科書の特徴

　2019年の法改正により正式に教科書として認められることになった学習者用デジタル教科書であるが、紙の教科書とは違いいまだに無償給与の対象外となっている。しかし、2021年度からの文部科学省「学びの保障・充実のための学習者用デジタル教科書実証事業」等により徐々に配備が進められてきた。2024年度は、全ての小中学校等を対象に英語のデジタル教科書が提供されている。すぐに全教科で配備が進むわけではないかもしれないが、学習者用デジタル教科書は確実に当たり前のものになりつつある。

　他方、学習者用デジタル教科書そのものは検定に合格した紙の教科書と同一の内容のものであるが、学習者用デジタル教科書に付随するデジタル教材部分は各教科書会社がさまざまに工夫を凝らしている部分でもあり、その仕様は完全に同一ではない。本稿はなるべくどのデジタル教科書でも実現できる部分について論じることを目指したが、具体例は光村図書のデジタル教科書に求めたので、一部は同社のデジタル教科書のみで実現される機能であることをお断りしておく。

→ 読むことの支援

　「読む」ことができなかったら国語の学習は進められない。しかし、実際には「読む」ことに何らかの困難を抱えている児童は少なくない。あるいは、「困難を感じている」と本人も教師も気付いていなくても、デジタル教科書を自分の使いやすいようにカスタマイズすることで「読みやすくなった」と実感できる児童は相当数いるはずだ。

　学習者用デジタル教科書には、全ての漢字にふりがなをつける、読みたいところをハイライト表示する、明るさを調整する、背景色と文字色を反転させる、画面全体に色のカバーを付ける、といった「読む」ことを支援する機能が豊富に備わっている。

　また、本文を拡大表示したリフロー画面（文字サイズの変更などに合わせてテキ

ストやレイアウトが流動的に表示される）では、それらに加えて、フォントの種類や文字の太さ、大きさを選ぶこともできるし、行間を調整することもできる。これらの機能を駆使すれば、かなり自分の読みやすい教科書に調整ができるだろう。

紙の教科書、デジタル教科書、音声読み上げから好きな方法を選んで読む

しかし、それでも「字面を追うのはつらい」という児童には読み上げ機能がある。速さの調節や、文と文の間隔も調節できるのでかなり字面を追いやすくなるはずだ。さらに、読み上げに合わせて教科書の本文がハイライト表示されるのも「読み」に困難を抱えている児童には大きな要素となる。

これらの機能を組み合わせることで、かなりの児童は教科書を「読む」ことができるようになる。「そもそも文章を読むことができないから、考えることだってできない」というような、いわば学びの入り口に立つことのできなかった児童にとって、デジタル教科書は非常に心強い存在になるのである。

→ 考えることの支援

「教科書の文章を読んで考える」という活動は、国語の授業においては必須のものであるが、ただ読むだけでは難しいので、我々教師は児童が思考しやすいように、また思考したことを整理しやすいようにさまざまな工夫を行ってきた。教科書に線を引かせたり、付箋にメモを書いて貼らせたりといったこともそうした工夫に当たるだろう。

デジタル教科書では、そうした工夫を手軽に行うことができる。たとえば「線を引く」という機能。まずどこに引くかを選べるのが大きい。文字の隣か、文字の上か、フリーに引くのか。色ももちろん選べるし、半透明か不透明かも選べる。これまで苦労して線を引いてきたのがうそのようである。

できることは「線を引く」だけではない。枠をつけることもできるし、スタンプを押すこともできる。スタンプには多種多様なものがあり、丸囲み数字もあれば「問い」「答え」「根拠」「事例」といった説明文指導にすぐ使えそうなもの、「様子」「出来事」「心情」といった物語文指導にすぐ使えそうなもの等、至れり尽くせりである。

しかも、こうしたツールを使って書き込んだことをすぐに消すことができる。これが紙の教科書だと、面倒なことこの上ない。

児童が集中して、思考を整理するツールをたくさん備えていること。これはデジタル教科書の大きな魅力と言っていいだろう。

→ 書くことの支援

　「書く」ことに困難を感じている児童、あるいは「書く」ことを面倒に感じている児童は少なくないのではないだろうか。たとえば「要約する」という活動。教科書を読んで「あ、ここが大事かな」と思ってノートに書き写し（これが苦手という児童ももちろんいる）、自分の言葉も足して何とかまとめあげる。ところがそのあと、全体で確認してみると自分の要約が間違っていたことがわかる。消しゴムで消そうとしても、赤で直してもノートは汚くなるが、必死に修正するしかない。「どのように要約するか」という思考プロセスはいつの間にかどこかに飛んでいる……。そんなふうになることはないだろうか。

　「要約する」ためには「読む」「考える」「書く」といった複数の言語活動の組み合わせが必要なわけだが、「読む」「考える」と並んで「書く」ことについてもデジタル教科書で支援が可能だ。

　マイ黒板という機能を使うと、画面の左側に教科書の本文が、右側に黒板のような画面が表示される。左側の本文の一部をなぞると、その部分が右側の黒板に抜き書きされて短冊のように表示される。抜き出された短冊は位置を変えることもできるし、文字の大きさなどを調整することも可能だ。これに、「思考の整理」で紹介したさまざまなツールを加えることで、児童は文章を自在に操作して自分の考えを表すことができる。「書く」ことに困難を抱える児童にとって大きな味方となる機能である。

マイ黒板は「書く」ことを助けてくれるツール

→ おわりに

　筆者が１人１台タブレット環境で学習者用デジタル教科書を活用した実践を始めたのは GIGA スクール構想のスタートよりも少し早く 2018 年であった。すでに５年以上使ってきているわけだが、正直なところ「学習者用デジタル教科書なしの国語の授業」はもう考えられない。国語の学習を進める上で困りごとを抱えている児童に寄り添うためのツールとして、困りごとを抱えているわけではない児童の学びを広げ、深めていくためのツールとして学習者用デジタル教科書以上に有用なものがあるだろうか。それを思うと、一刻も早く無償給与が開始されることを切に望むのである。

組 織 名：	東京学芸大学附属小金井小学校
端末 OS：	(児童・教員) Microsoft Windows
通信環境：	(校 内) 光ファイバー１GB
	(校 外) 東京学芸大学から SINET
機器・ソフト：	Microsoft 365、大型提示装置

2部 GIGAスクールの端末活用事例

KEY STORY

　学習者用デジタル教科書を活用している授業を拝見する機会が増えてきました。

　中学校英語の学習では、これまで教科書を読む機会は、先生や指導者用デジタル教科書の発話のあとに続いて読むなど、一斉授業で行うことがほとんどでした。そのため、英文の読み方がわからないときには、授業中に先生に質問しなければなりませんでしたが、先生がほかの生徒に対応しているときには、待っているしかありませんでした。しかし、学習者用デジタル教科書が GIGA 端末からアクセスできれば、自分が聞きたい部分を何度でも繰り返し聞くことができます。授業をされた先生に聞いた話によると、英文を読むスピードも自分で調整できるため、英語が苦手な生徒も家に GIGA 端末を持ち帰って、自分の習熟度に合わせてスピードを調整して読む練習をしている生徒もいて、とても役に立っているという話でした。

　また、国語では、漢詩の授業で大変役に立っているという話をお聞きしました。読みが難しい漢詩も、それぞれの生徒が必要な部分を再生することで、教えることが難しかった漢詩の授業が楽しく学習できるようになったそうです。

　さらに、国語では、デジタル教科書の文章で、各生徒が感じた部分をマーキングすると、その人数に応じて太くなっていくテキストマーキング機能が搭載されているものがあります。大型提示装置に表示しみんなで話し合うなど、このような思考の可視化を図るツールを使って学習することもできます。

（毛利）

実践編

京都市立西京高等学校・附属中学校における ICT 活用事例
～ LEAF システムを利用してデジタル教科書の活用を考える～

京都市立西京高等学校・附属中学校校長
岩佐 峰之

➡ はじめに

　京都市立西京高等学校・附属中学校は京都市立では唯一の併設型中高一貫校である。2003 年に前身の京都市立西京商業高等学校の商業科の募集を停止し、新たに専門学科エンタープライジング科を設置し、翌 2004 年に附属中学校を併設し現在に至っている。エンタープライジング科では「未来社会を創造するグローバルリーダーを育成する」という教育理念のもと探究活動をいち早く取り入れた教育活動を実践し、学校改革を進めてきた。

　その中でも、特に力を入れてきたのが ICT 活用である。新学科開設当時から高校生は 1 人 1 台の PC を所持し、全館 Wi-Fi 環境を整備してきた。また、2018 年に京都大学情報学研究科　緒方広明教授が進めている内閣府の戦略的イノベーション創造プログラム（SIP）「ビッグデータ・AI を活用したサイバー空間基盤技術」実証プログラムの実証校として本校は参画してきたため、附属中学生も 1 人 1 台の PC を所持している。

　つまり、GIGA スクール構想の前から先駆けて ICT 活用を進めており、成果や課題をいち早く得ることができたといえる。オンライン配信等を含め、コロナ禍の前から PC の活用はできており、現在はさらなる活用を試行錯誤している段階である。具体的には、京都大学の緒方研究室が開発した「LEAF（リーフ）システム」により、デジタル教材を配信し、学習ログを分析するなど、そこから得た教育データを活用し、授業と家庭学習を有機的につなげている。また、授業を効果的に進めるためのツールとしてデジタル教科書の利用を進めているところである。

1 人 1 台のPCを活用

→ LEAF（リーフ）システムについて

LEAF は「Learning and Evidence Analytics Framework」の略称で学習ログの収集とその分析をする京都大学緒方研究室が開発したラーニングアナリティクスシステムである。紙の教科書を使った学習では収集できなかった活動のデータを科学的に分析することによって、学習者の状況を把握し授業改善に役立てるとともに、生徒が主体的に学ぶ態度を養うことを目指している。学習活動のデータを得るためには、デジタル教材が必要であり、従来の紙の教科書ではなくデジタル教科書等の活用が必修となる。

LEAF は、学習管理システム（LMS）、デジタル教材配信システム（BookRoll）、学習履歴データベース（LRS）、学習データ分析ツール（ログパレ）の４つのツールで構成されている。

４つのツール

○学習管理システム（LMS）……生徒の出席管理やレポート提出、成績管理を行う。

○デジタル教材配信システム（BookRoll）……授業で使うデジタル教科書、教材を登録し、生徒はインターネット接続環境があればどこからでも教材を閲覧することができる。

○学習履歴データベース（LRS）……BookRoll に登録された教材の閲覧や教材を使った学習活動（マーカーを引いたりメモをするなど）のログ（履歴）を記録する。

○学習データ分析ツール（ログパレ）……LRS で記録したログをわかりやすく表示するツール。

LMS に一度ログインすれば BookRoll やログパレはそのまま使用することができる。本校では以前から LMS として Moodle を導入しており、BookRoll やログパレを連携しながら利用している。

→ BookRoll、ログパレの利用例

BookRoll を用いる最大のメリットは、ログパレと連携して生徒の学習活動を把握することができることである。デジタル教科書等の教材の利用が今後増えてくるが、紙の教科書がデジタル化される利点はデータの利活用であり、得たデータを的確に分析し、生徒の学習状況を把握することで授業改善が進み、生徒の主体的な学

びが保障されるのではないかと考えている。

ログパレでは、生徒が教材を閲覧している様子や、わからないところにマーカーを引くことによって生徒の困り具合を数値で表すことができる。また、生徒のつまずきが可視化されることで指導法の工夫に有効である。

➜ 実際の配信された教材（デジタル教科書を含む）活用例

英語のリーディングの授業において本文を PDF 化し、BookRoll に登録する（許可されたデジタル教科書のデータを登録してもよい）。生徒は、BookRoll 上に表記されている教材をPC で見て、わからない単

Group A

One night all of his vital signs began to drop dramatically, and the head nurse, who believed in the hospice concept that no one should die alone, began to call the family members to the hospital. Then she remembered the day Bopsy had spent as a firefighter, so she called the fire chief and asked if it would be possible to send a firefighter in uniform to the hospital to be with Bopsy as he made his transition. The chief replied, "We can do better than that. We'll be there in five minutes. Will you please do me a favor? When you hear the sirens screaming and see the lights flashing, will you announce over the PA system that there is not a fire? Tell people in the hospital that the fire department is coming to see one of its finest members one more time. And will you open the window to his room? Thanks."

About five minutes later a hook-and-ladder truck arrived at the hospital and extended its ladder up to Bopsy's third floor window, which was open. Firefighter Bob climbed into the room. Then, one by one, other firefighters climbed up to Bopsy's third-floor window to give him a wave.

BookRoll上にマーカーを引いて学習を可視化する

語を黄色で、重要だと思う分には赤でマーカーする。指導者はその学習活動が可視化されるので、生徒の理解状況を把握した上で授業を組み立てることができる。上の図は、マーカーが引かれた状況のものを可視化したものである。多くの生徒が引いたところは、色が濃く表示される。

➜ 最後に

生徒の感想を一部抜粋する。

「私がデジタル教材を利用した教育で感じた最大の変化は、データの整理がとても楽になったことです。配布物をなくしたときや、学校を休んだときに、配布物が見られなかったので困っていましたが、ノートパソコンで全部確認できるのでとても助かりました。機能をアップグレードするには、2つの提案があります。まず、小テストで間違えたときに、関連する問題が表示されるようにしたいです。あとで復習するとどの問題が解けなかったのか忘れてしまうことが多いので、似たような問題を探して練習するのも時間がかかります。この機能があれば、過去に学んだことを復習しやすくなります。2つ目の機能は、エンターテインメントコンテンツを見たり、ゲームをしたりする時間を計測するタイマーです。多くの生徒がゲームをしてはいけないときにゲームをしていることがわかったので、ゲームをしすぎたときにプログラムで警告できるようになればいいのにと思います。また、成績やプレー時間などのデータを分析できれば、教育だけでなくデジタル教育のさらなる研究に

（1）端末活用入門編

も役立つと考えられます。結論として、教育をアナログからデジタルに変えることで、よりスムーズな学習スタイルを実現することができます。ICT のメリットをさらに強化して有効に活用できれば、キャンパスライフの強い味方となるでしょう。」

デジタル教科書をはじめ紙媒体からの脱却は、便利になるということだけではなく、そこで得た学習活動のログを得ることで、個別最適化された環境を提供できることにつながる。ネットワーク環境の問題、著作権の関係でデジタルコンテンツにできない教材がある等の課題など、解決しなければならないことは山積しているが、生徒が主体的に学ぶ環境としてICT 活用はもちろんのこと、データの分析を通して学びを変えることが重要であると痛感している。

| 組 織 名：京都市立西京高等学校・附属中学校 |
| 端末 OS：（児童生徒）Microsoft Windows 10 |
| （教職員）Microsoft Windows 10 |
| 通信環境：（校　内）Wi-Fi |
| （校　外）不可 |
| ＞家庭 Wi-Fi への接続可 |
| 機器・ソフト：大型テレビ、Moodle、Teams、ロイロノート |

引用・参考文献
・緒方広明、江口悦弘『学びを変えるラーニングアナリティクス』日経BP、2023年、p.199
・緒方研究室−京都大学 学術情報メディアセンター　https://www.let.media.kyoto-u.ac.jp/
・LEAFシステム（BookRollとログパレ）の紹介　https://www.youtube.com/watch?v=UaFCPePgc54&t=13s

2部
GIGAスクールの端末活用事例

KEY STORY

学習者用デジタル教科書はただ単に本文を PDF 化しただけと思っている方もいらっしゃるかもしれませんが、デジタル化するということがとても重要なのです。デジタル化すれば、本文のように、ほかのソフトウェアと連携し学習活動に反映したり、学習履歴を確認することができたり、生徒の思考の可視化を図ることができたりなど、新しい授業改善につなげることができるのです。私は、本実践が行われている学校の授業を見学したことがありますが、一人ひとりの生徒の考えが共有され、大型提示装置に表示されるなど思考の可視化がなされており、活発な話し合い活動が展開されていました。

また、学習者用デジタル教科書を活用することで、教師が考える以上の使い方を生徒がするようになるなど、デジタルスキルの向上にもつながっています。本文中に生徒が感想として「小テストで間違えたときに、関連する問題が表示されるようにしたい」という提案がありましたが、すでに、いくつかのデジタル教科書では実現されています。本文中にあるアイコンをクリックすると、それに関連するソフトウェアに収録されている問題が立ち上がり、復習したり、発展的な学習ができるようになったりしています。このように学習者用デジタル教科書は日々進化しています。　　　　　　（毛利）

実践編

簡単にできる小学校プログラミングの体験

国立教育政策研究所教育課程研究センター研究開発部教育課程調査官
文部科学省初等中等教育局教育課程課教科調査官／情報教育振興室教科調査官
渡邊 茂一

　生成 AI 等、技術の進展が著しい現代では、テクノロジーを活用して新たな価値を生み出す資質・能力が重要となる。児童生徒が実践的に何かを生み出す学習活動は、STEAM 教育などと関連付けられ、一層重要度を増しており、プログラミング教育はその役割の一端を担うことが期待される。小学校のプログラミング教育では、その体験を通じて資質・能力を育成することが求められており、児童に数多くのプログラミングを体験させることが重要である。そこで本稿では、授業等で気軽に取り組むことのできるプログラミング体験を紹介する。

→ 変身アイテムをつくろう！

　児童が幼児の頃から親しんでいるおもちゃには IC やマイコン（マイクロコンピュータ）が入っており、押したら光る、鳴る、動く等「○○したら△△なる」という命令を実行する仕組みになっている。そこで、このような機器を制御するプログラミングを、授業等で体験させる。次頁左上の図は、Scratch3.0 に連携させた micro:bit での、変身アイテム作成の事例である。これは「振ると音が鳴る」簡単なプログラムで、低学年の児童でも楽しい体験が可能だ。さらに、入力や出力を変えることで、農業の問題を解決する機械モデルを考える、条件によって照明のスイッチを ON、OFF する、教室を出る児童を画像解析して帽子をかぶっていくよう促すアラームをつくる等の問題解決の体験にも挑戦できる。そして、スイッチを押したら寝室が明るくなり、ボタンを押したら蛇口からお湯が出てきて、テレビのリモコンを押したらチャンネルが変わるといったことが、自分たちも体験した試行錯誤の積み重ねによってつくられていることへの気付きが期待される。

→ マッチ棒の数を数えよう！

　たとえば、さまざまな教科の学習活動にちょっとしたプログラミングの体験を取り入れることも考えられる。次頁左下の図は、四捨五入を学習する場面、偶数・奇数を学ぶ場面で確かめをするため Scratch3.0 で作成したプログラムの例である。

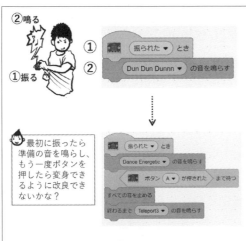

②鳴る
①振る

① 振られた ▼ とき
② Dun Dun Dunnn ▼ の音を鳴らす

最初に振ったら準備の音を鳴らし、もう一度ボタンを押したら変身できるように改良できないかな？

振られた ▼ とき
Dance Energetic ▼ の音を鳴らす
ボタン A ▼ が押された まで待つ
すべての音を止める
終わるまで Teleport3 ▼ の音を鳴らす

── さらに発展させて ──

①振る、を別のセンサからの入力にし、②鳴る、を別の出力（照明やモータなど）にすることで、別の問題解決に挑戦できます

明るさ
温度
北からの角度
音の大きさ
磁力 大きさ ▼

「明るさ」を入力にすれば、自動照明をつくれるし、「温度」を入力にすれば、熱中症アラートをつくれるね。「画像認識」にすれば、休み時間に外に遊びに行く児童への注意促し装置をつくれるかも！？

画像ラベル 帽子をかぶっている ▼ を受け取ったとき

※ここに表示しているブロックはGithubのStretch3の拡張機能に使われているものです（https://stretch3.github.io/）

変身アイテムをつくるプログラム例

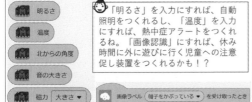

が押されたとき
調べる数はなんですか と聞いて待つ
答え を四捨五入 と言う

四捨五入を確かめるプログラム例

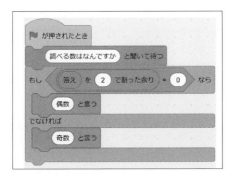

が押されたとき
調べる数はなんですか と聞いて待つ
もし 答え を 2 で割った余り = 0 なら
偶数 と言う
でなければ
奇数 と言う

偶数・奇数を確かめるプログラム例

学習課題
左の図のようにマッチ棒を並べてピラミッドをつくります。100段のピラミッドをつくるには、マッチ棒が全部で何本必要ですか？

…1段め
…2段め
…3段め
：…100段め

段の数	1	2	3	4	5
マッチ棒の数	3	9	18	30	45

表にすると、関係が見つけられそうだね

そうか！
マッチ棒の数＝前の段までのマッチ棒の数＋3×段の数
という式であらわせる関係になっているんだ！

プログラムで式を表すことで計算ができないかな？変数「段の数」と「マッチ棒の数」をつくって計算してみよう！

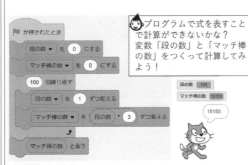

が押されたとき
段の数 ▼ を 0 にする
マッチ棒の数 ▼ を 0 にする
100 回繰り返す
段の数 ▼ を 1 ずつ変える
マッチ棒の数 ▼ を 段の数 × 3 ずつ変える
マッチ棒の数 と言う

段の数 100
マッチ棒の数 15150
15150

答えは15150本か！やった！うまく計算できたぞ！

── さらに発展させて ──

例えば、中学の技術科の授業の最初に、小学校でつくったプログラムをテキスト型プログラムでつくってみる学習活動などが考えられます

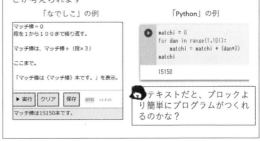

「なでしこ」の例

マッチ棒＝0
段を1から100まで繰り返す。
マッチ棒は、マッチ棒＋（段×3）
ここまで。
「マッチ棒は《マッチ棒》本です。」を表示。

▶ 実行　クリア　保存　8行目 v1.4.20

マッチ棒は15150本です。

「Python」の例

```
matchi = 0
for dan in range(1,101):
    matchi = matchi + (dan*3)
matchi

15150
```

テキストだと、ブロックより簡単にプログラムがつくれるのかな？

マッチ棒の数を数えるプログラム例

※ 「変身アイテムをつくるプログラム例」で使われているmicro:bitはver.1である。現在はver.2も存在している。こちらは、Scratch3.0と連携させなくても単独で音を鳴らすことが可能である。

このような計算プログラムの体験を積み重ねた児童は前頁右の図のような学習課題にも挑戦できる。この学習課題は、表を利用し、算数での学習内容を活用すれば、どのような関係で数が増えるのかについて小学生でも明らかにできる。しかし、実際に100段の本数まで計算することには時間がかかり、授業では扱いにくい。そこで組み立てた式の文字を変数で表し、コンピュータに計算させるプログラミングに挑戦する。児童はこの体験を通して、コンピュータが問題解決に有用であることを

プログラミングに挑戦する様子

実感できるとともに、コンピュータはこのような、決まった「問題を解決する手順や決まり」を高速で計算することが得意で、その決まり「アルゴリズム」が身の回りの、検索、ニュース、SNSなどのサイトに利用され、知らず知らずに、好みのものや、よく調べるものが出てくるといったプログラムの仕組みや工夫に気付くことができる。

　以上のような体験を、全ての学年で地道に続けることで、児童たちはさまざまな場面でプログラミングを活用し、自発的に問題発見・解決に取り組むようになる。たとえば、次のことをプログラミングで実現する児童もいる。

プログラミングとロボットを取り入れた授業

○クラスでゲームプログラミングし、ゲームセンターを企画して上級生や下級生を呼び遊んでもらう
○総合的な学習の時間で地元を調査し、作成したカルタの読み上げアプリを自発的にプログラミングする
○メタバース上での発表会で使う資料をプログラミングでインタラクティブなコンテンツにする
○商業施設のデジタルサイネージで地域を宣伝するアニメーションをプログラミングソフトで作成する　など

これら児童たちは、まるで「のり、はさみ、プログラミング」といった感覚で、「もっとこうしたい」「こうなったら便利なのでは」という自分の思いをかたちにしていた。紹介した事例を授業で行うなど、学校で多くのプログラミングを体験させ、児童が自発的に、コンピュータなどのテクノロジーを活用することでさまざまな価値を創造し、問題発見・解決する「デジタル時代のものづくりリテラシー」が育成されることを期待する。

組 織 名：相模原市

端末OS：Google Chrome OS、iOS、Microsoft Windows 11、10

プログラミング言語：Scratch3.0、Stretch3、日本語プログラミング言語「なでしこ」、Python

プログラミング教材：micro:bit

（※同様のセンサや機能を持つ言語や教材であれば、同じような体験が可能）

参考文献

・相模原プログラミングプラン2020　https://kyouikucenter.sagamihara.andteacher.jp/modules/hp_jpage5/index.php?page_parent=222

KEY STORY

　プログラミングは、新学習指導要領で小学校では必修となりました。

　しかし、多くの教師は、自分の学生時代にプログラミングを習ったことがなく、いまだに、心理的ハードルを克服できずに、その実践に消極的な先生もいるとよく聞きます。また、それを指導する立場にある教育委員会の指導主事でさえ、実際に授業をした経験を持つ人は少ないため、自信を持って学校に指導できないのかもしれません。しかし、今の小学生は、ゲーム機の中にプログラミングソフトがあったりするため、わりと身近になっています。ですから、クラスの中でプログラミングを知っている児童に先生役になってもらうとよいかもしれません。プログラミングが得意な児童の中には、日頃あまり目立たなかったり、活躍できる場が少なかったりする児童もいるかもしれません。そうした児童が活躍することもよいことだと思います。また、簡単なことから取り組み、同じ学年の教師と情報交換したり、初めに行ったクラスの児童が隣のクラスの友達に教えたりして、プログラミングの学習ができたらとても楽しいものです。そのようにして、学級から学年、学校、そして、自治体全体で取り組めるようになるといいですね。相模原市では、プログラミングの得意な先生が行った実践を、市内全体で情報を共有し、広がっていきました。

　教師や保護者の中には、まだまだプログラミングを単なるゲームとお考えの方もいらっしゃるでしょうが、今やアメリカの大学では、文系の学部でもプログラミングが必修になるほどです。日本でも、高等学校の情報Ⅰが必履修となり、大学入試の科目にもなってきています。

（毛利）

実践編

部分と部分を組み合わせる漢字学習をプログラミング！

埼玉県宮代町立須賀小学校教諭
小内 慶太

　小学校低学年はGIGAスクール端末活用の入門期にあたる。学習のために与えられた機器を大切に使うための扱い方や、コンピュータという機械の特性等について順を追って指導することとなる。また、学習の中でもおはじきや数え棒といった具体物の操作を通した、直感的な思考を大切にしながら学習指導を行っていく時期でもある。

　したがって、低学年におけるプログラミングでは座標や角度などの数値を扱うことや、反復・条件分岐等をコード化する指導は、学習者の理解度によってはハードルが高いものといえる。そこで、本実践では「手を使ってかく」といった直感的操作を大切にしながら、プログラミングの初歩として、自分がかいたものを動かすプログラムを組んで作品として完成させ、フィードバックをもらうという一連の活動を計画した。プログラミングを通してその楽しさを経験させながら、教科の学びにせまる一つの手立てとして、以下の実践を行った。

○小学校２年生　国語　単元名「同じぶぶんをもつかん字（光村図書　２年上）」
○単元のねらい　漢字には同じ部分があることに気付き、部分の組み合わせを変えることでいろいろな漢字が作れることを理解し、漢字そのものに対する興味・関心を高める。
○使用教材　Viscuit
　Viscuitはインターネット上で、無償で公開されているビジュアルプログラミング教材の一つである。「めがね」とよばれる装置を使って前後の動きを入力することで、ユーザがかいたイラストに意図した動きを付けることができる。本単元では漢字の部分を扱うに当たり、学習者が認識した漢字の部分がスプライト（画像）として必要となる。その漢字の部分を手書きで入力できることは、低学年児童にとってプログラムを作る際の学びやすさにつながっている。
　また、イラスト同士が接触し、新たなイラストに変化する仕組みを使い、漢字の部分と部分が接触したことをきっかけとして漢字が生まれるという一連の動きをプログラムとして作らせた。

→ 単元計画（全3時間）

時	学習内容
1	漢字には同じ部分を持つ漢字があることを知り、部分と部分を組み合わせてさまざまな漢字を作る合体漢字ゲームを作る。
2	前時を踏まえ、合体漢字ゲームを完成する。
3	各自が作った合体漢字ゲームを紹介し合い、感想を交流する。

→ 指導の実際

①教科書を利用し、既習の漢字には同じ部分があることを確認した（図1）。部分の組み合わせを変えることで、さまざまな漢字が作れそうであることを共通理解した。

②Viscuit を使ってプログラムを組む。教師からはイラストとイラストが接触すると、別のイラストになるプログラムの組み方を示した（図2）。学習者はビジュアルプログラミングの経験が少ないため、授業の開始当初はペアプログラミングとして取り組んだ児童もいた。

③漢字を集める手段として児童は教科書の巻末のページや、漢字ドリル等を用いて、共通の部分を持つ漢字を集めた。教科書の中の漢字では足りないと感じた児童については、インターネット検索など収集の方法は委ねた。教室内の壁面掲示等から探す児童もいた。

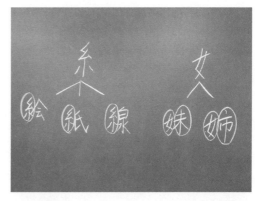

図1　漢字に見付けた同じ部分

図2　合体漢字プログラミングの例示

④完成した作品を、Google クラスルーム上に投稿し、お互いの作品を見ながらコメントを送り合う（図3）。児童は、自分の作ったゲームを見て感想を瞬時にもらうことができる。また、タイピングに難しさを感じる児童もいたことから、作成者に直接コメントを語りに行ってもよいこととした。

⑤本単元の学習を通してわかったことや気付いたことを振り返りに記入した。

図3　お互いの作品にコメントを送り合う児童たち

授業の様子から

　子供たちはゲーム感覚で漢字を学習することができるとあって、意欲的に漢字集めに取り組んでいた。その中で、共通と思えたある漢字の一部分は、実際には違う字であることに気付いた児童や、同じ部分を持つ漢字の意味には共通したものがあることに気付いた児童もいた。また、画数が多くなるにつれて、漢字の学習が難しいものであると感じる児童もい

図4　授業の様子

る。その上で、共通部分に注目すれば、新たな漢字を学ぶ際にも今まで習った漢字の組み合わせと捉えることで学びやすくなると振り返りに書いた児童もいた。

　また、子供たちにとってプログラミングは今回が初めての経験だった。自分の書いた文字が動くということもあって、漢字の部分を夢中になってGIGA端末に記入する姿が見られた。また、不具合等があり思ったように動かない場合には、自分の意図した動きは何か、そのためにどんなプログラムを作ったのかといった点を振り返らせながら、試行錯誤する時間を与えた。自分で今一度作り直したり、周囲の児童の力を借りたりしながら自分の意図する動きに近付くよう繰り返しプログラミングしていた（図4）。

学習を終えて

　低学年におけるプログラミングは子供たちの身近な思考を、簡単な道筋に表して

（1）端末活用入門編

みることから始める必要があると考えている。今回の Viscuit を使った学習のように、単純なプログラムを組むことであれば、低学年の児童においても難しいことではない。むしろ、今まで紙ではできなかった、自分の作品を動かすという活動は子供たちにとって関心の高いものであった。「こうするとどうかな」とか、「こっちの方がいいかな」といった小さなつぶやきの中に、プログラミングの楽しさへ近付いていく子供たちの姿があった。

また、理科や算数を中心とした実践の多いプログラミングだが、低学年の児童ならではの発想の豊かさを武器に、さまざまな教科でかたちを変えて実践できる可能性を感じるものであった。

組 織 名：宮代町立須賀小学校
端末 OS：（児童生徒）Google Chrome OS
　　　　　（教職員）Google Chrome OS
通信環境：（校　内）リコーひかりスタンダード
　　　　　　　　　　ファミリーギガ East R 割
　　　　　　　　　　通信速度はおおむね 1
　　　　　　　　　　Ghps ベストエフォート型、
　　　　　　　　　　各校直接接続 回線 1 本
機器・ソフト：大型提示装置、Viscuit、Google
　　　　　　　Classroom

KEY STORY

これまでの国語の授業では、紙芝居を作ってみたり、人形劇をしてみたり、役割演技をしてみたりするなど、登場人物の心情や情景を表現する学習を行ってきました。いったん紙に描いたり、工作したりすると途中で変更することが難しかったり時間がかかったりしてやり直しがきかないことも多かったことと思います。

しかし、本実践のようにプログラミングなら、考えが変わったときには簡単に修正でき、描画だけでなく、動きを付けたり、声や音を出せたりするため表現に幅が広がります。そして、何よりよい点は、作ったものを友達と話し合いながらどんどん修正してよりよいものにしていくことができることです。これにより、子供たちの思考が深まっていくことが期待できます。

つくば市では、小学校第 1 学年から発達段階に応じて系統的にプログラミング教育を展開しています。全ての児童は、無理なくプログラミングのスキルを身に付けることができ、各教科の中でプログラミングを活用することができるような教育システムができています。たとえ先生がプログラミングについてあまり詳しくなくても、児童がスキルを身に付けているので、プログラミングが苦手な先生や他市町村から異動してきたばかりの先生でも、各教科でプログラミングを活用することが可能となっています。

皆様の自治体でも、プログラミングの授業ができる教師がいるはずです。その先生の実践を、その教育委員会全体で共有し、みんなでマネすることから始めてはいかがでしょうか。他県の実践だと敷居が高いかもしれませんが、「隣の学校の実践ならマネできそう」と思うでしょう。その実践が 1 つ 2 つと増えていけば、その地域のオリジナルの教育システムになっていくと思います。

（毛利）

実践編

〈プログラミング　理科：(小) 中〉

GIGA端末が支える個別最適な学びと協働的な学び

茨城県つくば市教育委員会指導主事
大坪 聡子

つくば市では、国の進めるGIGAスクール構想を受け、1人1台の学習者用端末及び高速ネットワーク・クラウド活用等が整備された環境を生かして、Microsoft 365A3の1人1アカウントや教育用グループウェアSTUDYNOTE 10などのクラウド型ソフトウェアを活用し、個別最適な学びと協働学習の往還、そして9年間の学びが切れ目なく、学校での学びと家庭での学びがよりよくつながっていくシームレスな教育を実現させることにより、自ら探究的に学び続ける自律した学習者を育てることを目指している。

本稿では、中学校第1学年「音の性質」の理科授業の実践を紹介する。単元構成は展開1と展開2に分けている。展開1では、全員で音の性質を見出す実験を行ったあと、自らの学びを振り返り、課題を自分で設定する。その後、展開2において、生徒一人ひとりの興味や関心、特性・適正に合わせた音の性質を生かした作品やレポートを自ら制作する学習活動を通して、他者と協働して、自分の課題を解決しようとすることができるようにする。

【展開1：個に応じた課題を設定する場面の工夫について】

自らの学びを認知し、調整しながら自ら課題を設定するために、音の性質を見出

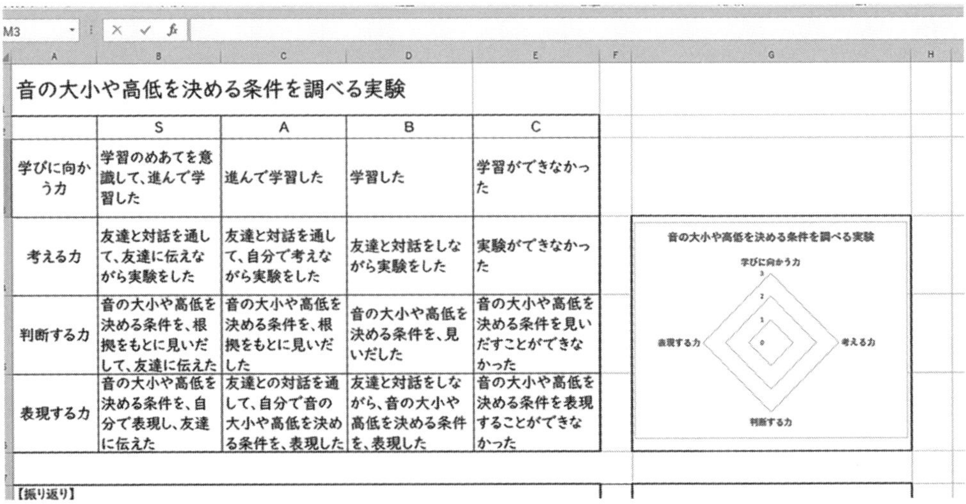
音の大小や高低を決める条件を調べる実験

	S	A	B	C
学びに向かう力	学習のめあてを意識して、進んで学習した	進んで学習した	学習した	学習ができなかった
考える力	友達と対話を通して、友達に伝えながら実験をした	友達と対話を通して、自分で考えながら実験をした	友達と対話をしながら実験をした	実験ができなかった
判断する力	音の大小や高低を決める条件を、根拠をもとに見いだして、友達に伝えた	音の大小や高低を決める条件を、根拠をもとに見いだした	音の大小や高低を決める条件を、見いだした	音の大小や高低を決める条件を見いだすことができなかった
表現する力	音の大小や高低を決める条件を、自分で表現し、友達に伝えた	友達との対話を通して、自分で音の大小や高低を決める条件を、表現した	友達と対話をしながら、音の大小や高低を決める条件を、表現した	音の大小や高低を決める条件を表現することができなかった

【振り返り】

図1　デジタルルーブリック表

す実験を行う学習活動において、デジタルルーブリックによる学習評価基準表（以下、ルーブリック表という）を活用する（図1）。ルーブリック表の活用により、目指す思考の視点を共有したり、ルーブリック表に当てはめて自己評価を行うことで、学びの到達度を可視化したりできるようになった。ルーブリック表を活用することによって、生徒は身に付けたい力を明確にして、知識や技能を活用する「ものづくり」、データを用いて根拠をもとに説明する「分析」、知識や技能を新たな発想に生かす「発明」の3つのコースから、自分に合った探究学習の課題を設定できた。

【展開2：個に応じた課題を解決する学習活動の工夫について】

展開2の探究学習では、展開1の学習での学びの認知をもとに、自己調整しながら自分で設定した課題を、自分のペースで解決する学習活動を展開した（図2）。

コース	身に付けたい力	生徒が設定した課題
ものづくり班	知識や技能を活用する力	塩ビ管で楽器を作ろう
		ストローの太さを変えて音の違う楽器を作ろう
		グラスハープを作って演奏し、その秘密を伝えよう
分析班	知識や技能を活用し、根拠をもとに説明する力	メガホンは声の大きさを大きくする？
		ピアノの音が隣室に聞こえない工夫はある？
		YouTubeを速く再生すると声が高くなるのはなぜ？
		自分の声と録音した声が違って聞こえるのはなぜ？
発明班	学習内容を生かして、新たな発想で構想する力	耳の遠い祖父がTVの音がよく聞こえるようにしてあげたい
		工事現場でも会話ができるようにしたい
		モスキート音を犬に伝えて、泥棒を捕まえたい
		一人でも色んな声を出して弟に読み聞かせをしたい

図2　身に付けたい力を明確にして、自己調整しながら設定した課題の一部

課題の解決に向けて、段階的に身に付けたい力が同じ生徒同士でグループを編成し、個の課題解決過程に、意図的に協働的な学びを取り入れ、よりよい解決に向かえるようにした。さらに、学習の前提として、学習者用端末を自由に活用することを前提とした。これらにより、他者と協働して、比較・検討をしたり、試行錯誤しながら実験や工作を繰り返したり、データをもとに説明し合ったりして、課題をよりよく解決しようとする姿が見られた（図3）。

図3　単元全体の動画

「ものづくり」をテーマに学習を進めた生徒は、太さや長さ、水の量の違いを生かした楽器等を制作し、音の性質についての知識や技能を活用する力を育んだ（図4）。「分析」をテーマに学習を進めた生徒は、メガホンの仕組みを調べたり、防音効果のある材質を調べたりする等、実験結果から得られたデータを用いて根拠をも

とに説明する力を向上させた（図5）。「発明」をテーマに学習を進めた生徒は、生活をより豊かにしたり、社会に貢献できるものづくりを行ったりし、学んだ知識や技能を生かして自由な発想で考え、新たなものを創出する力を育むことができた。

　「発明」をテーマに学習を進めた生徒Aの事例を紹介する。生徒Aは、学習した音の性質について「YouTubeの動画も同じ仕組みなのかな？」と疑問を抱き、自らの課題設定を行った。オシロスコープを活用して、自分の高い声や低い声、ゆっくり話した声や速く話した声等、数種類録音し、振動数の違いを可視化して分析し、課題を抽象化して捉えようとする姿が見られた（図6）。また、ものづくりを通して自らの発想や想いを表現するために、試行錯誤を繰り返した。思い通りの声の高さで再生できるよう、プログラミング教材Scratchやmicro:bitに自分の声を取り込み、振動数に着目してプログラムを作成し、「一人でも色んな高さの声を出して読み聞かせができるCD」を完成させ、弟の誕生日に贈った。

図4　【ものづくり班】水量を変えて音の高さを調整する生徒

図5　【分析班】音の性質を分析して探究する生徒

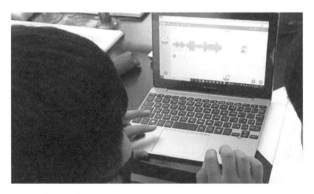

図6　【発明班】音の性質を生かしてプログラミングで作品を作る生徒

　このように、自己選択・自己調整・自己決定ができ、自分のペースで、多様な他者と協働しながら課題を解決する学びを重ねていくと、生徒自身が自律的に学ぼうとする姿が見られるようになった。「標高が高くなると気圧が下がる」と理科の授業で学習した生徒Bは、自分の住むマンションのエレベーター内で気圧を測定すると、1階から10階に上がると、どんどん気圧が下がっていく様子を確認した（図7）。そのデータをクラウド上で共有し、学級の学びを深めることに貢献した。こ

のように学校での学びと家庭での学びがよりよくつながり、探究的な学びを進める生徒の姿が見られるようになってきている。

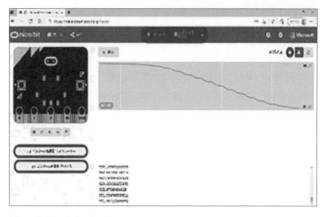

図7　気圧の変化データ

子供たちが、自分のよさを生かしながらよりよい社会を創る担い手となるには、自らの学びを調整する力を育むとともに、他者と協働したりデジタル技術を活用したりしながら、課題を解決しようとする経験を重ねることこそが大切である。試行錯誤をしながら他者と協働してよりよい考えを導き出す学びこそが、一人ひとりの豊かな人生を、そして、よりよい社会を創ることにつながるのではないだろうか。

組 織 名：つくば市教育委員会
端末OS：（児童生徒）Microsoft Windows
　　　　　（教職員）Microsoft Windows
通信環境：（校　内）ローカルブレイクアウト
機器・ソフト：Microsoft 365

KEY STORY

これまでの一斉学習では、教室の児童生徒全員の学習課題が一緒、学び方も一緒、答え方も一緒であることが多くありました。これまでの経験から、学習課題の決め方として、5～7割くらいの児童生徒が理解できる内容を選ぶことが多かったような気がします。そして、学習でつまずきそうな場面を予想し、プリントや教材を用意するなど教師の業務がどんどん増えていきました。しかし、それでも全てに対応することができず、わからないまま終わってしまう子がいたり、逆に、あっという間に課題が終わってしまってつまらなさそうにしている子がいたりすることがありました。

そうしたことを解決するための方法の一つが、今回の事例で紹介されたルーブリックです。一人ひとりの興味や能力に応じた学習課題や目標を決めることで、学習進度が速い児童生徒も、遅い児童生徒も授業時間中、自分が立てた課題に向かって、飽きることなく学習することができるのです。そうしたことを可能にしたのはGIGA端末です。児童生徒の多様な課題に対応する教材を教師一人が用意することは到底できません。児童生徒が、GIGA端末を使って、自分の学習に必要な情報を自分で見付ければよいのです。以前は、そうした学習を「問題解決学習」と言っていましたが、現在では「問題発見解決学習」と言われるようになってきました。問題（課題）を自分で発見するのも大切な能力となっているのです。

（毛利）

子供たちの可能性を広げる GIGA スクール構想の先にある
創造的な学び

ライフイズテック株式会社取締役・最高教育戦略責任者
讃井 康智

→ プログラミング教育の激変をGIGAスクール環境が支えている

　IT・プログラミング教育サービスを通じて次世代のデジタルイノベーターの輩出を目指すライフイズテックは、2010 年に創業し、「中高生ひとり一人の可能性を一人でも多く、最大限伸ばす」というミッションのもと、デジタルなものづくりを学ぶための場や EdTech 教材の開発に取り組んできた。Society5.0 の時代には、テクノロジーを活用し、社会課題を自らの手で解決する人材の育成が重要である。

　日本のプログラミング教育において、社会変化を踏まえて特に大きな波となったのは、2020 〜 2022 年にかけて行われた学習指導要領の改訂である。2020 年には小学校においてプログラミング教育が必修化。2021 年からは中学校の技術・家庭科の中で「ネットワークを利用した双方向性のあるコンテンツのプログラミングによる問題の解決」が新たな学習内容として追加された。さらに 2022 年には高校で「情報Ⅰ」が新設され、プログラミングやデータサイエンスの内容が必履修化された。そして今後重要な節目となるのは、2025 年 1 月実施の大学入学共通テストから、「情報Ⅰ」が出題科目として加わることである。

　このようなプログラミング教育の変化への対応が必要になる一方で、ほかの教科と比べて対応のハードルは高い。内容面での難しさもあるが、環境面での問題が大きい。プログラミング教育の専門性を持って技術や情報の免許を取った教員は極めて少なく、専任教員を配置できず、他教科の教員が兼任して教えている状況が今も多く見られる。また、理科の実験器具が全国格差なく整備されている状況と異なり、十分な実習環境が整備できていない地域・学校もある。

　そんな中で、教育現場がこの急速な変化に自力で付いていくことは簡単なことではない。つまり、情報教育の分野には他教科とは違う環境面での困難があり、ゆえに教育格差の問題が起きやすい状況にある。

　教育の変化と学校現場の実現能力（ケイパビリティ）とのギャップは、プログラミング教育に限らず、今後も生じ続けるだろう。社会の変化によって教育がアップデートしていく宿命にある限りは必ず。その変化対応を個人に依存することには限界がある。では、解決できる糸口は何かというと、GIGA スクール構想で整備され

（1）端末活用入門編

たICT環境とEdTechの活用だ。

　教師が生徒たちに新しい学習内容を教えていく際に不安があったとしても、EdTechのサポートがあれば準備を効率化しつつ新しい学びを実現できる。社会変化に遅れを取らずに教育のアップデートができるだけでなく、個別最適な学びを教室の中で実現することもできるのは、人間とICTの合わせ技があってのことだ。

→ 問題解決型プログラミング教育をGIGAスクールの環境下で実現

　ライフイズテックでは、プログラミング教育の中でも個別化・個性化を実現し、半径50センチメートルからの身近な問題・課題解決を各々が体験できる学びを重視している。そんな学びを全国の子供たちに格差なく届けるには、学習環境の整備が必要だ。そのために私たちは、2020年より中高校向けのオンラインプロ

GIGAスクール構想で実現する学び

グラミング教材・実習環境の「ライフイズテックレッスン」を開発し、全国の学校に提供している。現在では全国4,000校、120万人以上の中高生に活用いただけるまでになった。生徒一人ひとりが手を動かしながら「わかった」「つくれた」という体験ができるため、プログラミングの楽しさを感じてもらい、学習意欲や自己効力感を高める成果も出ている。

　また、オリジナルWeb制作機能を活用し、総合的な学習の時間の最終成果をWebにまとめて学校外に発信するなど、探究的・創造的な学びにつなげる学校も増えている。そして、GIGA環境下で動くEdTechだからこそ、休み時間、部活、生徒会、自宅学習など授業外の時間でも広く活用されている。

→ 地域探究とプログラミングをかけ合わせることで生まれた子供たちの変化

　東京都八丈島の公立中学校では、ライフイズテックレッスンを活用して島の魅力を伝えるWebサイト制作を行った。基礎的なプログラミングを学んだあと、フィールドワークや調べ学習を通して島の魅力を再発見する。次に、自分が紹介したい名所を一つ選び、その魅力をWebサイトに落とし込むため「誰に、どうなってほしいか」を企画・立案し、テキストコーディングを伴う制作へと進む。授業時間にとどまらず、休み時間や放課後、長期休暇中にまで夢中になり制作に励んでいた生徒

たちが多かったことが印
象的だ。こうして制作さ
れたWebサイトは、学
校の公式サイトで公開。
サイトを参考にして島を
訪れた観光客がいたり、
メディアで取り上げられ
るなど注目が集まってい
る。

　この学びを経験した子
供たちの変化を調査した

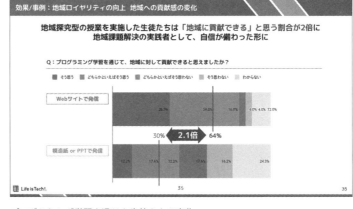

プログラミング学習を通じた生徒たちの変化

ところ、最も大きな変化は「プログラミング学習を通じて地域に貢献できる」と答
えた生徒の割合が、30％から64％まで上昇したことだった。ITを活用し地域課題
を解決できるという効力感を、学校の授業の中で高めることができたのだ。

🡒 生徒が変わり、自分の仕事も変わったという現場の教師たちからの声

　現場の教師からは、子供たちの変化が報告されている。ある公立中学校では、授
業が終わっても熱中して、なかなか席を立たない、自主学習時間にも制作に没頭し
ている生徒が多くいるという。私立高校では、理系領域への進路を希望する生徒の
割合が２倍に急増したというデータも。また、７割以上の教師からは、授業準備の
時間が減ったことにより、負担軽減や働き方改革につながったという報告が寄せら
れ、子供たちのことをよりよく見られるようになったという声も多い。

　教師の役割変化を感じた先生もいる。生徒が自主的に、夢中に学んでいくので、
生徒から教わる場面も増えたという。その先生は「自分は生徒とこういう寄り添い
方がしたくて教師になったのだと思い出した。初めて自分がなりたい教師になれた
感覚です」と話してくれた。

🡒 AI時代に必要なデジタルイノベーターの３要素

　これからの時代に必要な人材を私たちは「デジタルイノベーター」と定義してい
る。デジタルイノベーターに不可欠な３要素は、「課題を自ら設定できること」「次
世代のテクノロジーを活用できること」「社会をよくするアクションまで実現でき
ること」。この３要素はすでにどこの地域でどんな仕事をする上でも必須の要素に
なっており、義務教育で格差なく育むことが必要である。

この３要素を習得するには、ICT 環境の基盤を生かし「自分で課題を設定し、プログラミングなど学んだ技術やスキルを活用し、社会をよくするアウトプットまでつくる」実体験が不可欠だ。

→ ポストGIGAの時代のEdTechの使命

私たちはポスト GIGA の社会を生きている。これまでの時代と比べて、子供たちが学習活動の中でできることは飛躍的に広がっている。GIGA 端末やインターネットを自在に活用する子供たちにとって知識習得はもはや一つの通過点に過ぎず、知識創造や社会課題解決が学習のゴールとなる。学びの質が変わるのだ。教育がデジタル化されるだけではなく、学びの質の変化がセットとなることで、初めて教育DX は実現する。GIGA スクール構想で ICT 基盤が整備された今、学びの質の変化がより問われてくる。そして、AI の進化によって、以前は無理と言われた夢のような教育も実現できるはずだ。実際に子供たち一人ひとりの興味・関心に合わせて、即時かつ無限に問いを生成できる教育 AI サービスも出始めている。

このような変化があるたび、最初は、教育の理想と学校現場のケイパビリティとの間にギャップが生じるだろう。私たち EdTech 事業者は、技術革新によってそのギャップを埋め、学校教育の夢と進化の実現のために、挑戦を続けていくことが使命だ。

組 織 名：ライフイズテック株式会社
　　　　　事業開発事業部 _ 官公庁グループ
端末 OS：（児童・教員）Microsoft Windows OS（10 〜 最新 ）、Mac OS（Catalina 〜 最新 ）、Chromebook OS（最新 ）、Surface Go OS（最新）、iPad OS（最新）
通信環境：インターネット環境
　　　　　10.0Mbps 以上推奨
機器・ソフト：ブラウザ完結型の個別学習教材のため、GIGA 端末にて操作可能。動作にあたって専用のソフトウェアは必要ない

KEY STORY

2020 年度から、全国の小学校でプログラミング教育が始まりました。その中で、大きな課題は、プログラミング教育や STEAM 教育を行いたくても、教える先生にスキルがなく、授業ができないということです。せっかく、小中学校に１人１台 GIGA 端末が整備されても、そうした学習に活用することができない自治体や学校が少なくないということです。そこで考えられたのが、外部人材の活用でした。プログラミングにはたくさんの種類があり、魅力的で楽しいものが続々と登場するなど、日々、進化しています。そうしたものに対応するには、教師だけでは難しく、外部人材である地域人材の協力やEdTech 事業者を活用することで、ワクワク楽しい授業が展開できるでしょう。

（毛利）

AIロボット・AIアプリを活用した英語授業

同志社中学校・高等学校教諭

反田 任

　2022年11月にOpenAIが開発したChatGPTなど、生成AIの進化が目覚ましい時代になってきた。教育におけるAIの活用は以前から行われているが、実際に英語の授業における活用事例を紹介する。

● AI英語学習ロボット「Musio」

　「Musio」はアメリカに本社があるAKA社が開発したAI英語学習ロボットで、自ら考えて会話ができ、深層学習によって会話内容を覚えていく。学習はあらかじめ設定された英文のパターン練習（チューターモード）と自由に会話ができるフリーチャットモードがある。

　英語の4技能のうち、「話す力」を向上させるためには、授業の限られた時間の中でいかに英語の練習量（発話量）を増やすかが課題である。Musioを活用することにより、発話量を増やすことができ、またAIによる生徒の発話に対する評価が瞬時に返されるため、学習者が発音をその場で改善することができ、学習効果も高い。

　練習の流れの一例を紹介すると、練習する英語コンテンツを画面に表示し、「Listen carefully」→「Repeat」→「Role Play」→「日本語を英語に直して発話」でそれぞれ学習者の発話を「Great!」「Very Nice!」と評価したり、発話の声が小さかったり、正確でない場合は「Try Again」と返答が返ってきて、クリアしないと先に進めない。またテストを行うことができ、終了時に発音の正確さなどを判定し100ポイント中何ポイントかを表示する。学習者（生徒）はMusioの指示によって練習するが、1人1台の活用の場合は、一人ひとりにチューターがつくような感じで発話のチェックが可能である。授業者は練習の様子を机間巡視しながら見守り、必要に応じて個別に指導を行う。中学校教科書1Unit 3ページ程度であれば15分もあれば練習ができるので、短時間で大きな練習効果が期待できる。課題をクリアするゲーミフィケーションの要素もあるため、学習者も無意識のうちに集中して取り組むので学習効率が非常に高くなる。また管理用コンソールを活用すれば、AIが聞き取った生徒の音声と実際の英文を見比べることができ、間違いの多い発音の

箇所や傾向を授業者が把握することができ、授業での発音指導に生かすことができる。

→ Musioを活用した授業の効果

Musio を活用した授業の効果としてまず第1にあげられるのが、「学習に対する生徒のモチベーション向上、発話練習に対する集中力の向上」である。そのために短時間（10〜15分程度）の練習でも学習効果が高く、効率よく学習ができる。

第2に「生徒一人ひとりのペースでアダプティブな学習が可能なこと」である。発話練習が個人のペースでできるので、個人差がある英語学習には最適である。

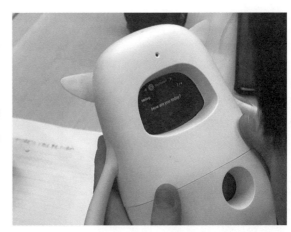

Musioを活用し発音練習する生徒

第3に「ロボット相手なので、恥ずかしがることなく何度でも練習でき、評価もすぐに返ってくること」である。教師と生徒、生徒同士、いずれの組み合わせでも発話練習する場合には相手を気にして恥ずかしがったり、声が小さくなる傾向にあるが、ロボット相手だと躊躇なく練習できる。また何度繰り返してもロボットは受け止めてくれる。そのような点を生徒は評価している。

→ AI発音コーチアプリの活用で発話力の向上を目指す

AI 英語学習ロボットは形状にも愛嬌があり、親しみやすい。一方で、タブレットに比べて操作画面が小さく、表示される情報も少ない。コロナ禍を経て、ここ1、2年の間に、タブレットで活用できる AI 発音コーチアプリが開発され、授業でも家庭でも活用できるようになった。

「ELSA Speak」は発音を AI で瞬時に判定し、ネイティブスピーカーの発音にどれぐらい近いのかをパーセントで表示し、修正すべき箇所を音素単位で表示、さらに発音の仕方を表示するなど、個別学習に最適の発音コーチアプリである。

教育機関（学校）単位で管理ダッシュボードがあり、教科書や授業内容をベースに、学習セットを作成し、学習者に配信することができる。また一人ひとりの学習時間、課題の進捗度、発音バランスなど全ての学習状況を把握することができる。

ELSA Speak画面表示（上）と活用シーン（下）

　学習者の学習時間の状況を見ながら、新しい学習セットを配信するタイミングを調整し、学習のモチベーションを上げることに生かしている。さらに ELSA Speak では生徒が自分で発音練習の学習セットを作成できる機能もあり、スピーチやプレゼンテーションの英文を練習する際に活用している。教師一人が担当している生徒全員の発音指導をきめ細かく行うことは物理的に不可能であるが、

AI 発音コーチアプリを活用することで生徒が自分の力で英語力の向上を図ることができる。さらにほかの英語学習アプリでは生成 AI を組み込んで、AI スピーキングとマンツーマン英会話ができる機能が装備されている。このように AI の活用によって英語の学習方略自体が変化し、今までの授業デザインが大きく変化しつつある。

　AI を英語教育で活用する目的は何か。もちろん AI と英語で会話することが最終目標ではない。「英語で」世界中で発信される情報を手に入れること、「英語で」自分の考えを伝えられる（発信できる）英語力を身に付けること、つまり「英語で」コミュニケーションができることであろう。その習得過程の中で、AI ロボットや AI 英語学習アプリを活用し、発音の向上や、対話練習を繰り返すことにより、自分の英語が通じるという自信を持ち、英語でコミュニケーションできる力を効果的に身に付けることができればまさに「個別最適な学び」となる。さらに学習者が自分で学習目標を設定してレベルの向上を目指すこともできる。

AIとのスピーキング練習画面（English Central ロールプレイ）

AIを英語授業に取り入れ、活用する機会は今後ますます増加していくであろう。現時点においても発音やスピーキングだけでなく、英文の翻訳や文法のチェックを行うこともAIで可能である。今後、授業での英語教師の役割はティーチングからコーチング、「教えること」から「正確な情報を見極め、自ら学び続けられる生徒を育てること」へシフトしていくであろう。

組 織 名：同志社中学校・高等学校
端末OS：（児童生徒）iPad OS、Mac OS
　　　　　（教職員）Microsoft Windows 10、
　　　　　　　　　　Mac OS、iPad OS
通信環境：（校　内）光ファイバー
　　　　　（校　外）OPTAGE ／専用線／
　　　　　　　　　　1 Gbps
機器・ソフト：プロジェクター、Microsoft 365、
　　　　　　　Google Classroom、Apple スクール
　　　　　　　ワーク、ロイロノート・スクールなど

2部 GIGAスクールの端末活用事例

KEY STORY
KEY STORY

　「英語は大切ということはわかっていても、話すことは恥ずかしくて苦手」と感じている人が多くいます。これは、実践の中でも述べられていますが、まず、これまでの一斉授業下での英語の授業では、全員で声を合わせて話すことはあっても、一人ひとりが話す機会は少なかったのではないでしょうか。ロボットを話し相手に使うと、間違っても恥ずかしくないし、何度も繰り返し自分のペースで話す学習ができます。AI機能を使えば、発音のチェックだけでなく、まるで人間のように会話をすることができます。

　本実践ではロボットを活用していますが、GIGA端末を活用することで、ロボットと同じような機能を活用することもできます。

　これにより、一人ひとりの学習スピード（わからないときは何度でも繰り返し、理解のスピードが速い人はどんどん進む）で、そして、さまざまな学習スタイル（予習、授業内、復習、隙間時間、家庭等）で行うことができます。

　GIGA端末を上手に活用して、「英語が楽しい」「英語が大好き」な授業をつくっていきましょう。
　　　　　　　　　　　　　　　　　　　　　　　　　　　　　　　　　　（毛利）

実践編

タブレットを活用した生徒主体の問題発見調査活動

茨城大学教育学部附属中学校教諭
奥谷 大樹

→ はじめに

　中学校学習指導要領（2017年告示）解説　社会編では、「地域に広がる景観等を対象にして地域調査を行うことは地理学習において中核となる学習である」と示されており、地理的分野の学習における地域調査の重要性が指摘されている。GIGAスクール構想以前の地域調査といえば、紙面上で計画を立て、紙地図にルートマップを作成し、調査中に撮影した写真を印刷し、調査結果とともに模造紙にまとめる活動が多かった。本実践は、GIGA端末を活用して地域調査を効率的・効果的に行い、生徒の資質・能力を育むことをねらいとしたものである。

→ 実践の概要

（1）単元の目標

　○野外調査や文献調査を行う際の視点や方法、地理的なまとめ方の基礎を理解するとともに、地形図の読図、目的や用途に応じた地図の作図などの技能を身に付ける。

　○地域調査において、水戸や学校周辺の特徴などに着目して、適切な調査・まとめとなるように、調査の視点や手法、調査結果を多面的・多角的に考察し、表現する。

　○よりよい社会の実現を目指して、学校周辺の地域に見られる地理的な特色を主体的に追究しようとする態度を養うとともに、水戸や学校周辺の地域に対する関心を高める。

（2）学習の流れ

時間	テーマ	主な活動
1	水戸や学校の周りには何がある？	○学校の周りに何があるか、記憶を頼りにロイロノートに描く。 ○単元を通して追究する課題を設定する。 記憶を頼りに学校の周りの地図を描く
2	水戸や学校の周りには何があった？	○水戸市立図書館デジタルアーカイブ、地理院地図や今昔マップon the webを使い、昔の水戸や学校の周りに何があったのか、現在までどのように変化したのかなどについて調べる。 市立図書館のホームページのデジタルアーカイブと現在の地形図を比較する
3	文献調査をしよう！	○班ごとに調査テーマを設定する。 ○2時間目で活用したWebサイトや地域の文献資料を使い、野外調査を行う地域について調べる。
4	調査計画を立てよう！	○地理院地図を使ってルートマップを作成する。 ○Googleマップのストリートビューで実際に歩く道を下見する。
5・6	野外調査に行こう！	○iPadのカメラアプリを使って写真や動画を撮影する。 iPadのカメラアプリを使って地域の様子を撮影する
7・8	調査結果をまとめよう！	○地理院地図Vectorで白地図を作成し、ロイロノートに貼り付けて調査結果を地図上にまとめる。 ○ロイロノートで共同編集したり、ほかのグループの作品を参考にしたりしながら、まとめを練り上げる。 調査結果を地図上にまとめる
9・10	調査報告をしよう！	○地域調査の結果を大型提示装置（電子黒板）に映し、発表する。 ○単元を通して追究する課題に対する自分の考えをまとめる。

2部
GIGAスクールの端末活用事例

➡ 地域調査におけるGIGA端末の有用性

　地域調査のまとめでは、地理院地図 Vector から出力した白地図や野外調査で撮影した写真・動画資料をロイロノートに読み込み、地図の作成を行った。ロイロノートでは、グループごとの共有ノート、学年全体の共有ノートを作成し、効率的かつ効果的に活動を行えるようにした。これまで紙媒体で作られることが多かった地域調査の地図作成だが、「目的や用途に応じた地図の作図などの技能を身に付ける」「調査結果を多面的・多角的に考察し、表現する」といった資質・能力を身に付ける上で、GIGA 端末の強みが際立った。ここでは、特に２つの強みを指摘したい。

　１つ目の強みは、紙媒体では困難だった資料を地図に掲載できることである。本実践では、生徒は地理院地図の機能から地域の標高差を断面図で示したり、水戸市立図書館デジタルアーカイブから過去の地図との比較を示したりしていた。また、野外調査で撮影した動画資料、関連する施設の Web サイトのリンクなどを地図に埋め込む、写真資料や文字資料に関しても、地図上にトピックとなる資料を配置し、詳細な情報に関してはタップすることで閲覧することができるように工夫していた。GIGA 端末の活用によって、地域調査の結果を多様な資料を用いて地図にまとめる技能を高めることができた。

　２つ目の強みは、修正が容易なことである。グループごとに地図をまとめる途中で、ほかのグループやほかの学級の地図を見て、お互いにアドバイスし合う活動を設定した。また、ロイロノートの共有ノート機能を使って、地図作成の活動中はいつでもほかのグループやほかの学級の地図を閲覧できるようにした。生徒たちは、ほかのグループの

大型提示装置に映しながら発表する

地図のまとめ方を参考に、自分たちが作成した地図や掲載した情報・考察を、適切に情報が整理されているか、多面的・多角的に考察が表現されているか、などといった視点から改善した。修正が容易にできる GIGA 端末だからこそ、地図作成の目的や用途に応じて地図を作成する技能や、調査結果を多面的・多角的に考察し、表現したりする力をより効果的に高めることができた。

組 織 名：茨城大学教育学部附属中学校
端末 OS：（児童生徒）iPad OS
　　　　　（教職員）iPad OS、
　　　　　　　　　　Microsoft Windows 10
機器・ソフト：ロイロノート、大型提示装置、
　　　　　　　Google マップ、地理院地図 vector、
　　　　　　　水戸市立図書館デジタルアーカイブ
　　　　　　　など

KEY STORY

　これまでの「問題解決学習」では、主体的に児童生徒が活動しているように見えても、教師が課題を設定し、それに沿って児童生徒が活動するといった学習がみられました。教師にはスタートとゴールが見えていて、教師の敷いたレールの上を児童生徒が進んでいるという教師にとっては安心できる学習スタイルでした。しかし、今求められている学習は、課題も児童生徒が見付ける「問題発見解決学習」なのです。この学習では、課題を児童生徒が設定するため、どのようなゴールが待ち受けているか誰もわかりません。もしかしたら、これまでの定説をひっくり返したり、誰も考え付かない発想で大発見したりするかもしれない魅力を秘めた本物の学習なのです。だから、児童生徒は本気になって活動し、ほかのグループの調査も魅力的であるため、きちんと発表を聞くようになります。

　GIGA 端末を活用することで、各グループが別々の場所で行動していても情報を共有したり、お互いの思考を可視化したりすることができるようになりました。教師も児童生徒各自が別々な活動をしていても、クラウド上で児童生徒の考えを把握し、適切なアドバイスをすることができるようになりました。地域学習は、全国どこでも行える学習ですか、全国何一つ同じものはなく、そして、年々変化していくものです。だから、正解が一つではない大変ワクワクする楽しい学習です。きちんとデータベース化し、10年 20 年と学校で続けていくと、学者をしのぐ研究となることでしょう。

　児童生徒が「そうか、わかった！」と言葉を発するときが、新たな知識が生まれる瞬間といわれています。GIGA 端末を活用して、そうした場面がたくさん見られる授業を心掛けたいものです。

（毛利）

実践編

YouTuber になろう

広島市立牛田中学校校長
長谷川 洋

　中学生の将来なりたい職業は「YouTuber などの動画投稿者」が毎年上位である。どんな夢や希望がある職業なのか、生徒も教師も味わってみようと取組を始めた。

➜ 単元名

「YouTuber になろう」

図1　学級プレゼンの様子

➜ 単元の目標

（1）情報化・ネットワーク化の急速な進展に伴い、メディアが発する情報を受動的でなく、主体的、能動的に読み取る必要性を理解し、取材、撮影、ナレーション、BGM、編集などの基本的な技術を身に付けながら、制作活動を目的や対象に応じて適切に実施する力を身に付ける。

（2）身近な事象の中から課題を見付け、その解決に向けて見通しを持って計画を立案し、必要な情報を適切な手段を選択しながら多様に収集し、蓄積、取捨選択する力を身に付けるとともに、さまざまな既習事項を関連させながら、創意工夫してまとめ、他者の思いに配慮してわかりやすく表現する力を身に付ける。

（3）探究的な学習に進んで取り組むとともに、意見交換、討論などの話し合い活動を通して、協働的によりよいものを目指し、創造的な制作活動の中で、自己の生き方を考え、自分にできることを見付けようとする態度を養う。また、他者の作品に対して適切に分析、批評しようとする態度を養う。

➜ 指導計画（44時間）

学習活動・ねらい	時数
事前学習（タブレットの各種設定、Classroomの活用） タブレット端末の使用方法などを学習する。さまざまな機能や設定を活用して情報活用能力を身に付ける。	4

（1）端末活用入門編

事前学習（ドキュメント、メモアプリの使用） レポート編集や、メモアプリを使用することで、情報活用能力を身に付ける。	3
事前学習（学習支援システム） 学習支援システム[※1]を用いて、グループやクラス内で意見共有を行う。	3
動画撮影・編集・発表（プレ） 学習支援システムを用いて遠足で訪問した水族館のPRスライドショーを作成し、グループ・クラスで発表を行う。	11
撮影講座 テレビ局編集者によるタブレットの撮影講座を受け、撮影技術を身に付ける。	2
メディアリテラシー講座 情報の信ぴょう性と信頼性について学習し、よりよい情報の活用の仕方を考え、実践していく力を身に付ける。	2
YouTuber になろう（映像づくり計画） これまでの学習を踏まえ、動画編集アプリ[※2]を用いた動画制作の計画を立てる。	4
YouTuber になろう（撮影・編集） 計画をもとに、タブレットのカメラ機能を用いて撮影し、動画編集アプリを活用して動画編集を行う。	9
YouTuber になろう（学級・学年プレゼン・事後学習）（図1） これまでチームで取り組んできたテーマについて、動画を用いて発表する。	6

※1　学習支援システム：ミライシード　※2　動画編集アプリ：iMovie

→ 具体的な取組

　動画クリエーターが活躍する昨今の状況から制作活動がイメージしやすくなるよう、単元名を「YouTuber になろう」とした。また、本校の総合的な学習の時間のテーマ「ともに生きることを学び合う」に迫り、4人グループを基本とした7学級計63チームでの活動となるよう、次のような学びの大枠と必要最低限のルールを示した。

（1）学習の流れ（学びの大枠と必要最低限のルール）

　企画会議→撮影→編集・制作→グループ発表→学年発表会

（2）課題の設定

　自分たちの「？」を探す（調べたいこと、考えたいことは何か）

（3）課題（情報）の分析、または、次のA〜Gの中からテーマを決める。

　A「ともに生きる」→仲間、友情、協力

　B「キャリア」→仕事、プロから学ぶ

　C「地域」　　D「平和」　　E「学び」　　F「生徒力」　　G「防災」

（4）情報収集のためインターネットや取材、インタビューなどで「？」を「！」に

していく

（5）学び合うために
・グループで企画・撮影し、編集は一人ひとり
・発表はグループで行い、作品は4〜7分以内とする
・撮影は、必ず iPad のカメラ、編集は iMovie
・ナレーション、インタビュー、BGM、効果音を付ける
・最後にスタッフ紹介（グループメンバーの名前）を必ず入れる
・肖像権、著作権について十分配慮する

→ 制作動画

（1）「ロッカーへの不満」
　身近な課題について、ICT を活用してアンケートを収集、整理し、生徒の生の声を撮影して説得力を持たせた。イラストを入れたり、BGM や効果音を入れたりして驚きや強調したいことが伝わるよう工夫した。

図2　「ロッカーへの不満」の一場面

（2）「学校は何円でできているのか？」
　学校の備品の価格を調べ、普通教室や特別教室ごとに集計。ドラマのワンシーンのような演出や BGM の工夫により、学校を大切に使おう、勉強も頑張ろうという気持ちが湧き起こるように工夫した。また、幅のある商品価格に関する情報の出典を明確に示し、誤解を与えないような配慮も行った。

図3　「学校は何円でできているのか？」の一場面

（3）「謎の石碑を調べてみた」
　生徒は、学校にある石碑について疑問を持ち、図書館の文献を調べたり学校の先生に聞き取りをしたりするが、わずかな情報しか得られなかった。このため、聞き取りの範囲を地域に広げ、取材に行く。地域の人へのインタビュー場面は、字幕を付けわかりやすくした。

図4　「謎の石碑を調べてみた」の一場面

　これらのほかに、「設定されている避難経路は安全なのか？」「4階から避難する

際、使用する避難器具はどう使うのか？」「フードロスをなくすには？」等どの動画も、制作した生徒、視聴した生徒のそれぞれの今後の行動や視点が変わっていくのが楽しみになるものであった。

→ おわりに

完成した動画を見ると、生徒は、情報を扱う発信者として、伝えたい内容に合わせて集めた情報を取捨選択し、伝えたい相手だけでなく、誰でも見ることができる状況に耐えられるよう、多様な視聴者の目を意識した表現について深く考えたといえる。また、動画を編集する技能面の向上はもとより、発信者としての責任や配慮にまで意識を高めることができた。こうした動画が蓄積され共有されることで、深い学びのもとに、より質の高い動画が制作されていくと考えられる。

「YouTuber になろう」の取組により動画編集が情報活用能力を育み表現力の向上に一定の効果があることは認められたが、引き続き ICT 活用が目的化しないよう教育の質を向上させる必要があると考えている。

組 織 名：広島市立牛田中学校
端末 OS：（児童生徒）iPad（第7世代）OS
　　　　　（教職員）iPad（第7世代）OS
機器・ソフト：大型提示装置、ミライシード

参考文献
・高橋純、水谷年孝『1人1台タブレットではじめる小学校ICTの授業づくり超入門！』明治図書、2021年、pp173-195
・文部科学省「中学校学習指導要領解説」2017年

KEY STORY

これまで、児童生徒の学習成果は、レポートや模造紙が主な手段でした。そして、コンピュータが学校に導入されてからは、スライドにまとめて発表するという形式も出てきました。さらに、今回の実践では、問題発見解決学習の成果を、動画で行うという内容です。動画では、学習してわかった結果だけでなく、「なぜそのような課題を追究しようと考えたのか」「地域の方のインタビュー」「実際の取材の様子」などが収録されており、聞き手にも魅力あるものとなっています。

また、動画を YouTube 配信することにより、学級内の友達だけでなく、学年や学校の人、保護者、地域の人、全国の人、さらには、全世界の人々に学習成果を発信することができます。まさに、教室から開かれた学習になることが期待できます。インターネットに配信するには、出演者の許諾や著作権などクリアしなければならない事項もありますが、そうしたことを考えるよい機会にもなるでしょう。　　　　　　　　　（毛利）

情報技術パラダイムと環境による教育

上智大学総合人間科学部教育学科教授
奈須 正裕

→ 規律訓練型教育との決別

ブランソンの「情報技術パラダイム」を敷衍し、知識データベースとエキスパートシステムを学習環境全般と考えれば、一般的な幼児教育のモデルと同型になる。

写真1はごく普通の幼稚園の様子だが、道具も材料も子供の都合とタイミングで、いつでも自由に使ってよい。ところが、小学校に上がった途端「今日はハサミを使います。先生が配りますから、1班の人だけ前にいらっしゃい。後の人は静かに待ちます」といった抑圧的な環境に置くから、子供は一気に主体

写真1　幼稚園における学習環境整備

性も個性も知性も感性も全て封印してしまう。「令和の日本型学校教育」への取組は、「手はお膝、お口チャック」といった抑圧的な規律訓練型教育との決別から開始したい。

→ 環境による教育と学習環境整備

そして、次にはやはり幼児教育が主要な教育方法としてきた、環境による教育に取り組みたい。たとえば「単元内自由進度学習」では、単元指導案に相当する情報を子供に手渡し、さらに多様な教材や学習情報に子供がいつでも自由にアクセスできるよう、教室とその周辺に配置したり、クラウドにアップしたりする。子供たちは、それらをもとに単元の学習計画をまるごと各自で立案し、自立的に学び進める。

写真2は、小学校6年生社会科の歴史学習を単元内自由進度学習で実践した様子で、土器や埴輪、石器などのレプリカを博物館に見立てた余裕教室に置き、いつで

（2）授業のパラダイムシフト

も自由に見たり触ったりできるようにした。すると、子供たちは社会科の時間はもとより休み時間にもやってきては、仲間とおしゃべりしながらそれらと関わっていた。レポートで使うのだろう、タブレットで写真を撮っていく子もいる。

もちろん、全ての子供が写真2のような関

写真2　土器や石器のレプリカも、自由に見たり触ったりできる

わりをするわけではなく、何度もコーナーを訪れる子もいれば、ほんのわずかな時間しか滞在しない子もいる。大切なのは、一人ひとりが自分の琴線に触れる教材と出会えることであり、そのためにも、多様な教材や学習情報が準備され、自由にアクセスできることが重要である。

写真3は、教科書会社提供の大型の図版である。一斉授業では教師の都合とタイミングで一回だけ見せることが多かったように思うが、廊下に常時貼り出しておけば、見たい子供が見たいタイミングで見たいだけ見ていく。

単元内自由進度学習など、個別最適な学び

写真3　子供の意思で資料にアクセスする

を実現する教育方法の原理は環境による教育であり、教師の主要な仕事は学習環境整備になる。そこでは、教師は極力「教える」ことをしないが、子供がしっかりと「学ぶ」ことには責任を負う。特に注力するのは、教科書などに示された標準的な流れや教材ではうまく学べない子への対応である。具体的な子供をイメージしながら、あの子ならどういった環境を準備すればうまく学べるか、意欲的に取り組める

かと思案する。

その上で、授業中は一人ひとりの子供の学びの様子を丁寧に見取り、また整備した環境が十分な効果をあげているかを吟味する。うまく学べていない子供がいた場合には適宜個別指導も行うが、加えて、そのような事態をもたらした学習環境の不備の改善にも力を注ぐ。それにより、次にその環境と関わって学ぶ子供の学習成立を保障しようとするのである。斬新に思えるかもしれないが、幼児教育ではごく日常的な行為に過ぎない。環境による教育の考え方と、それを実現する技術としての学習環境整備を身に付けることで、教師の力量は著しく向上する。

→ デジタルを実装することの独自性と強み

環境による教育は、デジタルが出現するはるか以前から実践されてきた。しかし、小中高等学校の教科学習を環境による教育で実現しようとすると、多種多様な教材や学習環境を単元ごとに開発したり持ち込んだりする必要がある。これがアナログでは膨大な作業量になる。イニシャルコストの高さが、環境による教育を原理とした実践の広がりや継続における最大のネックだった。いったん整備した学習環境が比較的長期にわたり運用できる幼児教育とは、この点が大きく異なる。

デジタルは、この積年の難問を一気に解消する。かつては一つの動画を見られるようにするにも、予算を組んでビデオテープを購入し、さらにビデオデッキとモニターを設置する必要があった。ところが、今日では NHK for School をはじめとして、優れた学習用動画がインターネット上に豊富にあり、多くは無料で使える。また、その子供への提供も、動画の二次元（QR）コードを知らせるだけで十分である。

さらには、そもそも動画をはじめとする教材や学習情報の検索から子供の手に委ねることもできるし、そのほうがかえって、各自の求めに適合した教材や情報と出会える可能性は高まる。ここまで来ると、アナログでは不可能な領域であり、デジタルの独壇場といえよう。幼児教育の世界で十分に熟成されてきた環境による教育という原理を基盤としつつも、さらにデジタルを実装することで、大いなる進化を遂げた情報技術パラダイムの独自性と圧倒的な強みがここにある。

「デジタル・タキソノミー」を基盤とした単元・授業デザイン

株式会社ネル・アンド・エム代表取締役
田中 康平

　1部（p.93）では「デジタル・タキソノミー」の視点による授業改善について提案した。2部ではさらに歩みを進めて「デジタル・タキソノミー・テーブル」という2次元マトリクスで構成される表に、ICT活用や観点別評価の視点を加えた単元・授業デザインについて提案したい。

　まず、「改訂版タキソノミー」（Anderson, Krathwohl 2001）で示された単元デザインのための枠組みである「タキソノミー・テーブル」（図1）という表について紹介したい。

知識次元	認知過程次元					
	1 記憶する	2 理解する	3 応用する	4 分析する	5 評価する	6 創造する
A 事実的知識						
B 概念的知識						
C 手続き的知識						
D メタ認知的知識						

図1　「タキソノミー・テーブル」（参考文献を元に作図）

　横軸に6つの「認知過程次元」、縦軸に4つの「知識次元」が配置された、6×4＝24マスのシンプルな構造だが、とても奥深い活用ができる。「改訂版タキソノミー」の原著（Anderson, Krathwohl 2001）には、「教師が目標の意味を理解し目標を明確にし、実施しやすいように整理するためのフレームワークであり、教師が適切な指導を計画・実践し、有効な評価課題と戦略を設計し、指導と評価が目標に沿ったものであることを改善し保証するのに役立つ」と記されている。筆者はこの表の中に「学習目標、学習者の動詞、道具・手立て（ICTを含む）」を記入できるように改変した上で、「観点別評価の規準・方法・機会」を記述する枠を加え、1枚で単元デザインの要点を網羅的に表す「デジタル・タキソノミー・テーブル」として活用している。これを書くことで、「各授業の核となる学習目標」「単元の進行と認知活動の関係」「ICTを含む手立ての選択」「観点別評価の検討」などの明確化を支援し、単元や授業デザインの発展や改善に有効に機能する。同時に、単元や授業に関する教師のメタ認知を促すことができる。

　実際に書くには「6つの認知過程次元」と「4つの知識次元」の関係と、学習者

の実態などを考慮しながら、各授業の学習目標や学習動詞を枠内に配置していくことになる。教員研修では、まず「6つの認知過程次元」を中心に検討を進めてもらっている。この尺度を

知識次元	質の違いを意識する
A 事実的知識 ・用語 ・特定の項目や要素	記号的な記憶。学習者が知るべき基礎的な要素に関する知識。長期記憶化され、場面に応じて想起される知識であることが重要。
B 概念的知識 ・分類やカテゴリー ・原則や一般化 ・理論、モデル、構造など	意味を伴う記憶により、事象・現象を理解する 点と点が線になるように、知識を相互に関連付けて深く理解しようとするための知識。（群）
C 手続き的知識 ・特定の領域のスキルと操作 ・技術と方法 ・手順を用いる基準	知識(技能や道具を含む)の使い方に関する知識 体験を通して会得できる方法知、方略 教科の特質に応じた見方・考え方に該当する知識。
D メタ認知的知識 ・文脈や条件情報を含む認知課題 ・自己認識	知識を得てきた過程、知識が変容するための認知活動、などを客観的・批判的に省察し、学び方を知り、学び方を改善するための知識。

図2　「4つの知識次元」（筆者作）

つかむことで高次の「認知活動」を意識した学びの姿をイメージしてもらうためである。次の段階では「4つの知識次元」（図2）に目を向けていきたい。

　A事実的知識、B概念的知識、C手続き的知識、Dメタ認知的知識、という知識の違いを理解することで、学習者が獲得すべき知識を意図した高次の認知活動を含む単元や授業デザインを、より深めることが期待される。

知識次元	学習目標 学習者の動詞 道具・手立て	認知過程次元 （学びの深さ）					
		①記憶する	②理解する	③応用する	④分析する	⑤評価する	⑥創造する
A_事実的知識	学習目標	1 本単元の学習過程について学ぶ。 —スタート—					
	学習者の動詞	記述する、マーキングする					
	道具・手立て（ICT含む）	教科書（紙、デジタル）					
B_概念的知識	学習目標		3 委員会活動を振り返り、書く事柄を決める。				7-2 完成したリーフレットを、他の人に読んでもらう。
	学習者の動詞		情報を集約する、分類する要約する				発信する
	道具・手立て（ICT含む）		GIGA端末(スライド)ワークシート				学校HPに掲載(PDF)
C_手続き的知識	学習目標		2 リーフレットの特徴や構造を理解し、手順を考える。	4 リーフレットを作成する。	5 内容が適切かどうか検討する	7-1 リーフレットの内容を改善する。	
	学習者の動詞		手順を集約する	編集する、明確に述べる	比較する、指摘する	文脈を整える、再構成する	
	道具・手立て（ICT含む）		リーフレットのサンプル、インターネット検索	GIGA端末(スライド)グループ内で共同編集	GIGA端末(スライド)※グループ内で共同編集		
D_メタ認知的知識	学習目標				6 リーフレットの改善点を見出す。	8 事後の感想を集め、学習活動全体を振り返る。	
	学習者の動詞				推論する、構造化する	省察する、結論づける　ゴール	
	道具・手立て（ICT含む）				GIGA端末(スライド)※グループ内で共同編集	リーフレット、振り返りシート	

3観点	知識・技能	思考・判断・表現	主体的に学習に取り組む態度
評価規準 単元を通して育むチカラ	リーフレットの特徴を踏まえて、必要な情報を収集し構成している。事実、意見、感想などの違いを認識し、端的な文章を書くことができる。	読み手に伝わりやすくなるように、表現を工夫している。限られた紙面を有効活用するために、必要な情報を取捨選択している。	グループでの協働的な学びに積極的に参加している。読み手の感想から学習活動を振り返り、より良い学び方や表現方法などを見出そうとしている。
評価方法 単元テスト、成果物、実演等	小テスト	行動観察・口頭試問	振り返りシート
評価の機会 単元の途中、最後、等	単元の最後	単元の途中	単元の最後

図3　「デジタル・タキソノミー・テーブル＋観点別評価」（筆者作）

図３は筆者が描いた「デジタル・タキソノミー・テーブル」の例である。

小学校５年生、国語科「委員会活動を伝えるリーフレットの作成」という８時間の単元をデザインしている。旧学習指導要領下での単元例をもとにしているが、GIGAスクール環境の活用により高次の「認知活動」へ展開しやすい題材である。また、リーフレットをほかのメディアに代えた応用も可能だろう。

スタートとなる１時目の授業は「１記憶する―A事実的知識」に配置している。この枠内の「学習目標」には、授業の核となる学習目標を端的に記述し、文頭にコマ番を表す数字（この場合は「１」）を付記している。なお、１時間の授業で２つの場面を含む場合は、「1-1、1-2」という具合に付記し、２つの枠を利用して記述する場合もある（本例では７時目が該当する）。２時目の学習目標は「リーフレットの特徴や構造を理解し、作成手順を考える」であり、「２理解する―C手続き的知識」に配置した。リーフレットの作成について具体的な手順を構想する場面を取り出し、学習動詞に「（作成手順を）集約する」、道具・手立て（ICT含む）に「リーフレットのサンプル、インターネット検索」と記述した。矢印の線は、単元進行を表す補助線である。３時目の学習目標は、「委員会活動を振り返り、書く事柄を決める」、学習動詞は「情報を集約する、分類する、要約する」、道具・手立て（ICT含む）には「GIGA端末（スライド）」と「ワークシート」を記述。ここに、実際に活用するアプリのアイコン（Googleスライド）を加えた。これにより、「単元の進行と認知活動」にICTの関連を視覚的に示すことができる。このテーブル全体を俯瞰的に見てもらうと、この単元では「C手続き的知識」に関連する授業が高次の「認知活動」に向かって発展していく流れがおわかりいただけるだろう。６時目と８時目に「Dメタ認知的知識」に関する「認知活動」を配置することで、学びの吟味、改善、省察、確認などの自己調整的な学習を伴うデザインにもなっている。さらに、テーブルの下部に書かれている観点別評価の規準・方法・機会とも整合を図ることで、単元を見通した指導と評価の一体化を支援することが可能となる。この「デジタ

ベーシック型
低次から高次へ、単元初期に出会った知識・技能など活用しながら、それらの深い理解や習得を目指す流れ。

サークル型
応用・分析などから入り、記憶・理解する対象への興味を高め、再度、応用・分析にトライし、質を向上する流れ。応用・分析結果を比較することで自己評価(メタ認知)を促しやすい。

プロジェクト型
「創造的な問い」(未経験だがワクワクする)による、高次の課題を提示。その解決を目指した知識・技能の習得や、応用・分析を試みる流れ。試行錯誤を含み、活動も多様化しやすい。

図4　「単元進行の類型」（筆者作）

ル・タキソノミー・テーブル」を教師が書く際に伝えていることが３つある。１つ目は「正解はなく、同じ単元でも対象の学級や授業者によって異なってよい。それと、全ての枠を埋めるものでもない」。２つ目は「書いたあとで実践をしたとき、構想通りに進まないことも十分にあり得る。単元の途中で点検したり、改善したりするために活用してほしい」。３つ目は「６つの認知過程次元は１から順に進むわけではなく、単元によって、行き来をしたり、高次の認知活動から低次に進むこともある（図４）」ということである。

　ぜひ一度、「デジタル・タキソノミー・テーブル」を授業改善の共通の枠組みとして、学校全体で活用していただきたい。尺度や視点の共有が進むことで、授業研究の協働性が高まり、教科を超えた知見の共有も可能となる。

　実際に、この取組を先導している学校では、どの教科の授業でも GIGA スクール環境を活用し、高次の「認知活動」を伴う単元がデザインされ、主体的・対話的で深い学びが着実に展開されている（墨田区立錦糸中学校、2022）。そこで活用されている ICT ツールは何ら特別なものではなく、誰でも利用しやすいアプリなどが複数の教科で重用されている。

　GIGA スクール環境の活用について「認知活動」の視点を加えて、「新しい学びの姿の価値」を共有する学校や教師集団が増えることを期待している。

▶ 参考文献 ▶

・Lorin W.Anderson and David R.Krathhhol『A TAZONOMY FOR LAERNING, TEACHING, AND ASSESSING A REVISION OF BLOOM'S TAXONOMY OF EDUCATIONAL OBJECTIVES.』New York : Longman, 2001
・墨田区立錦糸中学校『主体的・対話的で深い学びの実現に向けた授業改善〜改訂版タキソノミーによる授業デザインとICT活用による生徒がわかる授業をめざして〜』2021・2022年度 東京都教育委員会情報教育研究校 墨田区教育委員会研究協力校 研究紀要

（２）授業のパラダイムシフト

GIGA 端末×知識構成型ジグソー法

国立教育政策研究所初等中等教育研究部副部長・総括研究官
白水 始

　目指すべき未来の先進的授業とは、児童生徒が主体となって対話しながら理解を深め、次に学びたいことを自ら見付ける授業である。それは同時に、先生方にとっても、児童生徒がいかに学んだかを見取りながら、自分の考えを見直し、明日の授業デザインに生かせる気付きを得る授業となる。このように先生方も「前向きに」学び続けるからこそ、授業の質があがり、児童生徒にも自ら考え、他者と対話して考えを深め、次のアクションにつなげる「前向きに学ぶ力」が身に付いていく。

　学習指導要領に照らせば、まさに「主体的・対話的で深い学び」を通した資質・能力の育成をねらう授業といえる。ただし、そのために「この型の授業をすればよい」という正解があるわけではなく、それを教師も探究し続けることが重要だ。ここで紹介する「知識構成型ジグソー法」という授業スタ

GIGA端末を使った「知識構成型ジグソー法」の授業風景

イルも、それが正解というわけではなく、児童生徒の学びを教師に見えやすくすることで、「人はいかに学ぶか」に基づいて授業を改善することを支えるところに主眼がある。

　したがって、GIGA スクール端末は、本時の児童生徒の学習を支えるだけでなく、学習過程の記録を取ることで、次の授業をよくするところに真価を発揮する。以下、ジグソー法の型と、対面及び遠隔での ICT を用いた授業イメージを紹介する。

　型は、本時の学習課題に対する

1．個人思考
2．エキスパート活動（異なるヒントのグループ学習）
3．ジグソー活動（ヒントを交換・統合するグループ学習）
4．クロストーク（グループ間の考えの共有）
5．個人思考

という５つのステップからなる。元々アメリカで提唱されたジグソー法には２と３しかなく、情報の分担と交換のコミュニケーションを通して人間関係を改善する

ところに主眼があった。「知識構成型ジグソー法」は、これに協働問題解決の要素を加えることで、グループ活動（2，3）やクラス活動（4）を問題解決のためのものに変え、それを通した一人ひとりの理解深化（1，5）を保証できるものとした。

GIGA端末を使えば、一人ひとりが1で自分の最初の考えを文章や式、図、絵等で記入し、2でヒントとなる資料や動画を閲覧し、気付いたことをメモし、3でグループメンバーからのヒントを書き留め、協働学習支援システム上でプレゼンに備えた解答を文章や描画、概念地図等で表現して、4でプレゼンし合い、5で再度同じ問いに対する答えと次の疑問を書き留めることができる。これは一授業の流れだが、Miroのようなオンラインホワイトボードツールを使えば、クラス全体そして個人の複数授業に及ぶ学習履歴を連綿と記録・発展することもできる。

教師は、Google Formsのようなアンケートツールを使えば、授業前後（1と5）での一人ひとりの解答の変化や、そこに貢献した途中（2〜4）の考えの痕跡を見ることができる。児童生徒の発話や動作を記録できる装置があれば、自動文字起こしして、それと音声やビデオを連動した分析もできることになる。

ICTは記録・共有だけでなく、人工知能（AI）を使って学習支援にも使える。高校数学の三角関数の授業では、「$y=3\sin 2(\theta - \pi /4)$のグラフを描こう」というメイン課題に取り組むために、エキスパート活動でそれぞれ「$y=X\sin \theta$、$y=\sin X\theta$、$y=\sin (\theta -X)$のグラフは$y=\sin \theta$のグラフをどのように変化させたものか」を説明できるようにする。その際、GRAPESという関数グラフ作成ソフトを使ってXにさまざまな数値を入れてグラフの形の変化を学ぶ。ジグソー活動では、違う式のグラフを担当した3人が集まり、ソフトは使わずに言葉や仕草で学んだことを伝え、統合して紙の上にメイン課題の答えを描く。その結果、生徒は本時にこの複雑な三角関数を理解できただけでなく、次時以降もグラフを頭の中でイメージできるようになった。

知識・技能の一次的な習得にはAIの助けを借り、それを説明し対話しながら結び付けて本質的な理解を深め、思考力や表現力を発揮するときには、AIをむしろ使わずに「手書き」で取り組んだわけである（もちろん紙の代わりにGIGA端末上に描画してもよい）。このように同じ授業の型でも、そこにGIGA端末の各種機能をどう使って児童生徒の資質・能力育成に結び付けていくかが教師の腕の見せどころである。

この手法を使った授業研究を全国約2,000名の先生方と展開してきたCoREFプロジェクト（一般社団法人教育環境デザイン研究所）では、小中高全教科の計約3,000の教材や授業づくりの議論を参照できるWebページ「学譜システム」と、授業中の児童生徒の対話を録画し自動音声認識して事後協議に使える「学瞰システム」を開発して、一回一回の授業で「児童生徒がこう学んだから次の授業はこうしよう」

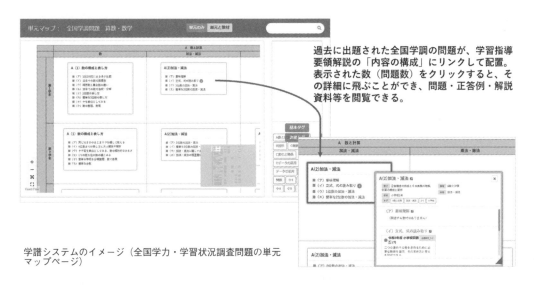

過去に出題された全国学調の問題が、学習指導要領解説の「内容の構成」にリンクして配置。表示された数（問題数）をクリックすると、その詳細に飛ぶことができ、問題・正答例・解説資料等を閲覧できる。

学譜システムのイメージ（全国学力・学習状況調査問題の単元マップページ）

学瞰システムのイメージ
（左）児童3名の真ん中の「学瞰レコーダー」で記録
（右）記録動画（左）が音声認識されたテキスト（右）をクリックすると再生される

という先生方のコラボレーションを支えている。GIGA 端末を使って児童生徒の学習を支援しつつ、記録を残せれば、子供の学びを中心にして大人も学び合えるコミュニティが創っていけるわけである。

　ジグソー授業は、Zoom のような Web 会議サービスのグルーピング機能（ブレイクアウトルーム）を使えば、対面でなく遠隔でもできる。これは、コロナ禍のような距離を取った協働が必要なときに使えるだけでなく、クラスや学校、国境を超えて、いつも一緒にいる級友とは違う、異質な他者と学び合うことにも発展できる。さらに、グループにほかの学校の教師や研究者がマイク・カメラオフで参加すれば、児童生徒の邪魔をせずにその対話を鮮明に聴きとることができる。遠隔での授業研究が可能になるわけである。こうした記録は、児童生徒の振り返りにも使える。

　未来の先進的授業は、児童生徒の学びを中心として、その学びについて学ぶ先生方、指導主事など教育行政関係者、研究者の輪も重なり、日々前向きに進化するものになるべきだろう。ICT も教育データも、全てはこの目的のためにある。

巻末資料

GIGAスクール構想関連資料

令和6年5月15日時点

1．GIGAスクール構想について

1

🇯🇵 国策としてのGIGAスクール構想の更なる推進

1．これまでの成果

- ● **世界に先駆け、わずか１～２年で整備完了** （世界に冠たるデジタル学習基盤）
  - ➢ G7教育大臣会合でもGIGAスクール構想は最大の関心事
  - ➢ 各国も一人一台端末整備を重要課題と認識。
- ● **７～８割の校長が１人１台端末の効果を認識** （活用頻度が高いほど、効果認識UP）
  - ➢ 個別最適・協働的な学び、働き方改革
  - ➢ 誰一人取り残されない学びの保障（不登校、特別支援、病気療養、外国籍の児童生徒　等）
- ● **単なる教育施策ではなく、政府の重要施策のインフラ**
  - ➢ デジタル人材供給の基盤（GIGA端末でプログラミングをする子供が大幅増、AI戦略にとっても極めて重要）
  - ➢ こども家庭庁の目玉「こどもデータ連携」、デジタル田園都市国家構想の推進にも不可欠

2．直面する課題

- ● **地域・学校間で大きな活用格差** （週３回以上活用割合　約7割～ほぼ100%）
  - ➢ この２年間、大多数の学校はコロナ対応で手一杯だったのが実態。
  - ➢ 非常時のオンライン授業実施体制は構築されたが、令和の教育改革は道半ば。
- ● **端末更新、学校のICT環境（ネットワーク）の改善**
  - ➢ 端末については、R５補正予算でR７年度までの更新に必要な経費を確保。一方、各自治体において適切かつ計画的な更新が行われる必要
  - ➢ ネットワークについては、速度が不十分な学校が存在しており、改善が急務

3．今後の方向性（教育DXの更なる深化）

- ● 令和５～6年度を、集中推進期間として位置づけた上で、徹底的な伴走支援の抜本的強化により一気に底上げを図る。
- ● 国策として推進するGIGAスクール構想の1人1台端末について、公教育の必須ツールとして、更新を着実に進めるとともに、通信ネットワーク速度の抜本改善を図っていく。

2

出典：令和元年11月13日第11回経済財政諮問会議議事要旨

安倍総理

- ● パソコンが１人当たり１台となることが当然だということを、やはり国家意思として明確に示すことが重要。

- ● Society 5.0を実現する上では、学校教育の段階からICTに親しみ、デジタル化に対応した人材を社会全体で育成していくことが、まずもって重要。

萩生田文部科学大臣会見

出典：「子供たち一人ひとりに個別最適化され、創造性を育む教育ICT環境の実現に向けて～令和時代のスタンダードとしての1人1台端末環境～《文部科学大臣メッセージ》（令和元年12月19日）

萩生田文部科学大臣

- ● Society 5.0 時代に生きる子供たちにとって、PC 端末は鉛筆やノートと並ぶマストアイテムです。

- ● 今や、仕事でも家庭でも、社会のあらゆる場所で ICT の活用が日常のものとなっています。

- ● 社会を生き抜く力を育み、子供たちの可能性を広げる場所である学校が、時代に取り残され、世界からも遅れたままではいられません。

3

２．学校のネットワークの現状及び当面の推奨帯域

学校のネットワークの現状調査

【調査目的】
● GIGA端末を使用する通信環境について、学校設置者が契約している通信契約の内容や、各学校における実際の通信速度を把握すること等を目的に調査を実施

【対象】
● 学校設置者（各都道府県・市区町村教育委員会（約1,800委員会））
● 全ての公立小・中・高等学校（約32,000校）

【実施時期】
● 令和5年11月〜12月

【調査内容】
（学校設置者）
・ GIGA端末を使用する主な通信契約の内容や、ネットワークアセスメントの実施状況等
（学校）
・ GIGA端末を使用する通信環境において実効速度を計測
　※ 無線アクセスポイントにGIGA端末を接続し、速度測定サイトにアクセスして計測。できる限り学校全体での速度に近い値を把握するため、授業時間外（児童生徒がトラフィックを発生させていない時間帯）で計測

学校規模ごとの帯域の目安（当面の推奨帯域）

- 端末を十分に活用している授業の実測データをもとに、**学校規模ごとに1校当たりの帯域の目安（当面の推奨帯域）**として以下を設定[1]し、まずは、この「当面の推奨帯域」の整備を目指す（帯域の実測値であり、ベストエフォート型契約時の理論値ではない）。

- 「当面の推奨帯域」は、**同時に全ての授業において、多数の児童生徒が高頻度で端末を活用**する場合にも、ネットワークを原因とする支障がほぼ生じない水準[2]であり、端末活用の日常化に向けて、まずは全ての学校が目指すべき水準（ただし、この水準を下回る場合でも授業で全く活用できないというものではない）。

- 当面の水準として設定するものであり、サービスコンテンツの容量やその利用態様に応じて、見直されるもの。

学校規模ごとの当面の推奨帯域

児童生徒数	当面の推奨帯域	児童生徒数	当面の推奨帯域
12人	22Mbps	700人	580Mbps
30人	54Mbps	735人	594Mbps
60人	108Mbps	770人	607Mbps
90人	161Mbps	805人	621Mbps
120人	216Mbps	840人	633Mbps
150人	270Mbps	875人	647Mbps
180人	323Mbps	910人	660Mbps
210人	377Mbps	945人	673Mbps
245人	395Mbps	980人	686Mbps
280人	408Mbps	1,015人	698Mbps
315人	422Mbps	1,060人	711Mbps
350人	437Mbps	1,095人	723Mbps
385人	453Mbps	1,120人	736Mbps
420人	468Mbps	1,155人	748Mbps
455人	482Mbps	1,190人	761Mbps
490人	496Mbps	1,225人	773Mbps
525人	511Mbps	1,260人	786Mbps
560人	525Mbps	1,295人	797Mbps
595人	538Mbps	1,330人	809Mbps
630人	553Mbps	1,365人	822Mbps
665人	566Mbps	1,400人	834Mbps

授業での活用場面（A中学校1限目での活用イメージ）
※「当面の推奨帯域」の環境下では校内でこのような端末活用の同時進行が可能

1年1組
授業の流れや動画・画像をクラス内で共有。クラスの全員が参照

1年2組
Web上の動画教材等を活用し、学習内容について理解を深める

3年2組
クラウド上で実験データをまとめる。他班の実験結果も参照。実験の様子を動画撮影しクラウド上の保存・共有

3年1組
クラウド上にファイルを共有し、作業を分担して共同編集。チームで成果物を作成

2年2組
英語のデジタル教科書の音声読み上げ機能を活用した個別学習

2年1組
撮影動画による技能チェックや、これまでの練習成果の振り返り

※1　多くのトラフィックを発生させている授業をもとにしたシミュレーションにより、固定回線について、学校ネットワークの入口で求められる帯域を算出。
※2　突発的・不規則なデータ送受信量の増大があった場合に、一時的にデータの遅延が生じる可能性はあるが、授業には概ね支障がないと考えられる。ただし、あくまでも帯域の「目安」であり、サービスのコンテンツ容量やその利用態様により、学校現場で必要となる帯域には高低があるものである。

6

当面の推奨帯域を満たす学校数

- 全校の簡易測定結果[1]と照らし合わせ、一定の仮定[2]の下で推計すると、**当面の推奨帯域を満たす学校は2割程度**[3]。
- **特に学校規模が大きくなるほど当面の推奨帯域を満たす学校の割合が少なくなる傾向。**

学校規模別の当面の推奨帯域		簡易測定結果	
児童生徒数	当面の推奨帯域(Mbps)	回答学校数(割合)	当面の推奨帯域を満たす学校数
～60人	～108	3,985校(13.2%)	3,258校
61人～120人	161～216	3,450校(11.5%)	1,486校
121人～180人	270～323	2,798校（9.3%）	520校
181人～245人	377～395	2,705校（9.0%）	306校
246人～315人	408～422	2,901校（9.6%）	201校
316人～385人	437～453	2,817校（9.4%）	215校
386人～455人	468～482	2,515校（8.4%）	131校
456人～560人	496～525	3,023校(10.1%)	174校
561人～700人	538～580	2,785校（9.3%）	127校
701人～840人	594～633	1,728校（5.7%）	56校
841人～	647～	1,382校（4.6%）	29校
合計		30,089校	6,503校(21.6%)

※1　文部科学省調査（令和5年11月）速報値による。調査対象は、公立小中高（分析にあたっては、固定回線の簡易測定結果を対象とし、明らかなエラーと思われる値を除外）。
※2　帯域の目安は、学校のネットワークの入口における水準である一方、簡易測定は教室のアクセスポイントに接続して計測したものである。アクセスポイントに接続しての計測は入口に比べて低い値となるため、簡易測定結果は、実測値に一定の仮定をおいて算出したもの（簡易測定結果 = 実測値×1.4）。
※3　当面の推奨帯域を満たしていない場合であっても、想定される状態としては、極端に低い帯域幅しか確保できていない場合を除き、授業の中で通信が遅くなるタイミングがあるというものであり、授業が成り立たない程度までデータの遅延が継続する状態は必ずしも生じない。なお、個別の学校に着目すると、ベストエフォート型の契約等に起因し、測定のタイミングによって計測結果に変動がある（上記の表のような多数の学校の全体的な傾向は、個別の学校の測定値のようには変動しないと考えられる）。このため、各学校においては、より精緻に速度測定を行った上で課題把握と改善策の検討を行うことが推奨される。

7

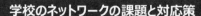

学校のネットワークの課題と対応策

| 学校内 | 学校外 |

学校　回線事業者　ISP　インターネット

課題① 不具合の原因特定が不十分（ネットワークアセスメントが必要）

課題② 通信契約の内容が十分なものとなっていない

課題③ 自治体において専門性ある職員の確保が難しく、交渉力が不足

対応① ネットワークアセスメントへの財政支援

対応②
・安価な調達事例の横展開　・学校の帯域需要の具体化
・広域調達・共同調達の支援　・必要な財政支援

対応③ 自治体担当者の専門性向上支援（ガイドブックの提示、広域調達・共同調達の支援）

ネットワークアセスメントによる不具合の特定　課題①　対応①

- 学校のネットワークが繋がりにくい原因は、**学校内が原因の場合**と、**学校外が原因の場合**に大別されるが、**具体的には様々であり（例：機器のスペック不足、機器設定の不備など）**、その特定が改善の前提。

   ✓ **課題のある学校においてネットワークアセスメントの実施が徹底される**よう、財政支援（令和5年度補正予算で23億円の補助事業を計上）
   ✓ **学校内**については、ネットワークアセスメントを端緒として、**機器の設定・設置場所の変更、最新の機器・相性の良い機種への入れ替え**によって解決に繋がる場合も多い。

8

通信契約の見直し　課題②　対応②

- **学校外**については、**インターネットに接続するまでの回線契約が不十分**な場合も多いと考えられる。帯域確保型の回線を契約している自治体は約3%、ベストエフォート型回線（共用回線）を契約している自治体は約95%。特に**中規模以上の学校では、通常のベストエフォート回線では十分な帯域が確保されない可能性が高い。**

- ベストエフォート型回線でありながら比較的速度が出ているサービスを契約している事例※も存在する。

   ※ 地域によっては、「回線分岐が限られており、共用先が少ないサービスを導入」、「10Gbpsのように帯域が大きいサービスを導入」、「異なる通信事業者の回線を複数敷設」といった事例が見られる。

- 帯域確保型の回線契約は**非常に高額**（例：1Gbpsの帯域確保で、1校当たり定価ベースで月額約50〜150万円）だが、地域によってはこれよりも安価に調達している事例（例：1校あたり月額数万円〜20万円）も存在する。

   ✓ **安価な調達事例の横展開**
   ✓ **帯域の目安**と、その実現に向けて選択肢となる通信サービスを示し、自治体における改善を促すことで、**地域における帯域の需要を具体化。**これにより、多くの地域で通信サービスの種類やその提供主体が拡大することを**期待。**
   ✓ **広域調達・共同調達の支援**を検討（スケールメリットによる**価格低下**、自治体の**交渉力向上**及び担当者の**専門性向上**を図る）。
   ✓ **必要な財政支援**（通信費ついては、学校のICT環境整備に係る地方財政措置が講じられている）

自治体担当者の専門性向上　課題③　対応③

- ネットワークアセスメントの発注や、通信契約の変更等について事業者と適切に交渉していくためには、**ネットワークについての一定の知識が必要**となるが、教育委員会においては、ネットワーク整備に深い知見を有する職員の確保が難しい場合もある。

   ✓ 自治体向けに「**学校ネットワーク改善ガイドブック**」を提示
   ✓ **広域調達・共同調達の支援**を検討

ガイドブックでは以下の事項を分かりやすく解説
✓ インターネットや学校ネットワークの仕組み
✓ 課題の特定から解決に至るまでの手順
✓ 典型的な不具合箇所とその解決策
✓ 通信契約の見直しの観点
✓ 選択肢となる通信サービスの種類　等

9

３．　GIGAスクール構想第２期における端末更新等

GIGA第２期における端末更新について

「デフレ完全脱却のための総合経済対策」（令和５年１１月閣議決定）（抄）

第４節　人口減少を乗り越え、変化を力にする社会変革を起動・推進する
６．包摂社会の実現
（２）教育ＤＸフロンティア戦略の推進を始めとする公教育の再生
　質の高い公教育を再生するため、以下の施策を実施する。
　国策であるＧＩＧＡスクール構想の第２期を見据え、地方公共団体への徹底的な伴走支援を継続しつつ、日常的な端末活用を行っている地方公共団体の故障率も踏まえた予備機を含む１人１台端末の計画的な更新を行う。その際、地方公共団体における効率的な執行等を図る観点から、各都道府県に基金を設置し、５年間同等の条件で支援を継続するとともに、2023年末までに都道府県を中心とした統一・共同調達の仕組を検討する。併せて、大宗の更新が終了する2026年度中に、地方公共団体における効率的な執行・活用状況について検証するとともに、次期更新に向けて、今後の支援の在り方を検討し、方向性を示す。　（略）

都道府県を中心とした共同調達の着実な実施	１人１台端末の利活用の促進

【2026年度】地方公共団体における効率的な執行・活用状況についての検証

次期（第３期）更新に向けた支援の在り方の方向性

GIGAスクール構想の推進
～1人1台端末の着実な更新～

令和5年度補正予算額　2,661億円

現状・課題

● 全ての子供たちの可能性を引き出す個別最適な学びと協働的な学びを実現するため、令和2～3年度に「1人1台端末」と高速通信ネットワークを集中的に整備し、GIGAスクール構想を推進。学校現場では活用が進み、効果が実感されつつある。

● 一方、1人1台端末の利活用が進むにつれて、故障端末の増加や、バッテリーの耐用年数が迫るなどしており、GIGAスクール構想第2期を念頭に、今後、**5年程度をかけて端末を計画的に更新**するとともに、端末の故障時等においても子供たちの学びを止めない観点から、**予備機の整備**も進める。

事業内容・スキーム

公立学校の端末整備　　　　予算額　　2,643億円

● 都道府県に基金（5年間）を造成し、当面、**令和7年度までの更新分（約7割）**に必要な経費を計上。

● 都道府県を中心とした共同調達等など、計画的・効率的な端末整備を推進。

＜1人1台端末・補助単価等＞

➤ 補助基準額：5.5万円/台

➤ 予 備 機：15%以内

➤ 補 助 率：3分の2

※児童生徒全員分の端末（予備機含む）が補助対象。

＜入出力支援装置＞

視覚や聴覚、身体等に障害のある児童生徒の障害に対応した入出力支援装置（予備機含む）の整備を支援。

➤ 補助率：10分の10

（基金のイメージ）

文部科学省
↓ 基金造成経費を交付
都道府県（基金）
↓ 補助金交付
市町村

※都道府県事務費も措置

国私立、日本人学校等の端末整備　予算額　　18億円

● 前回整備時と同様に補助事業により支援することとし、早期更新分に必要な経費を計上。

● 公立学校と同様に、**補助単価の充実や予備機の整備**も進める。

＜1人1台端末・補助単価等＞

➤ 補助基準額：5.5万円/台

➤ 予 備 機：15%以内

➤ 補 助 率：国立　10分の10
　　　　　　　私立　3分の2
　　　　　　　日本人学校等　3分の2

※入出力支援装置についても補助対象。

※今後も各学校の計画に沿った支援を実施予定。

12

（担当：初等中等教育局学校情報基盤・教材課）

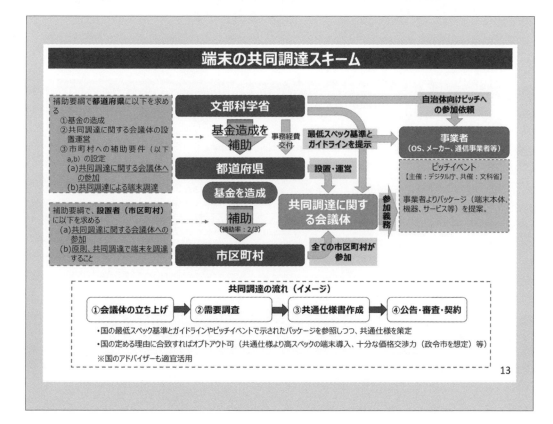

13

端末の整備・更新に係る補助要件

(1) 共同調達会議への参加

(2) 共同調達による端末の調達 ◁ 「調達ガイドライン」において オプトアウト要件を規定

(3) 最低スペック基準を満たすこと ◁ 「最低スペック基準」において 詳細を規定

(4) 教員数分の指導者用端末の整備

(5) 児童生徒が利用する端末を対象としたWebフィルタリング機能の整備

(6) 各種計画の策定・公表 ◁ 「計画策定要領」において 詳細を規定

各種計画

①端末整備・更新計画	②ネットワーク整備計画
端末の整備・更新予定や更新対象端末のリユース・リサイクルの方策等を記載	端末を日常的に利活用することが可能な通信帯域の確保に向けた計画を記載
③校務DX計画	④1人1台端末の利活用に係る計画
「「GIGAスクール構想の下での校務DX化チェックリスト」に基づく自己点検結果の報告について（通知）」等を踏まえた校務DXに関する計画を記載	1人1台端末をはじめとするICT環境によって実現を目指す学びの姿やGIGA第1期の総括、これらを踏まえた1人1台端末の利活用方策を記載

14

第2期GIGA端末のスペック向上箇所の概要

	GIGA第1期 標準仕様書	GIGA第2期 最低スペック基準
OS	Microsoft Windows 10 Pro 相当	Windows11 Pro/Education相当 ※最新OSにアップデート
	Google ChromeOS	ChromeOS ※最新OSにアップデート
	iPadOS	iPadOS ※最新OSにアップデート
CPU	【Windows】【Chrome】Intel Celeron N4500と同等以上【iPadOS】－	世代変更により機能向上（Celeronは約30％機能向上）
ストレージ	【Windows】64GB以上【Chrome】32GB以上【iPadOS】32GB以上	【Windows】【Chrome】仕様としては変更を行わないが、高速ストレージを推奨【iPadOS】64GB以上
メモリ	【Windows】【Chrome】4GB以上【iPadOS】－	【Windows】8GB以上 ※活用実態を踏まえ4GBのメモリも許容
画面	9～14インチ（可能であれば11～13インチが望ましい）	10～14インチ ※最低画面サイズを10インチに変更
無線	IEEE 802.11 a/b/g/n/ac以上	【Windows】【Chrome】IEEE 802.11 a/b/g/n/ac/ax以上 ※無線規格WiFi6に対応し、更なる高速かつ安定した通信が可能に。（無線APが対応している必要はある。）
周辺機器	ハードウェアキーボード	ハードウェアキーボード及びタッチペン
カメラ機能	インカメラ or アウトカメラ	インカメラ及びアウトカメラ ※両側カメラを必須に変更
外部接続端子	【Windows】【Chrome】USB3.0以上×1以上	【Windows】【Chrome】USB3.0以上の規格であってUSB Type-C PD(Power Delivery)に対応したポートを1つ以上有していること ※広く普及している充電器やモバイルバッテリーによる充電が可能となる
その他	－ － － － － － － － －	端末の稼働状況を取得できる機能（端末の利活用状況を客観的に把握可能とする）
		適切なセキュリティ対策機能（マルウェア対策等）

246

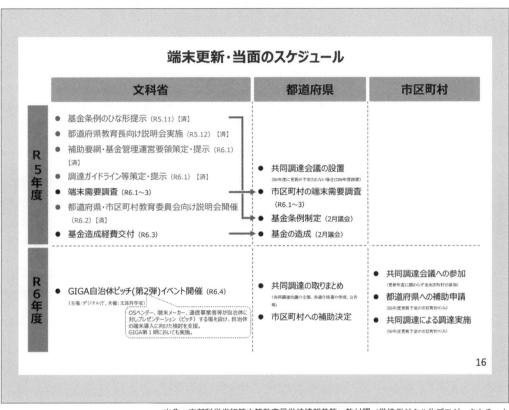

出典：文部科学省初等中等教育局学校情報基盤・教材課／学校デジタル化プロジェクトチーム

おわりに
故荒木泰臣前全国町村会会長を偲んで

　2024年2月25日（日）熊本県益城町「グランメッセ熊本」で、熊本県町村会等が主催した『故荒木泰臣氏「偲ぶ会」』に出席しました。

　故荒木泰臣氏は1987年から熊本県嘉島町長を連続10期当選するとともに2017年には第21代全国町村会会長を務められ、正に日本を代表する地方政治家でありましたが、2023年10月に帰らぬ人となりました。この偲ぶ会には、故人の卓越した行政手腕、ご功績、お人柄から、各界から多数の方々が参列されました。

　故荒木会長には全国町村会会長として、さまざまなご指導をいただきましたが、コロナウイルスの蔓延で全国一斉の学校閉鎖中の時期に、私が故荒木会長を事務局に訪ねて、コロナ禍における学校の教育活動の継続について相談したことがありました。

　私から、故荒木会長に対して、「コロナ禍では子供たちの学びを止めないことが重要で、GIGAスクールの推進や各学校が運営に自由に使える校長裁量経費の措置について、全国町村会としてぜひ協力いただきたい」という相談をしたところ、故荒木会長は、いつもの淡々とした落ち着いた語り口で、「自治体としても、このコロナの状況下で子供たちへの教育を継続することはとても重要です。1人1台の端末整備、各学校のネットワーク環境の強化のためのGIGAスクールは重要です。定期消毒による感染防止や学習保障のための校長裁量経費の配分も大事ですね。全国町村会としても頑張ります」と賛同いただき、意を強くしたことをよく覚えています。

　その後も地方の離島や中山間地の教育政策等の実施に当たり事務局や嘉島町役場への訪問を通じてたくさんのご指導を賜りました。私自身、故荒木会長とのめぐり合わせに「合縁奇縁」を感じていたのだと思います。ここに生前のご厚誼を深謝し、謹んでご冥福をお祈りいたします。安らかなご永眠をお祈り申し上げます。

　当時の政府予算の編成や国と地方の協議の場等においては、飯泉嘉門全国知事会会長、立谷秀清全国市長会会長とともに、コロナ禍における教育条件整備のためGIGAスクールの推進や小学校の35人学級編成のための予算人員の増等にさまざまなご支援を賜りましたが、特に地方関係団体の3会長が、総理に対して「35人学級を進めることは地方の総意であります。政府としてぜひ決断いただきたい」と、ご発言をいただいたことは今でも忘れられません。

現在、中央教育審議会において、児童生徒の端末整備による学習環境の変化、生成 AI の普及による今後の社会変化等を踏まえた新たな学びの在り方について議論が進んでいます。また、文部科学省でも、1人1台の端末の活用を前提とした次期の学習指導要領の策定準備が進んでいます。さらに、学校の ICT 環境の充実は、校務支援システム（クラウド型）の導入による校務の効率化を進め校務の DX 化による教師の働き方改革を実現する上でも極めて大事な役割を果たすと考えます。

　巻頭のご挨拶でも申し上げましたが、次代を担う子供たちの GIGA 端末活用が新しい第2のステージに移るに当たり、本構想の成功のためには、地域の民意を代表する自治体首長の方々の理解とリーダーシップが欠かせないことは疑いありません。自治体首長の皆様に対し、各学校における教育条件整備の充実について、引き続きのご支援とご協力を重ねてお願い申し上げます。

　本書の出版にあたり、さまざまな教育関係図書に実績のある悠光堂の佐藤裕介社長、遠藤由子様には、さまざまなご助言や編集に協力いただいたことに厚く御礼申し上げます。

編集代表　丸山 洋司
元文部科学審議官（公立学校共済組合理事長）

編集・執筆者等一覧 （肩書は 2024 年 3 月 31 日現在）

➜ 編集
GIGAスクール構想2.0推進委員会

➜ 編集代表
丸山 洋司 （まるやま・ようじ）

公立学校共済組合理事長

法政大学大学院修了。1982 年文部省入省。初等中等教育局長、文部科学審議官などを経て
2022 年から現職。

地方財政審議会特別委員、公益財団法人文字・活字文化推進機構顧問、その他国立大学法人
や学校法人顧問等を歴任。

➜ 編集委員
安彦 広斉 （あびこ・こうせい）

文部科学省大臣官房審議官 （初等中等教育局担当）

専修大学卒。生涯学習局情報教育課情報教育振興室長、初等中等教育局視学官、初等中等教
育局参事官付高等学校改革推進室長、総合教育政策局地域学習推進課長、初等中等教育局修
学支援・教材課長などを経て 2022 年から現職。

毛利 靖 （もうり・やすし）

茨城大学教育学部教授、茨城大学附属学校園統括長

全国 ICT 教育首長協議会特別顧問

茨城県小中学校教諭、つくば市教育委員会情報教育担当指導主事、つくば市教育局総合教育
研究所長、つくば市立みどりの学園義務教育学校校長などを経て 2023 年から現職。

➜ 協力者
大村 秀章 （おおむら・ひであき）

愛知県知事／全国知事会文教・スポーツ常任委員長

立谷 秀清 （たちや・ひできよ）

福島県相馬市長／全国市長会会長

荒木 泰臣 （あらき・やすおみ）

前熊本県嘉島町長／前全国町村会会長

荒瀬 克己 （あらせ・かつみ）

中央教育審議会会長／独立行政法人教職員支援機構理事長

→ **執筆者**（五十音順）

新井 亮裕（あらい・あきひろ）
　文部科学省初等中等教育局修学支援・教材課デジタル教材基盤係長

五十嵐 晶子（いがらし・あきこ）
　合同会社かんがえる代表

井上 志音（いのうえ・しおん）
　灘中学校・灘高等学校教諭

岩佐 峰之（いわさ・みねゆき）
　京都市立西京高等学校・附属中学校校長

大坪 聡子（おおつぼ・さとこ）
　茨城県つくば市教育委員会指導主事

大村 千博（おおむら・ちひろ）
　茨城県取手市立取手西小学校教頭

緒方 広明（おがた・ひろあき）
　京都大学学術情報メディアセンター教授

奥谷 大樹（おくや・ひろき）
　茨城大学教育学部附属中学校教諭

小内 慶太（おない・けいた）
　埼玉県宮代町立須賀小学校教諭

梶原 敏明（かじわら・としあき）
　大分県玖珠町教育委員会教育長

桐生 崇（きりゅう・たかし）
　文部科学省高等教育局私学部私学助成課長
　（前 文部科学省総合教育政策局主任教育企画調整官・教育 DX 推進室長）

讃井 康智（さぬい・やすとも）
　ライフイズテック株式会社取締役・最高教育戦略責任者

柴田 功（しばた・いさお）
　神奈川県立希望ケ丘高等学校校長

白水 始（しろうず・はじめ）
　国立教育政策研究所初等中等教育研究部副部長・総括研究官

神野 元基（じんの・げんき）
　学校法人東明館学園　東明館中学校・高等学校校長

杉浦 太一（すぎうら・たいち）
　株式会社 Inspire High 代表取締役

鈴木 秀樹（すずき・ひでき）

東京学芸大学附属小金井小学校教諭

関口 三郎（せきぐち・さぶろう）

文部科学省大臣官房会計課地方財政室長

（併）初等中等教育局財務課教育財政室長（併）初等中等教育局修学支援・教材課

田中 康平（たなか・こうへい）

株式会社ネル・アンド・エム代表取締役

反田 任（たんだ・たかし）

同志社中学校・高等学校教諭

千葉 健太郎（ちば・けんたろう）

茨城県つくば市立みどりの学園義務教育学校教諭

戸ヶ崎 勤（とがさき・つとむ）

埼玉県戸田市教育委員会教育長

中村 めぐみ（なかむら・めぐみ）

茨城県つくば市立みどりの学園義務教育学校教頭

奈須 正裕（なす・まさひろ）

上智大学総合人間科学部教育学科教授

長谷川 洋（はせがわ・ひろし）

広島市立牛田中学校校長

林 正之（はやし・まさゆき）

富山県氷見市長

堀田 龍也（ほりた・たつや）

東北大学大学院情報科学研究科教授／東京学芸大学大学院教育学研究科教授

水谷 年孝（みずたに・としたか）

愛知県春日井市教育委員会教育研究所教育 DX 推進専門官

武藤 久慶（むとう・ひさよし）

文部科学省初等中等教育局学校デジタル化 PT リーダー／修学支援・教材課長
／デジタル庁参事官

（併）学びの先端技術活用推進室長（併）GIGA StuDX 推進チームディレクター

森田 充（もりた・みつる）

茨城県つくば市教育委員会教育長

安井 順一郎（やすい・じゅんいちろう）

文部科学省初等中等教育局財務課長

（前 文部科学省初等中等教育局教科書課長）

山田 哲也（やまだ・てつや）

内閣府科学技術・イノベーション推進事務局参事官（原子力担当）

（前 文部科学省初等中等教育局修学支援・教材課長（併）デジタル庁統括官付参事官）

横尾 俊彦（よこお・としひこ）

佐賀県多久市長／全国 ICT 教育首長協議会会長

渡邊 茂一（わたなべ・しげかず）

国立教育政策研究所教育課程研究センター研究開発部教育課程調査官

文部科学省初等中等教育局教育課程課教科調査官／情報教育振興室教科調査官

GIGAスクール構想2.0推進ハンドブック
GIGA端末の更新で新しいステージへ

2024 年 7 月 20 日　　　初版第一刷発行

編　　　集	GIGA スクール構想 2.0 推進委員会
編集代表	丸山 洋司

発行人	佐藤 裕介
編集人	遠藤 由子
制作支援	冨永 彩花
発行所	株式会社 悠光堂
	〒 104-0045 東京都中央区築地 6-4-5
	シティスクエア築地 1103
	電話：03-6264-0523　FAX：03-6264-0524
デザイン	株式会社 シーフォース
印刷・製本	明和印刷株式会社

ISBN978-4-909348-63-0　C0037